명작 영화로
역사와 인물을 읽다 I
개정판

명작 영화로 역사와 인물을 읽다 I 개정판

발행일　2024년 1월 11일

지은이　고지찬
펴낸이　손형국
펴낸곳　(주)북랩
편집인　선일영　　　　　　　　　**편집**　김은수, 배진용, 김다빈, 김부경
디자인　이현수, 김민하, 임진형, 안유경　　**제작**　박기성, 구성우, 이창영, 배상진
마케팅　김회란, 박진관
출판등록　2004. 12. 1(제2012-000051호)
주소　서울특별시 금천구 가산디지털 1로 168, 우림라이온스밸리 B동 B113~114호, C동 B101호
홈페이지　www.book.co.kr
전화번호　(02)2026-5777　　　　　　　**팩스**　(02)3159-9637

ISBN　979-11-93716-30-4 03900 (종이책)　　　979-11-93716-31-1 05900 (전자책)

(주)북랩 성공출판의 파트너
북랩 홈페이지와 패밀리 사이트에서 다양한 출판 솔루션을 만나 보세요!
홈페이지 book.co.kr　　•　**블로그** blog.naver.com/essaybook　　•　**출판문의** book@book.co.kr

작가 연락처 문의 ▸ ask.book.co.kr
작가 연락처는 개인정보이므로 북랩에서 알려드릴 수 없습니다.

Histories and
Grand Figures in
Famous Films

고지찬 지음

명작 영화로
역사와 인물을
읽다 I

일러두기

1. 인명과 지명을 비롯한 외래어는 외래어표기법을 따르되, 일부 외래어는 일상에서 통용되는 말로 나타냈다.

2. 영화 관련 정보는 웹사이트 https://www.imdb.com/를 참조했다.

3. I권은 1~20장, II권은 21~40장으로 구성되었다.

인문학을 사랑하는 모든 분들을 위하여

우리가 해외를 여행할 때 "아는 것만큼 보인다."라는 말을 종종 듣습니다. 그래서 여행을 가면 관련 책도 찾아 읽고 현지 가이드의 말에 귀를 쫑긋 세우고 한마디라도 놓칠 새라 열심히 들으면서 쫓아다닙니다. 영화도 마찬가지입니다. 특히 역사나 인물을 소재로 한 영화의 경우 사전 지식을 알고 감상하면 그만큼 재미와 감동도 커지는 법입니다.

지난 2013년도에 명장 스티븐 스필버그가 감독했고 연기의 신이라는 다니엘 데이 루이스가 주연한 영화 〈링컨〉이 개봉된 적이 있습니다. 이 영화는 당시 미국에서 선풍적인 화제를 불러 모았습니다. 아무래도 미국인들은 어려서부터 에이브러햄 링컨의 얘기를 귀에 못이 박히도록 들으면서 자랐고, 지금도 가장 존경하는 대통령으로 칭송하고 있기 때문에 더욱더 그랬으리라 생각합니다. 특히 스필버그의 뛰어난 연출 솜씨와 링컨 역을 맡은 다니엘 루이스의 신들린 연기가 이 영화의 인기를 더욱 뒷받침했을 것입니다. 그러나 우리나라에서는 인기는커녕 잠깐 상영하다가 흐지부지 종영되었습니다.

영화 〈링컨〉은 미국 역사상 가장 많은 사랑과 존경을 받았던 제16대

대통령 링컨의 생애 중 가장 드라마틱한 마지막 4개월을 감동적으로 그려낸 작품입니다. 영화는 1861년부터 1865년까지 재임한 미국의 16대 대통령 링컨이 노예해방 선언을 한 지 2년 후, 미국 헌법에 노예제도 폐지 조항을 추가하기까지 4개월간의 치열한 과정을 담았습니다.

마침 저는 이 영화가 나오기 전에 이 영화의 원작인 도리스 굿윈의 『권력의 조건Team of Rivals』에 감명을 받아 두 번씩이나 거푸 읽었던 참이었습니다. 이 영화가 이 책을 원작으로 해서 만들어졌다는 이야기를 들었던 참이라 〈링컨〉이 개봉되자마자 지체 없이 영화관으로 달려갔습니다. 역시 영화는 저를 실망시키지 않았습니다. 최고의 감독과 배우가 만들어낸, 그야말로 명불허전이었습니다. 주책없이 눈물까지 줄줄 흘리면서 영화에 몰입했던 기억이 새롭습니다.

훌쩍거리면서 영화를 보고 극장 문을 나서면서 '이 벅찬 감동을 가까운 이들과 반드시 나누리라' 다짐했습니다. 그래서 가족뿐 아니라 친구들과 지인들에게 강력히 추천하고 다녔습니다. 그런데 며칠이 지나도 영화를 보았다는 사람은 눈을 씻고 봐도 찾을 수가 없었습니다.

간혹 가뭄에 콩 나듯 영화를 봤다는 이를 만나 반가운 마음에 영화가 어땠었냐고 득달같이 물어보면 "도대체 이해를 못하겠다."라거나 "지루해서 혼났다."라고 하든가, "뭐 이런 영화를 추천하는지 모르겠다."는 식으로 뜨악한 표정을 짓는 이가 대부분이었습니다. 어떤 이는 "함께 영화를 보던 집사람이 옆에서 잠만 자더라."라고 한술 더 떠 말하더군요. 아마 본인이 퍼져 자놓고도 대놓고 얘기하기가 뭐 하니까 슬쩍 자기 아내 핑계를 댄 것 같았습니다. 저는 당황했습니다. 순간적으로 제가 이 영화를 잘못 추천하지 않았나 하는 생각도 얼핏 들었습니다. 한편으로는 제가 미국인도 아니고 같은 한국인인데 영화를 받아들이는 이해도와 감상의 깊이가 왜 이렇게 차이가 나는 것일까 하고 곰곰이 생각해 보다가 무릎을 탁 쳤습니다. 역사적 맥락을 알고 영화를 보는 것과 그냥 보는 것에는 이렇게 천양지차가 있구나 하고 깨달은 것입니다. 저도 책을 안 읽고 무심코 이 영화를 보았다면 마찬가지였을지도 모릅니다.

이와 같이 역사와 인물들을 다루는 영화의 경우 그 배경이나 인물들에 대한 사전 지식이 없으면 수박 겉핥기식으로 건성건성 보아, 영화가 주는 재미나 메시지 혹은 감동이 반감되거나 모두 놓치기가 십상입니다. 〈링컨〉 이전에도 역사적 배경이나 인물들을 소재로 한 영화가 개봉되면 제 집사람을 비롯해 가까운 지인들에게 역사적인 맥락을 설명해 주곤 했습니다. 그러면 하나같이 눈꺼풀에서 비늘이 대번에 벗겨지는 것 같다면서 고마워하던 기억이 떠오릅니다. 그럴 때마다 가슴이 뿌듯해지면서 기회가 닿으면 많은 사람들에게 영화와 관련된 역사적 배경이나 인물을 설명해 줘야겠다고 생각해 왔습니다. 영화 〈링컨〉을 계기로 촉발된 이런 생각이 이 책을 내게 하는 직접적인 동기가 되었습니다.

이렇듯 이 책의 직접적인 저술 동기는 〈링컨〉이라는 영화였으나, 실제 이 책의 밑거름이 된 것은 20년 전 블라디보스토크 무역관에서 근무하며 고교 동창 모임 홈페이지에 게재한 '자녀들에게 들려주는 인문학 이야기'와 이후 귀국해 영화에 대하여 쓴 여러 편의 글이었습니다.

당시 저는 극동 러시아의 코트라 블라디보스토크 무역관에서 근무하던 중이었습니다. 근무가 끝나면 한국에서 바리바리 싸서 가지고 간 좋아하는 역사책들과 적지 않은 DVD들을 보면서 매서운 삭풍이 휘몰아치는 러시아의 긴긴 겨울밤을 보냈습니다. 그러던 중 가끔 저희 집에 청소하러 오는 러시아 아줌마가 있었는데, 그분이 일하면서 항상 뭔가 중얼거리는 것을 의아하게 생각하곤 했습니다. 그래서 하루는 그 아줌마에게 "무얼 그렇게 중얼거리냐?"라고 물어보니 "푸시킨의 시를 읊고 있다."라고 대답하더군요, 세상에! 가정부 아주머니가 시 구절을 입에 달고 다니다니…. 저는 처음에 제 귀를 의심했습니다. 그런데 얘기를 더 들어보니까 "내 지인들도 평소에 늘 시를 암송한다."라고 아무렇지도 않게 말하기에 더욱 놀랐습니다.

그 말을 듣고 보니 저와 친교를 나누며 지내는 러시아 지인들도 하나 같이 책을 가까이한다는 것을 알 수 있었습니다. 그들에게 독서는 권장 사항이 아니라 그냥 체화된 생활의 일부였습니다. 그러다가 점점 더 책하고 멀어져 가는 듯한 우리의 현실이 문득 떠올랐습니다. 덧붙여 말씀드리면 제가 블라디보스토크에서 근무하며 체류한 3년 반 동안 가봤던 음악회가 그 이전에 한국에서 가보았던 음악회 횟수보다 훨씬 더 많았던 것 같습니다. 비록 물질적으로는 가난하지만 문학과 음악을 끔찍이 사랑하는 러시아 사람들이 어떤 면에서는 우리보다 정신적으로는 더욱 풍요로운 삶을 살고 있지 않을까 하는 생각이 근무 기간 내내 떠나지를 않았습니다. 동시에 인문학적 교양은 있어도 그만, 없어도 그만이라는 나라, 천민자본주의로 대변되는 물질만능, 황금만능주의 속에서 돈이 모든 것의 척도라는 사고로부터 아직도 벗어나지 못하는 한국의 세태를 되돌아보기도 했습니다. 그래서 먼저 저부터라도 한국에서 대학교에 다니는 저희 아이들에게 인문학 관련 얘기를 이메일로 정리해 보내줘야겠다고 마음먹게 되었습니다. 이후 러시아 근무를 마칠 때까지 '자녀들에게 들려주는 인문학 이야기'라는 제목으로 꾸준히 글을 써 보내주었습니다. 이 글은 제 고등학교 동창 모임 홈페이지에도 게재했습니다. 이 책에서 살짝살짝 인문학의 향기가 난다면 아마도 이런 연유에서일 것입니다.

귀국 후에는 어린 시절부터 영화광이라는 얘기를 들을 정도로 무척이나 좋아한 영화와 관련한 이야기를 고교 동창 모임 홈페이지에 연재하기 시작했습니다. 고전 명작과 추억의 영화음악, 명배우, 명감독에 관한 글이 수백 편에 이르렀습니다. 글 첫머리에서 영화 〈링컨〉이 이 책 집필의 직접적인 도화선이 되었다고 했지만, 그 밑거름이 된 것은 지난 20년 동안 썼던 '자녀들에게 들려주는 인문학 이야기'와 영화를 소재로 쓴 수백 편의 글이라고 할 수 있습니다.

두 권으로 된 이 책은 총 40편의 영화와 역사이야기를 소개할 것입니다. 각 장에서는 먼저 해당 영화에 대한 간략한 소개와 제작노트 그리고 그 영화의 배경이 되는 역사적 대사건들을 간추려 서술했습니다.

예를 들면 문화대혁명, 일본군의 난징대학살, 진주만 피습, 미드웨이 해전, 1929년 미국 대공황, 미국 남북 전쟁, 러시아혁명, 미국 독립 전쟁 등등이 그것입니다. 아울러 역사에 등장하는 에이브러햄 링컨, 조지 워싱턴, 프랭클린 루스벨트, 블라디미르 레닌, 윈스턴 처칠, 아돌프 히틀러, 이오시프 스탈린, 마오쩌둥, 덩샤오핑, 나폴레옹, 조지 패튼, 에르빈 롬멜, 드와이트 아이젠하워, 빈센트 반 고흐, 스티브 잡스, 앨런 튜링 등 우리가 한 번쯤은 들어봤을 세계사적인 인물들도 함께 소개했습니다.

아무쪼록 이 책이 독자들께 여러 영화를 감상하시는 데 폭넓은 이해와 풍성한 재미로 다가가기를 기대합니다. 또한 이미 감상하신 영화라도 다시 한 번 새롭게 반추하는 계기가 되리라고도 생각합니다. 덧붙여 아무리 우리가 극한 경쟁 시대에 내몰리며 불안하고 각박한 삶을 살고 있더라도 러시아나 서구 선진국의 사람들처럼 틈틈이 책 한 권, 영화 한 편, 고전음악 한 곡을 가까이하는 마음의 여유를 지님으로써 사람답게 사는 사회가 되었으면 하는 꿈을 꾸어봅니다.

이 책에서 소개하는 사건이나 인물들에 대해서는 되도록 객관적인 사실에 입각해 서술하려고 노력했습니다. 이런 노력에도 실제 사실과 조금은 다른 점이 있을 수 있습니다. 이는 향후 기회가 되면 추가로 수정·보완해 나갈 생각입니다.

아울러 그동안 이 책의 출판을 위하여 아낌 없는 격려를 해 주신 코트라 박행웅 선배님과 편집과 디자인 등 여러 면에서 맛깔스러운 책을 펴내는 데 많은 수고를 해 주신 북랩 출판사 관계자 여러분들께 감사의 말씀을 드립니다.

2023년 12월, 광교산 우거寓居에서

고지찬

차례

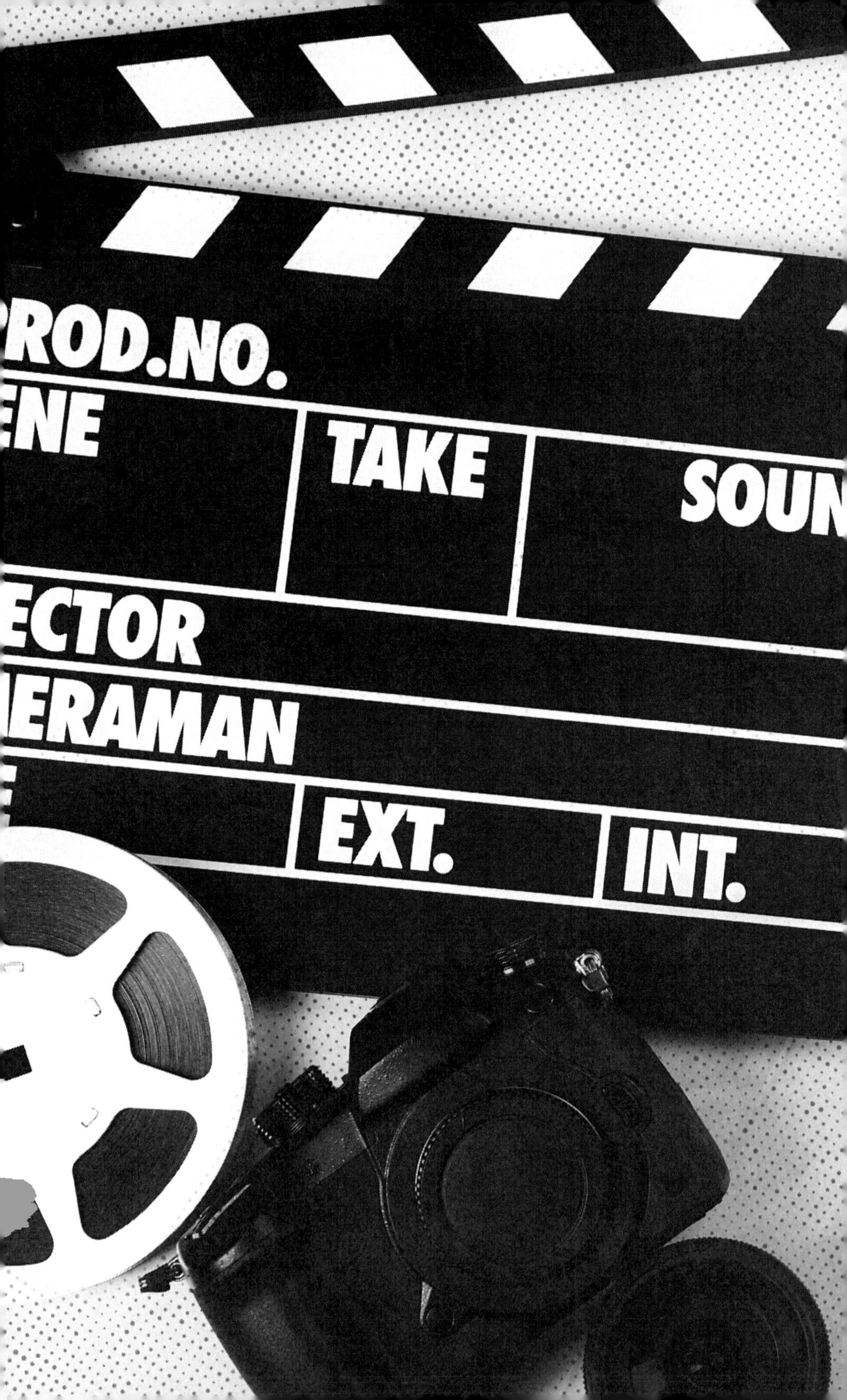

ROD.NO.
ENE
TAKE
SOUN
ECTOR
ERAMAN
EXT.
INT.

〈누구를 위하여 종은 울리나〉

스페인 내전, 독재자 프랑코 총통

I. 영화 〈누구를 위하여 종은 울리나〉

원제: For Whom the Bell Tolls?
감독: 샘 우드
제작: 파라마운트사
원작: 어니스트 헤밍웨이
각본: 어니스트 헤밍웨이, 더들리 니컬스
음악: 빅터 영
출연: 게리 쿠퍼, 잉그리드 버그먼, 블라디미르 소콜로프, 카티나 파시
　　누아스, 애킴 태미로프
상영 시간: 134분
제작 연도: 1943년
제작비: 165만 달러
수익: 710만 달러

이 영화는 1943년 파라마운트사가 창립 40주년을 기념해 제작했다. 〈굿바이 미스터 칩스Goodbye, Mr. Chips〉의 감독 샘 우드Sam Wood가 메가폰을 잡았으며, 원작자인 어니스트 헤밍웨이Ernest Hemingway와 더들리 니컬스Dudley Nichols가 함께 각본을 썼고, 명우 게리 쿠퍼Gary Cooper[1]와 잉그리드 버그먼Ingrid Bergman[2]이 주연을 맡았다. 헤밍웨이가 직접 게리 쿠퍼와 잉그리드 버그먼을 주연으

로 지목할 만큼 당시 두 배우의 인기는 최절정에 달해 있었다. 그래서 그런지 헤밍웨이가 각본을 쓸 때 머릿속으로 마리아 역에 버그먼을 점찍어 놓고 있었다고 한다.

샘 우드 감독과 게리 쿠퍼가 스페인 산악 지역과 비슷한 캘리포니아 시에라 네바다Sierra Nevada의 소노라 협곡Sonora Pass 촬영장에서 버그먼을 기다리고 있었다. 당시 프란시스코 프랑코Francisco Franco가 장악한 스페인에서의 촬영은 아예 불가능했기 때문이다. "그녀가 촬영장에 도착했을 때 모두가 깜짝 놀랐다. 버그먼이 소설의 주인공 마리아처럼 머리를 짧게 치고 나타났던 것이다. 버그먼은 이미 완전한 마리아의 화신이 되어 있었다. 머리를 짧게 자른 버그먼의 신선한 매력은 그들을 놀라게 한 것 이상으로 관객들을 사로잡았다(정종화, 『영화에 미친 남자』, p297)."

영화는 1936년 스페인에서 공화파의 집권에 반발해 프랑코가 이끄는 군부가 반란을 일으켜 내전으로 확대된, 1937년 스페인 내란을 배경으로 이에 얽힌 짧고 긴박한 사흘간의 이야기를 소재로 삼았다. 이야기는 미국의 젊은 대학 조교수 로버트 조던(게리 쿠퍼 분)이 민주주의와 자유를 수호하기 위해 남의 나라인 스페인 내전에 의용군으로 참전하는 장면으로 시작한다.

조던은 공화파의 골즈 장군에게서 일정한 임무를 부여받고 세고비아Segovia 남쪽 과다

왼편부터 마리아, 필라, 조던

라마Guadarrama 동굴 지대에서 활동하는 게릴라 부대에 합류해 그곳의 철교를 폭파하고 결국 산화한다. 영화는 그 사흘간 일어난 사랑과 전투를 그렸다. 실제로 원작자 헤밍웨이는 스페인 내전 당시 게릴라들을 이끌고 철교 폭파 작전을 수행하기도 했다. 이 경험을 토대로 작품에서도 주인공 로버트 조던은 철교를 폭파한 뒤 남아 장렬히 산화하는 모습으로 나온다. 작가 본인은 죽지 않고 살아 돌아왔지만….

이 영화는 원작에서 치중한 정치성보다는, 전쟁이라는 긴박한 상황 속에서 싹튼 운명적 사랑을 감동 있게 묘사해 갈채를 받았다. 열렬한 공화정부 지지자인 게릴라 부대장의 아내 여걸 필라와 기타 개성이 강한 등장인물들이 생동감 넘치는 연기를 보여줬다.

한편 이 영화는 1943년 아카데미상에서 남녀 주연상 등 아홉 개 부문 후보에 올라 게릴라 대장 파블로의 여장부 아내 필라 역을 맡은 카티나 파시누아스Katina Paxinouas가 여우조연상을 받았다. 또한 골든글로브상 시상식에서 파블로 역을 맡은 애킴 태미로프Akim Tamiroff가 파시누아스와 함께 남녀 조연상을 수상하는 영예를 누렸다. 또한 이 영화

마지막 순간의 조던

는 제작된 지 35년 만인 1978년에야 스페인에서 상영금지 조치가 해제되었다.

푸른 달빛이 가득한 바위틈에서 조던과 첫 키스를 나누려는 순간,

수줍은 19살 처녀 마리아가 서로의 코가 부딪치지 않으려면 코를 어디에 두어야 하냐고 묻는다. 그러자 조던은 자기 코가 맞부딪치지 않게 얼굴을 엇갈리게 비스듬히 옆으로 돌려 "이렇게!"라며 입술을 포갠다. 이 장면은 영화사상 최고의 명키스신 중 하나로 손꼽히고 있다. 영화의 원작자 어니스트 헤밍웨이는 특파원으로서 1937년 스페인으로 건너가 내전의 진상을 직접 보도했다. 또한 그는 스페인 정부군에 협력해 영화 〈스페인의 땅This Spanish Earth〉 제작에 참여하기도 했다. 귀국 후에는 전미작가회의에서 파시즘³ 타도를 역설했다.

제목인 '누구를 위하여 종은 울리나'는 17세기 영국의 시인 존 던 John Donne의 시에 나오는 한 구절이다. 조던은 작은 마을 시장의 딸로 프랑코군의 병사들에게 윤간을 당한 마리아와의 사랑과 게릴라 부대원들과의 깊은 유대를 통해 자신과 인류가 하나 됨을 인식한다. 즉, 자신의 대의와 임무를 중심으로 사고하던 경직된 이상주의자에서 주위 사람들과의 인간적 교감을 중시하는 인간으로 변모하는 것이다. 마지막에 그의 도움으로 생명을 건진 게릴라 부대원들을 통해 조던의 삶과 사랑, 그리고 그의 죽음이 주위 사람들에게 의미가 있음을 영화는 보여주고 있다.

II. 스페인 내전, 독재자 프랑코 총통

스페인 내전

직접 국제비행대대를 조직하고 스페인 내전에 뛰어들었던 프랑스 작가 앙드레 말로Andre Malraux[4]는 이렇게 말했다.

"인류는 정의도 패배당할 수 있다는 것을, 그리고 용기가 그에 상응한 보답을 받지 못할 때가 있다는 사실을 스페인에서 배웠다. 전 세계 수많은 사람들이 스페인의 드라마를 자신의 비극으로 간주하는 이유가 바로 여기에 있는 것이다."

스페인 내전, 이 20세기의 참혹한 비극은 스페인령 카나리아Canarias 군도에 좌천되어 가 있던 프랑코가 군사반란을 일으키면서 시작된다. 국민이 선택한 공화파 정부를 마땅찮아하던 대지주, 자본가, 가톨릭교회, 군부가 뭉쳤다. 처음에는 프랑코가 이끄는 반란군이 쉽사리 수도 마드리드를 점령할 것처럼 보였다. 그러나 민중의 저항은 거셌고 마드리드에서 반란군은 패배했다. 스페인 민중의 힘은 전 세계 지식인들을 흥분시켰다. 이상에 대한 정열과 행동에 대한 도취 등으로 스페인 내전은 20세기 초, 지식인들의 행동주의 시대를 열었다. 앙드레 말로, 헤밍웨이[5], 조지 오웰George Orwell[6], 파블로 네루다Pablo Neruda[7], 앙투안 드 생텍쥐페리Antoine de Saint-Exupéry[8] 등 세계의 지식인들과 예술가들이 스페인으로 앞다투어 몰려들었다. 당시 세계적으로 회오리치던 보수와 진보, 파시즘과 자유주의, 공산주의와 자본주의 등, 그 이념적 긴장과 대립이 이 스페인 내전 한판에 압축되었다. 그것은 이어서 터질 제2차 세계대전의 전초전이었고 한편으로는 '펜pen(지식인)들의 전쟁'이기도 했다.

스페인 내전이 일어난 근본적인 원인은 내전이 발발한 1936년 훨씬 이전으로 거슬러 올라간다. 오랫동안 이슬람의 지배 아래 있던 스페인은 약 800년에 걸친 레콩키스타Reconquista(국토 수복 운동) 끝에 간신히 이슬람을 쫓아냈다. 그러나 이슬람의 잔재는 뿌리 깊었고 이를 철저히 퇴치하기 위해 가톨릭은 광분했다. 이 광분이 종교재판소를 설치하면서 악명을 떨친 기형적인 가톨릭 왕국을 낳았다.

이 기간 동안 다른 서유럽 국가들은 봉건시대에서 계몽국가로 순조로이 역사의 흐름을 탔으나 스페인은 케케묵은 광신적이고 고립된 가톨릭 국가로 남았다. 이렇게 다른 유럽 국가들의 번영과 진보의 토대가 되었던 지적·과학적 사상을 자연스럽게 흡수하지 못한 스페인은 20세기에 들어와 여러 가지 정치적·사회적 문제점을 잉태하고 있었다. 이런 문제점들이 제1차 세계대전 이후에 활짝 등장한 자본주의, 공산주의, 파시즘, 무정부주의 등 여러 이념들과 뒤범벅되는 혼란 속에서 스페인의 국내 정치가 좌우로 딱 양분되면서 터진 것이 스페인 내전이었다. 양분된 스페인이란 바로 한쪽은 개방적이고 자유주의적인 진보주의자들의 스페인이었고, 다른 하나는 광신적인 가톨릭교도들과 억압적이고 폐쇄적이며 민족주의적인 보수주의자들의 스페인이었다. 이들 양

진영의 간극은 너무나 넓고도 깊었다.

1936년 7월 17일, 스페인령 모로코에서 군사 반란이 일어났다. 이들이 반란의 시작을 알리는 암호는 '코바동가Covadonga'⁹였다. 이 단어는 스페인이 수백 년 전 이슬람교도들을 내쫓고 국토를 회복하는 이른바 '레콩키스타'의 시발점으로 간주되는 말이었다. 즉, 반란의 주동자들은 공화파가 주동되어 있는 현재의 지배 세력을 이슬람교도 못지않게 스페인에서 제거되어야 할 존재로 보고 있었던 것이다. 이어서 카나리아 제도에 있던 프랑코가 반란군을 지휘하기 시작했다.

그는 북아프리카 주둔 모든 스페인군에게 본토로 이동하라고 명령을 내렸다. 그러나 공화파는 우물쭈물하다가 프랑코군의 본토 진입을 허용하고 말았다. 실제 이 본토 상륙작전은 독일, 이탈리아 등 파시스트 국가들의 전폭적인 항공기 수송 지원 덕분이었다. 이 파시스트 국가들이 이른바 '하늘의 구름다리'라는 공중 운송로를 제공한 것이다. 이와 같은 프랑코군의 성공적인 본토 진입은 이윽고 스페인 내전이라는 비극적인 양상으로 치닫게 한다.

처음에는 풍부한 군수물자와 주요 공업지대 및 곡창지대를 안고 있는 공화국 정부군이 전력상 우세했다. 특히 바르셀로나, 마드리드, 톨레도 등 대도시들도 장악하고 있었다. 이에 따라 공화파가 프랑코군을 곧 진압할 것처럼 보였다. 한편 프랑코군은 군수물자가 부족했고 여기저기 흩어져 있어 공화파에 비해 열세에 놓여 있었다. 그러나 반란군은 프랑코라는 한 명의 군사령관이 모든 권한을 손안에 틀어쥐고 일사

분란하게 통솔하기 시작했다. 그리고 독일과 이탈리아 등 파시스트 국가들의 전폭적인 지원을 받으면서 전세를 뒤집기 시작했다. 반면 공화국 진영은 내부적으로 반파시스트파, 자유주의파, 공산주의파, 아나키스트(무정부주의)파니 뭐니 해서 온갖 정파가 뒤섞여서 도대체 의견 일치를 이루지 못하고 있었다.

스페인 내전은 처음부터 전 세계의 주목을 받았다. 세계 도처에서 공화파를 지원하기 위한 지원자들이 국제여단의 이름으로 스페인에 속속 도착하기 시작했다. 프랑코군은 처음부터 독일, 이탈리아로부터

공화파 시민군

지원을 받기 시작하면서 스페인 내전은 국제전의 양상을 보이기 시작했다. 공화국은 소련과 멕시코의 지원을 받았지만 정작 파시스트와 반대되는 영국과 프랑스로부터 외면당했다. 애초에 풍부한 무기와 국제여단과 소련의 지원을 등에 업은 공화국군이 우세하리라는 예상을 뒤엎고 프랑코군에 밀리기 시작했다. 이는 프랑코의 일사 분란한 지휘 통솔과 독일, 이탈리아 등 파시스트 국가들이 집중적이고 효과적으로 반란군을 지원했기 때문이다. 승기를 틀어잡은 반란군 쪽이 점차 절대적인 우세를 보이면서 1939년 3월 말, 마침내 마드리드가 함락하고 반란군이 승리했다.

2년 9개월 동안 지속된 스페인 내전에서 약 60만여 명이 사망했다.

그리고 최소한 5만여 명 이상이 암살되거나 살해되었고 50만여 명의 공화파 군인들과 민간인들이 피레네산맥을 넘어 프랑스로 망명했다. 역사가 페르난도 산체스Fernando Sanchez가 지적했듯이 공화파는 '중구난방의 지휘체제, 공화파 내부의 각양각색 이념과 갈등, 엉성한 조직력' 등 때문에 패배했다. 전쟁이라는 것을 어떻게 해야 하는지조차도 모르는 지휘관이 한둘이 아니었다. 끝으로 공화국 정부를 지원하던 스탈린이 단물[10]을 모두 빼먹고 난 뒤 막판에 발을 뺀 것과 프랑스, 영국, 미국 등이 히틀러의 눈치를 보면서 처음부터 끝까지 팔짱을 끼고 있었던 점도 패배의 요인이었다.

스페인 내전에 의용군으로 참전했던 영국 작가 조지 오웰이 "스페인의 역사는 1936년에 딱 멈추고 말았다."라고 말할 정도로 스페인 내전은 수많은 희생자 속에 36년간의 프랑코 철권통치를 낳았다. 그리고 스페인 민주주의의 싹을 짓밟아 버렸다. 역사는 항상 정의의 편에서 깔끔하게 진행되지 않는다는 것을 다시 한 번 보여주었다.

독재자, 프랑코 총통

프랑코는 1892년 스페인 북서부 지역인 갈리시아Galicia주 페롤Ferrol에서 태어났다. 그는 1910년 소위로 임관해 스페인군과 스페인 통치에 저항하는 모로코 민족주의 세

독재자 프랑코

력 간의 격렬한 전투에 참가했다. 프랑코는 약관 23세의 나이에 이미 용맹한 자질과 지휘 역량을 인정받아 대위로 진급했다. 당시 모로코 주둔 스페인군에서 최연소 대위였다. 1920년에는 스페인 외인부대 부사령관이 되었다. 프랑코는 민주주의를 부르짖는 자들을 송충이 보는 것처럼 질겁하면서 싫어했다. 그는 위대한 스페인이 망조가 든 것은 '민주선거'니 '대의제 민주주의'니 하는 것들 때문이라고 믿었다. 민주주의라는 허울 아래 뒤로는 사리사욕으로 배를 채우는 정치꾼들이 득실거리는 것을 보고 더욱 이런 인식이 굳어졌을 것이다. 바로 이런 사고에서 그의 독재정권이 세워졌고 민주주의는 애초부터 싹이 자랄 수가 없었다.

1939년 프랑코군의 마드리드 점령을 끝으로 3년간의 내전은 종식되었다. 그는 총통으로 취임했고 오랫동안 스페인을 엄혹한 독재정치로 다스렸다. 땅딸막하고 까무잡잡한 프랑코는 단조롭고 째지는 고성의 목소리를 갖고 있어 훌륭한 연설가는 못 됐다. 그는 매우 가정적이며 종교적 신앙심이 강했다. 반면에 주위 사람들은 그의 면전에서 겁에 질려 벌벌 떨며 양같이 온순하게 행동해야 할 정도로 강한 카리스마를 지녔다. 내전 중에 프랑코는 식후 커피를 마시면서 살생부를 훑어보는 습관이 있었다. 그리고 죽일 놈과 살릴 놈을 체크했다. 나중에는 아예 취미가 되었다. 저승사자가 따로 없었다.

성격은 내성적이었고 가까운 친구도 별로 없었으며 오락을 기피했다. 스페인 사람들은 프랑코의 이런 성격을 독실한 가톨릭 신자였던 어머니의 영향으로 보기도 하지만 검박한 갈리시아 사람 특유의 기질로 이해한다. 민주주의라는 제도를 극도로 불신하고 경멸했던 프랑코는 36년간 스페인을 가혹하게 철권통치했다. 그의 엄혹한 독재정치에도 장기 집권을 할 수 있었던 비결은 대다수 스페인 국민들의 종교인 가톨릭을 앞장세운 점, 개인적으로 부정 축재를 멀리하고 검박하게 살았다는 점 등을 들 수 있다.

이 밖에도 프랑코가 잘했다고 인정되는 부분은 제2차 세계대전 중 히틀러의 꼬임에 말려들지 않고 끝내 스페인을 전쟁의 참화에 빠뜨리지 않았다는 점일 것이다. 히틀러는 프랑스를 전광석화처럼 쳐부순 후 넉 달 있다가 스페인을 전쟁에 끌어들이려고 1940년 10월 23일 프랑코를 만났다. 프랑스 서쪽 끝 앙다이Hendaye역의 히틀러의 열차 안에서 둘은 회담을 시작했다. 일단 프랑코는 추축국 편으로의 참전 의사를 피력했다. 그리고 그는 어려움을 호소했다. "스페인 내전이 끝난 지 얼마 안 됐다. 나라가 어려움에 처해 있고, 전쟁 준비에 시간이 필요하다. 경제와 식량 원조를 부탁한다." 히틀러도 여기에 지원을 약속하면서 프랑코에게 지브롤터를 점령하고 있는 영국군을 쫓아내달라는 제안을 했다. 그러니까 제2차 세계대전에 발을 담그라는 얘기였다.

프랑코도 찬동했다. 그러면서 대규모 군수물자와 장비 등이 포함된 요구 보따리를 잔뜩 풀어놓았다. 프랑코는 참전의 대가를 요구했다. 그리고 점점 더 대담해지면서 북아프리카의 프랑스 식민지(프랑스령 모로코와 알제리 오랑)를 몽땅 넘겨 달라고 했다. 히틀러는 하도 어처구니없어

말문이 막혔다. 그의 머리에서 모락모락 김이 나기 시작했다. 이는 아무리 히틀러의 괴뢰정권이라 하더라도 비시Vichy의 앙리 페탱Henri Pétain 정부에 도저히 요구할 수 있는 제안이 아니었다. 시간이 갈수록 히틀러는 이 작지만 다부진 프랑코에게 점점 더 짜증이 나고 열불이 나기 시작했다. 프랑코는 결코 호락호락하지 않았다.

아홉 시간에 걸친 장시간의 회담이 끝나자 히틀러는 머리끝까지 화가 나서 "지 놈이 내전에서 누구 때문에 승리했는지를 알아야지, 차라리 내 이빨을 서너 개 뽑으면 뽑았지, 이런 회담은 다시는 안 하겠다. 고약한 놈 같으니라고."라고 씨근거리면서 돌아갔다. 프랑코에게 된통 데인 히틀러는 나중에 사석에서 프랑코를 '예수회 돼지새끼'라고 씹어댔다. 프랑코도 자기 외무장관에게 "아니, 세상에 뭐 이런 경우가 어디 있나. 도대체 공짜로 싸워달라는 얘기가 아니고 뭔가?"라고 구시렁거렸다. 그러나 '빈대도 낯짝이 있다'고, 내전 당시 히틀러에게 단단히 신세를 진 프랑코는 아예 히틀러를 못 본 체할 수는 없었다. 무선 감청기지, 정찰기기지, 지브롤터 해협의 전진기지를 독일에 제공했다. 그리고 독일이 소련을 침공할 때에는 의용군이라는 명목으로 4만 5,000명의 스페인군을 파병하기도 했다.

한편 독일 무기 제조업체들에 수출하기로 약속한 광물은 어찌된 영문인지 영국의 항구에 나타났고, 연합국 국적을 지닌 외국인들도 독일로 보내지 않고 석방시켜 본국으로 돌려보내는 등 제2차 세계대전 내내 양다리를 걸치고 있었다. 프랑코는 국가주의파나 공화파를 불문하고 내전 중 목숨을 잃은 60만여 명의 생자들을 추모하기 위해 마드리드 근방 전사자 계곡에 거대한 기념관을 세웠다. 내전 중에 희생된 많은 사람들이 이곳에 묻혔는데, 프랑코 본인도 이곳에 묻혀 있다. 프랑코는 종부성사(죽기 직전 마지막 치러지는 의식) 때 "그대는 적을 용서하겠는가?"라는 신부의 질문을 받고는 "내게는 적이란 게 없다. 모두 사살했다."라고 잘라 대답했다.

1. 게리 쿠퍼

몬태나 주에서 태어난 게리 쿠퍼는 할리우드에서 한두 해 동안 엑스트라로 일하다가 〈바바라 워스의 승리The Winning Of Barbara Worth〉에서 성공의 기회를 잡았다. 190센티미터의 장신에 매력적인 미소의 쿠퍼는 서부극과 액션 영화에 자연스럽게 어울렸다. 그는 다소 어눌하면서도 순박한 사람이 약삭빠른 도시 사람들을 골탕 먹이는 프랭크 카프라Frank Capra 감독의 〈디즈 씨 도시에 가다Deeds Goes To Town〉의 주인공에 적격인 배우였다.

하워드 혹스Howard Hawks가 감독한 〈요크 상사Sergeant York〉는 게리 쿠퍼에게 첫 번째 아카데미상을 안겨주었다. 1952년 〈하이 눈High Noon〉에서 그는 위험한 무법자들과 싸우지만 마을 사람들이 외면하는 보안관을 연기했다. 그는 이 역할로 두 번째 아카데미 남우주연상을 수상했다. 아마도 쿠퍼의 마지막 걸작은 〈서부의 사나이Man of the West〉일 것이다. 이 무렵 암을 앓고 있던 그의 초췌한 얼굴은 영화에서 더욱 극적인 비장미를 도드라지게 보여주었다. 이 밖에 〈누구를 위하여 종은 울리나For Whom The Bell Tolls〉, 〈평원아The Plainsman〉, 〈무기여 잘 있거라A Farewell to Arms〉, 〈우정 있는 설복Friendly Persuasion〉 등의 걸작을 남겼다. 1961년 전립선암으로 사망했다.

2. 잉그리드 버그먼

스웨덴의 스톡홀름에서 태어났다. 왕립연극학교 졸업 후 스웨덴과 독일 영화계에서 활동하였다. 1938년 미국 영화제작자 데이비드 셀즈닉David Selznick의 초청으로 미국으로 건너가 〈별리Intermezo:A Love Story〉에서 주연을 맡았으며, 1944년에는 〈가스등Gaslight〉으로 아카데미 여우주연상을 수상했다. 1950년 남편과 딸을 버리고 이탈리아 영화감독 로베르토

로셀리니Roberto Rossellini와 결합하여 미국 영화계의 구설수에 올랐다. 이후 그와 이별하고 1956년 〈아나스타샤Anastasia〉로 미국 영화계에 복귀하였으며 이 작품으로 두 번째 아카데미 여우주연상을 수상하였다. 대표작으로 〈카사블랑카Casablanca〉, 〈누구를 위하여 종은 울리나For Whom The Bell Tolls〉, 〈성 메리의 종The Bells of St.Mary's〉, 〈개선문Arc de Triomphe〉, 〈잔다르크Joan Of Arc〉, 〈오리엔탈 특급 살인사건Murder on the Orient Express〉등이 있다. 낭만적인 여주인공이자 다양한 역을 소화하는 연기자로 팬들에게 기억되고 있다. 우아하고 품위 있는 아름다움과 더할 수 없는 매력을 지닌 그녀였다. 그녀는 67세 생일날에 숨을 거두었다.

3. 파시즘fascism

파시즘이란 이탈리아의 무솔리니가 주창한 국수주의적·권위주의적·반공적인 이즘을 말한다. 원래 묶음이란 뜻의 이탈리어어 파쇼fascio에서 기인하고 있다. 파시스트Fascist는 이 파시즘을 이념으로 해서 결성된 자들을 말한다.

4. 앙드레 말로

20세기 중반 프랑스의 작가이자 정치가였다. 저서는 『정복자Les conquerants』, 『인간의 조건(La)condition humaine』, 르포르타주 소설의 걸작 『희망Malraux: Oeuvres Completes, Tome 2』 등이 있다. 유럽에 파시스트 전체주의가 대두하자 앙드레 지드 등과 반파시즘 운동에 참가했다. 드골 정권에서 정보·문화 장관을 역임했다.

5. 어니스트 헤밍웨이

1899년 7월 21일 시카고 교외의 오크파크Oak Park에서 출생했다. 1936년 스페인내란 발발과 함께 그는 공화정부군에 가담하여 활약해 그 체험에서 스파이 활동을 다룬 희곡 『제5열fifth column』(1938)이 탄생되었고, 다시 1940년에는 스페인내란을 배경으로 미국 청년 로버트 조던을 주인공으로 한 『누구를 위하여 종은 울리나For Whom The Bell Tolls』를 발표, 이전 작품인 『무기여 잘 있거라A farewell to arms』 이상의 반향을 불러일으켰다.

제2차 세계대전 후 10년간의 침묵을 깨고 쓴 『노인과 바다The old man and the sea』(1952)를 발표했다. 이 작품은 대어를 낚으려고 분투하는 늙은 어부의 불굴의 정신을 간결하고 힘찬 문체로 묘사한 작품이다. 이 작품으로 1953년 퓰리처상을 받고, 1954년 노벨문학상을 받았다. 쿠바에서 돌아와 미국 아이다호주 케첨Ketchum에 정착한 이후로 헤밍웨이는 우울증에 시달렸다. 이윽고 1961년 7월 21일 새벽, 헤밍웨이는 아내 몰래 아래층으로 내려와 엽총으로 자살하면서 생을 마감했다.

6. 조지 오웰

1903년 6월 25일 인도에서 출생한 영국의 작가로서 정치 우화 소설 『동물농장Animal farm』으로 명성을 얻었고 이후 걸작 『1984』를 완성했다. 스페인 내전에 참전하여 특유의 유머와 비유로 독재자 스탈린의 본질을 날카롭게 간파하고 비판했다.

7. 파블로 네루다

칠레의 시인으로 1971년 노벨문학상을 수상했다. 칠레의 수도 산티아고의 대학에서 철학, 문학을 수학했으며, 1927년부터 양곤, 스리랑카, 싱가포르, 마드리드 등지의 영사를 역임했다. 「무한한 인간의 시도Tentativa del hombre infinito」, 「열렬한 투석병」을 거쳐, 대표작 「지상의 주소Residencia en la tierra」에 이르며 카오스적 요설로 존재의 부조리를 지적하는 초현실주의

적 시인으로 변모했다.

8. 앙투안 드 생텍쥐페리

프랑스 리옹Lion에서 출생했다. 1920년 징병으로 공군에 입대해 조종사 훈련을 받았다. 제2차 세계대전이 일어나자 군용기 조종사로 종군했으며 대전 말기에 정찰비행 중 행방불명되었다. 그의 작품인 『인간의 대지Terre des hommes』, 『전시조종사Pilote de guerre』에서는 인간 관계, 의무, 조국 등에 관한 문제에 대해 깊은 성찰을 보여주고 있다. 걸작 『어린 왕자Le Petit Prince』에서는 작자 자신이 아름다운 삽화를 넣기도 했다. 그의 작품은 독특한 시적 세계를 이루고 있다.

9. 코바동가

코바동가는 스페인 동북부 지역의 마을 이름이다. 이곳에서 711년 이베리아반도를 거의 석권하고 있던 아랍 세계에 대항해 스페인 국토 수복 운동(레콩키스타)의 효시가 되는 전투가 벌어졌다. 이 전투는 이후 기독교가 스페인 영토를 이슬람으로부터 수복하는 역사적 사건의 시작점으로 널리 알려져 있다.

10. 스탈린의 단물

스탈린의 지원은 반란군 편인 독일이나 이탈리아보다는 질과 양에서 떨어졌지만 공화국을 지원하는 편에서는 가장 많은 무기를 지원했다. 이에 대한 대가로 공화국 정부에서도 금궤를 비롯한 많은 재화를 바리바리 싸서 스탈린에게 듬뿍 보상을 해주었다.

〈닥터 지바고〉

러시아혁명과 내전

I. 영화 〈닥터 지바고〉

원제: Doctor Zhivago
감독: 데비드 린
제작: 카를로 폰티, 데비드 린, 아비드 그리펜
각본: 로버트 볼트
원작: 보리스 파스테르나크
출연: 오마 샤리프, 줄리 크리스티, 제랄딘 채플린, 로드 스타이거, 알
렉 기네스, 랄프 리처드슨
음악: 모리스 자르
제작 연도: 1965년
상영 시간: 197분

〈닥터 지바고Doctor Zhivago〉는 구소련 작가 보리스 파스테르나크Boris Pasternak[1]의 노벨문학상 수상 작품을 스크린에 옮긴 대작 영화다. 원작은 1955년에 완성됐지만 공산주의 혁명을 불순하게 다룬다는 이유로 소련에서는 출판이 금지됐고 파스테르나크는 작가동맹에서 제명되는 등 온갖 시련을 겪었다. 그러나 1957년 이탈리아에서 첫 출판된 후 세

계적인 베스트셀러가 된다. 영화 〈닥터 지바고〉는 인간들이 만들어낸 혁명과 전쟁 속에서 고통과 시련 속에 살아가는 다양한 인간 군상을 그리고 있다. 이와 같은 군상 속에서 예술적 감성을 지닌 시인인 주인공의 삶을 그려 나가고 있다. 이를 통해 시인도 혁명가도 죽음을 피할 순 없지만 순수한 예술혼은 불멸하다는 것을 보여준다.

데이비드 린David Lean 감독은 일찍이 〈위대한 유산Great Expectations〉, 〈올리버 트위스트Oliver Twist〉로 소설을 영화화하는 데 일가견이 있음을 증명했다. 특히 〈아라비아의 로렌스Lawrence Of Arabia〉, 〈콰이강의 다리The Bridge On The River Kwai〉로 전쟁과 인물을 그리는 데 탁월한 연출 감각이 있다는 것을 보여주었다. 이런 점에서 러시아 볼셰비키 혁명과 '지바고'라는 인물을 다룬 〈닥터 지바고〉는 그의 뛰어난 능력을 마음껏 펼쳐 보였던 작품이었다. 린 감독의 영화는 서사적인 테마, 방대한 스케일, 역량이 뛰어난 영국 배우들, 물결치는 역사의 파노라마, 많은 엑스트라들, 발군인 카메라 작업, 긴 상영 시간 등의 특징이 있다. 이 작품도 이 특징들을 예외 없이 고스란히 드러낸다.

전방에서 부상병을 돌보고 있는 지바고와 라라

이 영화가 만들어진 1960년대는 냉전이 절정이었고 소련에서 반체제 작품을 촬영하는 것은 도저히 상상할 수 없는 시대였다. 그래서 대부분의 장면을 스페인에서 촬영한 뒤 겨울 장면은 핀란드와 캐나다 밴프 국립공원에서 촬영했다. 특히 겨울 장면 중에서 영화 〈아라비아의 로렌스〉의 사막 풍광처럼 그의 트레이드마크이기도 한 '익스트림 롱 숏extreme long shot'[2]으로 찍은 눈 덮인 평원의 풍광은 영화사에 영원히 잊지 못할 장면을 남겨주었다. 린 감독은 노련한 거장답게 각 나라에서 데려온 유명한 배우들을 잘 조화시키면서 훌륭한 연기를 이끌어냈다. 이집트 배우인 오마 샤리프Omar Sharif는 맑고 커다란 눈망울로 시대의 격동기를 헤쳐 나가는 의사이자 시인의 역할을 훌륭하게 연기했고 줄리 크리스티Julie Christie는 뜨거운 감성과 냉철한 자제심을 갖춘 여주인공 역을 멋지게 소화해 냈다.

이 밖에 채플린의 딸인 제럴딘 채플린Geraldine Chaplin도 지바고의 아내 역을 무난하게 연기했고, 냉소적이고 망해가는 귀족 역의 로드 스타이거Rod Steiger와 지식인이

라라를 떠나보내는 지바고

자 혁명가 톰 코트니Tom Courtenay 등을 연기한 조역들의 연기도 뛰어났다. 촬영감독 프레디 영Freddie Young은 러시아의 끝없이 펼쳐지는 광대한 풍광을 실감나게 재현했고 린 감독의 명콤비인 모리스 자르Maurice Jarre의 가슴을 저미는 음악도 이 영화의 품격을 더욱 높여주었다. 이 영화는 아카데미 촬영상 이외에도 각본상, 작곡상, 미술상, 의상상의 다섯 개 부문을 수상했고 지금도 TV 방영을 통해 계속해서 많은 관객을 만나고 있다.

II. 러시아혁명과 내전

러시아혁명

20세기는 러시아혁명(1917년)으로 막을 열었고, 러시아혁명으로 세워진 공산국가 소련의 해체(1989년)로 막을 내렸다 해도 과언이 아니다. 러시아혁명을 통한 공산주의 세력의 등장은 20세기 내내 지구촌에 거대한 파장을 몰고 다녔다. 이 때문에 우리 한반도에도 피비린내 나는 동족상잔이 벌어지기도 했다.

20세기 초까지 서유럽에서는 혁명과 변혁이 잇따랐다. 그러나 러시아는 유럽에서 가장 후진적인 나라로 차르(황제)Tsar의 전제정치와 압제가 극에 달했었다. 차르는 군주 신권神權을 굳게 지키고 있었다. 러시아 정교는 유럽 어느 나라보다 더 권위적이고 차르 정부의 도구이면서 기둥뿌리 역할을 했다. 그들은 이 나라는 '거룩한 러시아'이며, 차르는 인민들의 거룩한 아버지라고 끊임없이 외쳐댔다. 교회와 차르 정부의 이와 같은 쇼는 인민들의 정신을 압살했다.

차르의 러시아 지배 뒤에는 감옥과 고문, 그리고 황량하고 참혹한 시베리아 유형지가 도사리고 있었다. 수많은 정치범들이 시베리아로 보내져 커다란 수용소와 유형지가 지어졌다. 혹독한 유형 생활이나 장기간의 감옥살이는 참고 견디기 어려운 고통이었다. 많은 용감한 사람들도 정신이 무너지고 육체는 쇠사슬에 묶여 썩어 문드러져 갔다. 이와 같은 차르의 러시아는 저항의 목을 쳐들기만 하면 단칼에 베어버리고 자유의 싹을 발로 뭉개버렸다. 지나친 압제에 대한 본능적인 반항으로 수차례 농민들의 반란이 일어났으나 잔혹하게 진압되곤 했다. 이런 와중에도 상층부를 통해 서유럽의 자유와 민주주의 사상이 조금씩 틈새를 비집고 흘러 들어왔다. 그 시기는 대략 프랑스혁명으로부터 나폴레옹에 이르는 시대였다.

나폴레옹 전쟁 말기, 프랑스군을 쫓아 서유럽 한가운데 위치한 파리로 진군한 러시아군 청년 장교들에게 자유와 평등 같은 프랑스혁명 이념이나 인권 사상에 대한 개념은 신선하고도 커다란 충격을 안겨주었다. 1776년에는 영국 식민지인 아메리카에서 독립 전쟁이 일어났고, "모든 사람은 평등하게 태어났다."라는 기치 아래 저 먼 곳, 북아메리카에 자유스러운 입헌 공화국이 세워졌다는 사실과 1789년에는 프랑스 혁명이 일어나 자유, 평등, 박애의 깃발 아래 새로운 세계가 펼쳐졌음을 그들은 현장에서 직접 눈으로 확인한 것이다.

러시아의 청년 장교들이 호흡한 유럽의 공기는 신선했다. 이에 비하면 조국 러시아의 현실은 참으로 암울했다. 비록 청년 장교들이 대부분 귀족의 자제들이었지만 차르의 폭정으로 신음하는 조국 러시아 농민들의 모습이 자연스럽게 떠올랐을 것이다. 새로운 사조를 호흡하고 러시아로 돌아간 이들 청년 장교들과 일단의 지식인들이 1825년 12월 당시 러시아의 수도였던 페테르부르크에서 반란을 일으켰는데, 이를 '데카브리스트 반란'이라고 한다. 이 반란은 러시아 최초의 정치적 각성의 표시였다. '데카브리Dekabri'란 러시아어로 12월을 말한다.

비록 이 반란은 가혹하게 진압되었지만 이 반란으로부터 각종 비밀
결사가 탄생되기 시작했다. 이후 이 비밀결사들이 내건 개혁 이념은 새
로이 탄생한 마르크스 공산혁명 이념이 반차르운동과 더불어 1917년
에 발발한 러시아혁명의 중요한 뿌리가 된다.

피의 일요일

먼저 러시아혁명이 일어났던 1905년 당시
의 황제 니콜라이 2세Nicholas II에 관해 알아
보기로 한다. 그의 유약한 성격과 무능력, 그
리고 우둔함이 러시아혁명과 무관하지 않았
기 때문이다. 니콜라이 2세는 부황 알렉산
드르 3세Alexander III에게서 대제국을 물려받
았다. 당시 러시아 인구는 1억 3,000만 명,
면적은 세계 1위, 경제는 세계에서 5위에 해

니콜라이 2세 황제

당한 거대한 제국이었다. 아울러 레온 트로츠키Leon Trotsky(러시아혁명
의 거두)가 재치 있게 표현했듯이 그는 혁명을 물려받았다.

그러나 불행히도 니콜라이 2세는 이처럼 제국을 다스릴 만한 그릇이
못 되었다. 그는 전제자에게 요구되는 지능과 성격, 능력을 전혀 구비하
지 못했다. 성격이 지나치게 유약했고 과격한 성격의 사람을 만나면 질
겁을 하고 멀리했다. 자신의 중신들 가운데에서도 자기처럼 사근사근
하고 온순한 신하들만 가까이 했다. 지적知的으로 모자라다 보니까 국

정 현안들을 토론하는 것을 가급적 기피했다. 시대의 대변혁기에 놓인 러시아를 참으로 무능하고 무기력한 차르가 물려받았던 것이다. 이런 니콜라이 2세의 무능과 아둔함을 더욱 악화시킨 인물은 황후 알렉산드라 표도로브나Alexandra Fyodorovna였다. 그녀는 영국 빅토리아 여왕의 외손녀로서 독일의 헤센 공국에서 태어났다. 거만하고 쌀쌀맞기까지 해서 국민들에게 인기가 없었다. 그녀는 자기 주제에 남편 니콜라이 2세가 성격이 어린애 같다고 늘 걱정하면서 자신이 늘 보호해 주어야 한다고 말했다. 천생연분이라고 니콜라이 2세는 이런 아내의 말이라면 곧이곧대로 따랐다. 결국 러시아 혁명으로 목숨을 잃게 되는 니콜라이 2세 부부는 프랑스혁명으로 처형된 루이 16세 부부와 참으로 많이 닮았다. 우선 니콜라이 2세는 차르에 즉위하자 "부황은 내가 무엇을 해야 할 지 하나도 가르쳐 주지 않았어."라고 볼멘소리를 늘어놓았다. 루이 16세도 역시 "할아버지(루이 15세)는 나에게 아무 것도 가르쳐주지 않았어."라고 칭얼거렸다. 니콜라이 2세의 황후가 외국인이었듯이 루이 16세의 왕후인 마리 앙투아네트Marie Antoinette 역시 오스트리아 공주였다. 앙투아네트는 철딱서니가 없었고 천방지축인 데다 사치가 심해 프랑스인들의 인심을 잃었다. "오스트리아 년이 온통 나라를 말아먹고 있다."라고 국민들에게서 손가락질을 받았다. 알렉산드라에게도 "독일 년이 황제를 갖고 논다."라고 쑥덕거림이 따라 다녔다. 니콜라이 2세 부부는 1남 4녀를 두었고 금실은 꽤 좋았다. 평범한 계급에서 태어났더라면 어쩌면 행복했을 부부가 황제와 황후가 되는 바람에 본인들에게도 불행했고 러시아에도 불행을 가져왔던 것이다.

러일 전쟁이 한창이던 1905년 1월 9일 일요일, 20만 명가량의 가난한 노동자들이 페테르부르크(지금의 상트페테르부르크)의 겨울 궁전 앞으로 시위를 하면서 모이기 시작했다. 이 시위의 지도자는 사제이며 노동운동가로 잘 알려진 게오르기 가폰Georgii Gapon[3] 신부였다. 그와 그의 추종자들은 제헌의회의 구성, 노동시간 단축, 최저임금 보장 등을 내걸고 시위를 시작했다. 거리를 행진하던 시위자들은 무장을 하지 않았고 질서를 지켰으며 그중 다수는 성상을 들고 찬송가를 불렀으며 또 "신이여, 차르를 보호하소서."라는 국가를 합창했다. 군인들과 경찰들이 동원되어 군중들에게 해산을 명령했다.

노동자들이 이에 불응하자 군인들은 발포했고 그 결과 500명 이상의 사망자와 수백 명의 부상자가 발생했다. 궁전 앞 광장의 백설은 붉은 피로 물들었다. '피의 일요일'이라고 불리게 된 이 사건의 소식이 전해지자 러시아 전역에 큰 파문이 일어났다. 수백만의 노동자들이 파업에 돌입했고 여러 도시에서 지역 단위 소비에트soviet[4]들이 우후죽순처럼 생겨났다.

차르는 신하들의 충고로 재빠르고 신속하게 반응했다. 우선 그는 '1월 선언'을 발표하고 약간의 정치적 양보를 함으로써 일반 민중이 소비에트에 대한 지지를 철회하게끔 유도했다. 한편으로는 페테르부르크 소비에트 요원들을 무더기로 체포하며 모스크바에서 발생한 무장봉기를 분쇄했다. 1905년의 혁명은 이렇게 무산되었다. 그러나 근본적으로 치유되지 않은 이때의 상처로부터 더 피비린내 나는 혁명이 12년 후에 기어코 일어나고야 만다.

요승 라스푸틴

1914년 터진 제1차 세계대전 중 러시아는 모든 교전국 중에서 가장 큰 타격을 입었다. 원래 러시아 장군들은 무능하기로 정평이 나 있었다. 장비도 변변치 못한 러시아 병사들을 엄호사격도 없이 무지막지하게 적진으로 돌격하게 함으로써 한꺼번에 떼죽음으로 몰아넣었다. 또한 부패하기 짝이 없는 관리들의 농간으로 무기와 보급품은 형편없었다. 한편 페테르부르크와 그 밖의 도시에서는 투기 상인들이 전쟁을 이용해 엄청난 돈을 벌었다. 반면에 병사들과 노동자, 농민들은 기진맥진해 굶주림에 허덕이고 불만의 소리는 날로 높아만 갔다.

어리석은 니콜라이 2세는 드세고 멍청한 황후와 고약한 성직자인 그리고리 라스푸틴Grigorii Rasputin에 둘러싸여 온갖 악정을 자행하고 있었

요승 라스푸틴

다. 요승 라스푸틴은 비천한 농가에서 태어났다. 그는 도둑질, 싸움질, 성범죄 등 온갖 못된 짓을 하며 자랐다. 장년이 되면서 그는 돈벌이가 쉬운 성직자가 되기로 작정하고 머리를 길게 기르고 잔꾀를 부리면서 어찌어찌해서 궁정에까지 진출하게 되었다. 차르의 외아들 알렉세이 로마노프Aleksei Romanov는

혈우병[5]에 시달리는 환자였다. 그런데 어찌된 영문인지 황태자가 출혈이 생길 때마다 라스푸틴이 간여하면 증상이 호전되곤 해서 황후의 신임을 독차지하게 되었다.

그는 우둔한 차르를 마음껏 쥐고 흔들면서 최고층 인사까지도 좌지우지했다. 그리고 뒷구멍으로는 거액의 뇌물들을 챙기는 등 악덕을 일삼으며 몇 해 동안 권력의 정점에서 한껏 농간을 부리고 있었다. 이에 온건한 귀족들까지 불만이 높아지면서 그를 끼고도는 차르를 강제로 폐위를 논하는 단계에 이르렀다. 그럴 즈음 니콜라이 2세는 스스로 군의 총사령관이 되어 전쟁터에 나가 삽질을 거듭하면서 전투를 더욱 망가뜨리고 있었다. 드디어 1916년 말경 차르가 자리를 비운 틈을 타서 라스푸틴은 소수의 귀족들에게 살해당했다. 처음에는 그에게 독약을 먹였는데 죽지 않았다. 다시 또 몇 발의 총알을 박아 넣었는데 그래도 죽지 않았다. 그래서 귀족들은 그를 페테르부르크 중앙을 가로지르는 네바강으로 강제로 끌고 갔다. 그리고 강물 속으로 억지로 밀어넣어 기어코 죽이고 말았다. 그의 죽음은 여러 사람들에게 환영받았으나 그 때문에 차르에 의한 비밀경찰의 단속은 더욱 혹독해졌다.

2월 혁명

1917년 2월 23일과 24일에 걸쳐 드디어 불만이 극도에 달한 20만 명의 노동자들이 거리로 쏟아져 나왔다. 진압을 명령받은 황제의 돌격대 코사크 기병대는 진압에 나섰다가 멈칫했다. 전선에서는 동료들이 무더기로 죽어가고 후방에서는 국민이 신음하는 참상을 보고 그들조차도 분개하고 있었기 때문이다. 전 시가에 포진하고 있던 군인들도 반란에 합세했다. 그들은 거리의 군중과 합세했고 이 사태를 저지하려고 나선 장교들은 자기 부하들의 총에 맞아 죽었다.

전선에 있던 차르는 모스크바까지 페테르부르크에 동조해 혁명에 가담했다는 소식을 듣고 정예부대를 급파했으나 이들도 시민들 편에 붙어버렸다. 3월 2일 군대에서 버림을 받고 퇴위 요구에 직면한 차르는 스스로도 심신이 지칠 대로 지쳐 퇴위했다. 그리고 동생 미하일 알렉산드로비치Mikhail Aleksandrovich에게 양위하려고 했으나 그도 황제가 되기를 거부했다. 이로써 수 세기에 걸쳐 러시아를 통치해 온 로마노프 왕조는 역사의 저편으로 사라졌다. 체포된 황제의 가족들은 서부 시베리아의 예카테린부르크Yekaterinburg로 끌려가 감금되었다.

1918년 7월 17일, 이들 황제 가족은 탈출을 우려하여 감시하고 있던 볼셰비키 병사들에 의해 총살되었다. 그날 새벽, 차르 가족들과 시종들을 포함한 11명은 지하실로 끌려 내려왔다. 니콜라이 2세와 14세의 아들 알렉세이, 황후 알렉산드라, 23세의 올가 니콜라예브나Ol'ga Nikolaevna, 19세의 마리야 니콜라예브나Maria Nikolaevna, 17세의 타티야

니콜라이 2세 가족

나 니콜라예브나Tat'yana Nikolaevna, 15세의 아나스타샤 니콜라예브나 Anastasia Nikolaevna 등 네 딸과 한 명의 시의侍醫, 세 명의 시종들도 나란 히 세워져 모조리 총살되었다. 지하실은 연기와 화약 냄새로 가득 찼으며 시체들의 피가 시냇물처럼 흘렀다.

10월 혁명

갑작스러운 노동자 계급의 대두와 지배자들의 지팡이였던 군대가 노동자와 합류한 것을 본 귀족, 지주계급 등의 상층계급과 부유층들은 공포에 떨며 어쩔 줄 모르기 시작했다. 지주계급과 상층 부르주아를 대표하는 두마(러시아 의회)의 의장과 의원들조차 공포에 질려 갈피를 못 잡고 우왕좌왕하고 있었다. 혼란 속에서 임시정부가 수립되고 알렉산드르 케렌스키Aleksandr Kerenskii[6]가 수상으로 선출되었다. 멘셰비키와 볼셰비키 사이의 권력 다툼과 러시아군 사령관 라브르 코르닐로프Lavr Kornilov 장군의 쿠데타 시도까지 겹치는 등 극심한 혼란이 지속되었다.

이 무렵 잠시 핀란드로 도주했던 블라디미르 레닌Vladimir Lenin[7]이 10

러시아 10월 혁명

월 7일 슬며시 페테르부르크로 돌아왔다. 그는 2월 혁명 때 망명지 스위스에서 돌아왔으나 케렌스키 임시정부에 체포될 위기에 처하자 핀란드로 잠시 도주해 있었다. 이번에는 그가 직접 주도하면서 볼셰비키 혁명의 막이 오른다. 러시 아력 10월 25일 새벽 6시경 페테르부르크의 주요 관공서들이 볼셰비키의 수중에 장악되었다. 반란의 붉은 깃발을 휘날리며 순양함 오로라Aurora호가 네바Neva강에

핀란드에서 돌아온 레닌

정박했다. 함포들은 포탄을 장전한 채 내각이 자리 잡고 있는 겨울 궁전을 겨냥하고 있었다. 그곳에는 우유부단한 임시정부 수반인 케렌스키가 정신을 못 차리고 갈팡질팡하고 있었다.

25일 아침에 부관이 "이제 우리가 믿을 만한 부대는 하나도 남아 있지 않습니다."라고 보고했다. 이 말을 듣자마자 그는 즉각 보따리를 싸들고 일단 미국 대사관으로 튀었다가 나중에 미국으로 망명했다. 그리고 26일 새벽, 임시정부 최후의 각료들이 마침내 백기를 들고 투항했다. 레닌이 이끄는 볼셰비키가 마침내 승자가 되었다. 레닌은 그의 오른팔인 레온 트로츠키Leon Trotsky[8]와 함께 새 정부를 이끌게 되었다. 11월 8일 레닌이 스몰리 학교에서 열린 소비에트 회의에 모습을 나타냈다. 이제 레닌은 역사의 주역으로 나타난 것이다.

레닌이 이끄는 볼셰비키[9]가 정권을 잡았으나 전국은 파국적인 내전에 휩쓸려 들어갔다. 1918년 코사크의 백군(공산주의에 동조하지 않는 군대)이 반란을 일으켰고 다른 부대들도 속속 반란군에 합세했다. 서방 여러나라들도 공산주의 혁명이 전염될까 두려워서 백군을 지원하기 시

작했다. 이들은 백군에게 무기와 보급품을 지원했고 나아가 병력을 파견하는 등 그들을 도왔다. 동쪽에서는 일본이 군대를 파견해 시베리아 주요지역에 진출했고, 서쪽에서는 폴란드와 체코가 적군(볼셰비키 군대)을 공격했다.

4년 동안 당시 군사위원장으로 있으면서 트로츠키는 이 새로운 위험에 처했으나 하나씩 백군을 격파해 나갔다. 드디어 1921년 말, 백군에 의한 대부분의 위협은 제거되었다. 그러나 러시아 인민의 시련은 아직 남아 있었다. 정치적 반대 세력을 처치하기 위한 방편으로 고문과 살인을 통한 숙청이 날뛰기 시작한 것이다. 레닌이 죽은 후 스탈린 치하에서는 이 잔인한 숙청이 참으로 가공스럽고 섬뜩한 경찰국가를 건설하는 데 악랄한 수단으로 악명을 떨쳤다.

러시아에 볼셰비키 정권이 들어선 이후 영국의 저명한 수학자이자 철학가인 버트런드 러셀Bertrand Rusell경은 왜 자기가 볼셰비즘을 결단코 거부하는지에 대해 다음과 같이 말했다. "첫째 볼셰비키 방식이 치러야 할 희생이 너무나 끔찍하다는 것이고, 설사 그 희생을 치른다 하더라도 그들(볼셰비키)이 원하는 그 결과를 결코 얻을 수 있다고 믿지 않기 때문이다(김학준, 『러시아 혁명사』, p881)." 역사는 그의 말대로 진행되었다.

1. 보리스 파스테르나크

보리스 파스테르나크(1890~1960년)는 모스크바에서 태어났다. 그는 모스크바대학교 철학과를 졸업한 후 처녀 시집 『구름 속의 쌍둥이Bliznets v tuchakh』를 내면서 시인으로 등극했다. 파스테르나크는 1945년 『닥터 지바고』를 쓰기 시작해서 1956년 완성했다. 이 책은 국내 출판이 금지되어 다음 해 밀라노에서 이탈리어판으로 처음 출판되었다. 1958년 노벨상이 주어지자 소련 정부는 그를 '인민의 적'으로 규정하면서 작가 동맹에서 축출했다. 그는 결국 수상을 사절했고, 2년 뒤인 1969년 침묵과 고독과 실의 속에서 눈을 감았다.

미하일 고르바초프Mikhail Gorbachev 정권이 들어서자 1986년, 시인 예브게니 옙투셴코 Yevgeny Evtushenko 등이 서명운동을 벌여 그의 복귀를 요구했고, 이듬해 2월, 30년 만에 복권되었다. 생전에 파스테르나크를 알던 친구들은 그를 "천재적이고 심플하고 섬세하고 자부심이 강한 사람"이라고 말했다.

2. 익스트림 롱 숏

영화를 찍을 때 주인공이나 사물을 아주 작게 보이게 하고 배경을 엄청나게 크게 보이게 촬영하는 기법을 말한다. '설정 숏establishing shot'이라고도 한다.

3. 게오르기 가폰

'피의 일요일' 시위를 주도한 가폰은 지성적이며 진지하고 명상적이고 열정적인 사람이었다. 그리고 뛰어난 미남으로 카리스마가 넘치는 등 지도자로서의 소양을 충분히 갖추고 있었다. 그는 노동조합을 조직해 노동자들의 권익을 위해 분투했으며 1904년 말경에는 가장 뛰어난 노동 운동가가 되었다. 그러나 그는 레닌이나 기타 혁명가들과는 달리 차르 전제체제를 전복하려는 과격성은 없었다. 단지 노동자들의 권익을 확보하는 데에만 활동을 국한시켰다. '피의 일요일' 사태가 진압되면서 그는 해외로 도주했다. 그곳에서 그는 니콜라이 2세에게 다음과 같은 짤막한 편지를 보냈다. 이때 그는 차르에 대해 일체의 존칭을 걷어치웠다.

> "노동자들과 그들 처자식들의 순결한 피는 오! 영혼의 파괴자인 그대와 러시아 인민들 사이에 영원히 가로놓여 있을 것이다. 그대와 그들 사이의 도덕적 연결은 더 이상 존재하지 않을 것이다. (…) 흘려야 할 모든 피가, 교수자絞首者인 그대와 그대의 가족들에게 흘러 떨어질지어다."

가폰의 예언대로 차르와 그 가족은 나중에 비참한 최후를 맞게 된다.

4. 소비에트

러시아어로 '평의회'를 의미하는 소비에트는 노동자와 농민들의 민주적인 자치 조직을 뜻한다. 1905년 10월 러시아제국의 수도 페테르부르크에서 노동자 대표 소비에트가 창설되었다. 이후 러시아제국 각지에서 자주적인 소비에트가 설립되었다. 1917년의 10월 혁명으로 공산당이 정권을 잡으면서 러시아제국은 소비에트 러시아가 되었다. 이어서 1922년 소련(소비에트 연방)이 탄생했다.

5. 혈우병

혈우병은 유전병의 하나로 혈액응고 인자가 없어서 생기는 병이다. 상처가 나서 출혈이 있을 경우 일반인보다 지혈 시간이 오래 걸린다. 혈우병이 유명해진 계기는 바로 영국 왕실에 혈우병이 등장하면서부터. 혈우병의 보인자保因者였던 빅토리아 여왕으로 인해 유명해지기 시작했다. 빅토리아 여왕의 외손녀는 러시아 왕가로 시집을 가게 되는데 이를 시작으로 러시아 왕가에서도 혈우병이 전해지고 러시아 황태자인 알렉세이는 혈우병을 앓게 된다.

6. 알렉산드르 케렌스키

케렌스키는 1917년 7월부터 10월까지 러시아 임시정부의 수반을 지냈다. 1905년경 사회주의 혁명당에 가입해 정치범들의 변호사가 되었다. 이후 온건좌파 정치인으로 점차 명성을 얻었다. 2월 혁명 총리로 선출되며 새로운 정부 권력의 정점에 올랐으나 권력에서 밀려나면서 1917년 10월 혁명 때 쫓겨나 미국으로 망명했다.

7. 블라디미르 레닌

러시아의 혁명가이자 소련(소비에트 사회주의 공화국 연방)의 초대 국가 지도자였다. 마르크스주의를 러시아의 상황에 맞게 발전시킨 '마르크스-레닌주의'를 완성했다. 레닌은 학교 교사의 아들로 1870년 4월 22일 태어나 고등학교를 마치고 카잔대학교 법학과에 입학했다. 후에 페테르부르크에서 마르크스주의자들을 이끄는 지도적 활동을 하다가 체포되어 시베리아로 유형당했다.

한편 이마가 툭 나온 짱구 대머리와 묵직한 턱에는 그의 트레이드마크인 수염이 자리 잡고 있다. 구겨지고 헐렁한 바지를 걸친 소탈한 모습, 한편으로는 냉철하며 고집스러운 성격, 복잡한 사상을 단순한 말로 표현하는 재능을 지녔다는 평을 들었다.

1917년 러시아혁명 이후 사회주의국가 소련을 이끌다가 레닌은 1924년 1월 21일 저녁 6시 50분 니즈니노브고로드Nizhni Novgorod에서 뇌동맥 경화증으로 사망했다.

8. 레온 트로츠키

레온 트로츠키는 레닌의 가장 가까운 동지였으며 10월 혁명 이후 적백 내전 당시 적군을 지휘하는 군사 지도자였다. 내전 중에 레닌은 친구이자 대문호인 막심 고리키Maksim Gor'kii에게 트로츠키를 뛰어난 군사 지도자라고 추켜세웠다. 1879년 우크라이나에서 부유한 유대인 농장 경영주의 아들로 태어난 트로츠키는 초기 혁명기에는 레닌과 팽팽히 맞서기도 했다. 그러나 나중에 레닌의 가장 가까운 동지가 되었다. 그는 웅변에서 타의 추종을 불허했다. 내전이 벌어지자 적군을 지휘해 볼셰비키 정권을 확고히 다지는 데 지대한 공헌을 했다. 레닌이 죽은 뒤 권력투쟁에서 스탈린에게 밀려 1929년 아내와 함께 망명길에 올랐다. 처음에는 튀르키예에서 4년 동안 체류하면서 『나의 생애My Life』라는 자서전과 『러시아 혁명사History of the russian revolution』를 집필했다. 그러나 계속되는 스탈린의 암살 위협으로 프랑스, 노르웨이로 도망 다니다가 나중에는 멕시코로 피신했다. 1940년 5월 24일에는 스탈린이 밀파한 암살 특공대 20여 명이 기습해 무자비하게 총탄을 퍼부었는데도 기적적으로 살아났다.

그로부터 3개월 후 8월 20일, 그동안 비서로 위장했던 암살자가 트로츠키의 서재에 단신으로 들어가 도끼로 트로츠키의 머리를 내리찍었으나 즉사하지는 않았다. 급히 병원으로 옮겨 갔지만 결국 열흘 만에 죽고 말았다. 우크라이나에서 태어나 멕시코에서 한 줌의 재로 끝난 트로츠키가 남긴 저술은 오늘날에도 많은 독자들을 확보하고 있다.

9. 볼셰비키

볼셰비키란 러시아 사회민주노동당 정통파를 가리키는 말로 멘셰비키Mensheviki에 대립된 개념이다. 다수파라는 의미로 과격한 혁명주의자 또는 과격파의 뜻으로도 쓰인다. 멘셰비키(소수파)가 의회주의를 통한 민주적 투쟁방식을 강조한 데 반해 볼셰비키는 무산계급에 의한 폭력적·혁명적 전략과 전술을 채택했다.

〈링컨〉

링컨의 일생과 여러 일화들

I. 영화 〈링컨〉

원제: Lincoln
감독: 스티븐 스필버그
각본: 토니 커쉬너
원작: 도리스 컨스 굿윈
출연: 다니엘 데이 루이스, 샐리 필드, 데이비드 스트러세언, 고든 레
      빗, 제임스 스페이더, 핼 홀브룩, 토미 리 존스
음악: 존 윌리엄스
제작사: 20세기폭스, 드림웍스픽처스
제작 연도: 2012년   상영 시간: 150분
제작비: 6,500만 달러   수익: 2억 7,500만 달러
같은 소재의 영화: 〈젊은 링컨〉(1939), 〈링컨: 뱀파이어 헌터〉(2012)

에이브러햄 링컨은 미국 역사상 가장 많은 사랑과 존경을 받고 있는 제16대 대통령이다. 이 영화는 링컨의 생애 중 가장 극적인 마지막 4개 월을 감동적으로 담았다. 이 영화가 미국에서 개봉할 당시 대통령 버락 오바마Barack Obama와 양당 대표들이 모두 입을 모아 추천했던 화제 의 작품이었고 미국 전역에서 대히트를 쳤다.

영화 〈링컨〉은 1865년 1월, 남북 전쟁의 거의 막바지 시기, 노예제도를 헌법으로 금지하는 수정 헌법 13조가 하원을 통과하는 한 달간의 숨 가쁜 과정을 그리고 있다. 종전이 되면 노예제도 폐지 선언이 폐기될 것을 우려해 전쟁이 끝나기 전에 헌법 13조 수정안을 통과시키려 애쓰는 링컨의 의지를 표현하고 있다. 감독 스티븐 스필버그[1]는 이 영화에서 특유의 미국식 애국주의를 과하지 않게 그려냈다는 평을 들었다. 〈링컨〉은 전쟁 영화가 아닌 정치 영화에 가까워 전쟁 장면은 비중이 낮다. 전쟁을 상기시키는 부분은 초반부의 북군과 남군의 교전 장면과 링컨 일행이 전투 지역을 시찰하는 장면, 로버트 리와 그랜트가 아포머톡스Appomattox에서 항복 조인식을 위해 만나는 장면 정도가 있다.

영화는 전쟁과 노예제도를 놓고 첨예하게 대립하는 공화당과 민주당 의원들을 설득하고, 이해와 갈등을 조율해 가는 링컨의 타협 정신과 리더십을 보여준다. 또한 영화는 스필버그 감독 특유의 스펙터클하고 빠른 전개 대신 시종 차분하고 진중하게 진행된다. 이 영화는 2005년도에 출판된 도리스 굿윈Doris Goodwin의 저작인 『권력의 조건』의 내용 일부를 배경으로 해서 만들었다. 스필버그는 이 영화를 위해 무려 13년간 준비했다고 한

영화 속 전선을 시찰 중인 링컨

다. 아마도 그가 가장 오랫동안 매달린 작품일 것이다. 스필버그가 작가 굿윈이 막 쓰기 시작한『권력의 조건』의 판권을 산 것이 1999년이었다. 그때부터 링컨에 대한 영화를 준비하기 시작했고 13년이 지난 2012년도에야 완성했다.

링컨 역을 맡은 다니엘 데이 루이스²의 명연기는 역시 탁월했다. 링컨의 외모를 거의 완벽하게 재현해 냈고 전쟁 중 대통령으로서 결단력 있고 고뇌에 찬 내면 연기를 선사했다. 2013년 제85회 아카데미 시상식에서 남우주연상을 받으면서 아카데미 남우주연상 3회 수상 신기록을 세웠다. 10년 이상의 기간 동안 영화를 준비하면서 스필버그는 "만약 다니엘 루이스가 링컨 역을 맡는다고 하면 영화를 찍을 것이고, 그가 맡지 않는다고 하면 영화를 찍지 않을 것이다."라고 말했을 정도로 루이스에 집착했다. 배우 다니엘 루이스는 이 역할로 골든글로브상, 아카데미 남우주연상을 휩쓸었으니 스필버그의 눈이 정확했다고 볼 수 있다.

영화에서 링컨의 부인 역할을 맡았던 배우 샐리 필드Sally Field는 캐스팅이 되기 이전에 자신이 링컨의 부인 메리 링컨Mary Lincoln 역할을 해야 한다고 스필버그에게 읍소했다. 하지만 스필버그는 그녀가 메리 역할을 하기에 너무 나이가 많다고 내키지 않아했다. 그러나 샐리 필드는 여기서 포기하지 않고 카메라 테스트 끝에 기어코 역을 따는 억척스러움을 보였다. 실제로 그녀는 링컨의 부인보다는 20살이 많았다.

링컨의 암살은 충격적인 사건이었다. 스필버그는 이 장면을 살릴 수 있는데도 과감히 생략했다. 다만 연극을 보러 가기 전 백악관에서의 담소, 백악관을 홀로 쓸쓸히 걸어 나가는 모습, 그리고 그날 밤 링컨의 막내아들 태드Tad가 〈알라딘과 요술 램프Aladdin's Wonderful Lamp〉 연극을 그로버 극장에서 관람하는데 관리자가 연극을 중지시키고 대통령이 피격되었다는 것을 알리는 장면으로 대신했다.

지금 당장 병사들의 피를 멈출 수 있는 종전 선언이냐, 앞으로 태어날 수백만 명의 인권을 보장하는 헌법이냐, 이 어려운 선택의 기로에서 링컨이 보여주는 행보는 흥미롭다. 링컨은 전쟁이 끝나기 전에 의원 3분의 2의 찬성을 얻어 수정헌법 13조(노예제 폐지)를 통과시키려 했다. 그러나 여당 의원이 다 찬성해도 20명의 표가 부족했다. 링컨은 반대만 하는 야당을 탓하지 않았다. 설득, 읍소, 매수, 강요 등 동원할 수 있는 모든 수단을 동원했다. 의원들을 백악관으로 부르고 직접 집으로 찾아가기도 했다. 영화에서 "부패로 통과되고 미국에서 가장 순수한 사람이 추진한 19세기의 위대한 입법"이라는 대사가 퍽 인상적이다.

II. 링컨의 일생과 여러 일화들

에이브러햄 링컨(1809~1865년)의 일생

미국에서 가장 존경받는 대통령인 링컨은 켄튀르키예 통나무 오두막 집에서 태어나 여러 곳을 전전하며 가난하게 자랐다. 어린 시절은 고난의 세월이었다. 아홉 살에 어머니가 돌아가시고 이후 10년도 채 지나지 않아 참으로 의지했던 누나마저 죽었다. 링컨은 우물을 파거나, 이웃의 돼지를 잡거나, 땅을 갈아서 가족의 빚을 갚아야 했지만 궁핍한 생활 속에서도 책을 손에서 놓지 않았다. 재능이 있었지만 정식 교육이라곤 1년도 받지 못했다. 입에 풀칠을 하기 위해서 뱃사공, 점원, 장사꾼, 우체국장, 측량 기사 등을 전전했다. 자신을 좀 더 체계적으로 닦기 위해 영문법과 셰익스피어 희곡, 기하학과 법학까지 공부해 나갔다. 결국 고학으로 변호사가 되었고 진정으로 존경받는 사람이 되겠다는 야망을 품고 정계에 진출했다.

그의 정치 경력은 기껏해야 별 볼 일 없이 임기를 마친 하원 시절과 상원 의원 선거에서의 낙선 두 번이 전부였다. 하지만 이 무명의 정치가는 전국적으로 스포트라이트를 받고 있던 쟁쟁한 라이벌들을 제치고 역사상 전무후무한 정치 역전의 드라마를 이루어낸다. 링컨은 미국의 16대 대통령으로 취임한 후, 자신을 얕잡아 보고 멸시했던 같은 당의 라이벌들을 모두 내각의 일원으로 끌어들였다. 그리고 무한한 포용력과 탁월한 정치적 수완으로 그들의 협력을 이끌어 냈다. 남부의 반발로 시작된 남북 전쟁 가운데에서도, 이들과 함께 링컨은 훌륭하게 국가를 이끌어갔다.

또한 링컨은 평생 친절하고 겸손한 태도를

에이브러햄 링컨

잃지 않았다. 그랬기 때문에 예전에는 그에게 적대적이었던 사람들에게서 존경과 협조를 이끌어냈다. 실패에서 교훈을 얻었으며, 더 중요한 것을 이루기 위해 작은 것을 양보할 수 있었다. 그는 피비린내 나는 동족상쟁이라는 전쟁 중 재선에 성공해 국민의 지지를 받았고 마침내 남부의 항복을 이끌어냈다. 건국의 아버지들이 남겨준 영광의 땅에서 민주주의를 구하고 연방을 지키며 노예해방이라는 역사적 사명을 완수한 것이다.

변호사가 되기까지의 전반기 생애

링컨의 아버지 토머스 링컨은 목수와 머슴 등으로 전전하며 살다가 조용하지만 신앙심이 깊은 젊은 낸시 행크스와 결혼했다. 낸시 행크스는 현재 미국의 국민배우인 톰 행크스Tom Hanks의 먼 친척뻘이

게티스버그에서 연설 중인 링컨

다. 에이브러햄 링컨은 1809년 2월 12일, 켄튀르키예주 시골구석의 통나무 오두막집에서 태어났다. 링컨이 태어난 후 아버지 토머스는 가족들을 이끌고 인디애나주의 남서부로 이사 갔다.

링컨의 어머니는 주위 사람들에 의하면 아버지 링컨보다 뛰어난 여인이었다고 한다. 강한 정신력을 가지고 있었고 동시에 사랑과 자비심을 겸비한 여인이었다. 어린 링컨에게 성경을 읽어주었고 읽고 쓰는 법

을 가르쳤다. 그러나 그녀는 링컨이 아홉 살 때 '우유병'에 걸려 세상을 떠났다. '우유병'은 뱀풀이라는 독초를 먹은 소의 우유를 먹으면 걸리는 치명적인 병이다. 그녀는 링컨과 손위 누나인 세라를 남겼다.

링컨은 누나 세라와 무척 가까웠다. 살던 곳이 워낙 시골 개척지라서 이웃이 없던 탓에 누나와 친하게 지내면서 놀았기에 남매는 정이 도타웠다. 세라는 결혼해서 아기를 낳다가 21살의 나이로 일찍 세상을 떠나 링컨을 무척이나 슬프게 했다. 그는 사랑했던 어머니와 누나 두 여인을 저 세상으로 보냈다. 아내가 세상을 뜨자 아버지는 켄튀르키예주로 가서 새 아내를 데려왔다. 계모인 사라 링컨Sarah Lincoln은 딸 둘과 아들 하나가 딸린 과부로 열정과 애정을 가지고 가정을 보살폈다. 다른 계모들과는 달리 링컨 남매를 친자식처럼 대했는데 특히 에이브러햄을 귀여워했다. 후일 링컨은 그녀를 '천사 엄마'라고 부르며 회상했다. 일찍부터 사라는 링컨이 보기 드문 재능을 가진 떡잎임을 알아보았다. 자신은 일자무식이었지만 링컨이 많이 읽고 배울 수 있도록 온갖 정성을 다했다. 친어머니가 사랑과 칭찬으로 링컨의 자신감을 키워주었다면 새어머니 사라는 그의 자신감을 더욱 키워준 셈이다.

사라는 시집 올 때 『성서』, 『이솝 우화집』, 『로빈슨 크루스』, 『천로역정』, 『아라비안 나이트』 등 5권의 책자를 가지고 왔다. 어린 링컨은 이 것을 되풀이해서 읽으면서 거의 외우다시피 했다. 그는 후에 성장하면서 『워싱턴 전기』, 『월터 스코트 작품집』, 『키케로』, 『데모스테네스의 연설집』, 『셰익스피어 작품집』 등의 고전들을 읽고 또 읽었다. 이러한 독서는 그의 훌륭한 인격형성에 피와 살이 되었고 훗날 발휘되는 그의 우수한 영어 산문체를 구사하는 데에 큰 도움이 되었다. 링컨은 기껏해야 1년 정도 학교를 다녔다. 이는 그의 아버지가 그를 농사꾼이나 하인으로 취직시키려는 생각에서 더 이상의 교육을 받는 것을 탐탁치 않게 생각했기 때문이었다. 이런 이유로 아버지와는 점차 사이가 틀어져 갔다. 그는 독학을 통해서 모든 지식을 습득할 수 있었다.

1830년 이른 봄, 링컨 가족은 일리노이주로 이사했다. 일리노이에 도착했지만 농부가 될 마음이 별로 없던 링컨은 농사일 말고 여러 다른 일에 손을 댔다. 그는 마지못해 아버지의 새로운 농장에서 일했지만 한편으로는 선원이 되어 배를 타고 미시시피강을 따라 뉴올리언스까지 항해하기도 했다. 그러나 링컨은 결국 법률 쪽을 공부하기로 마음을 굳혔다. 이미 문법과 수학 등을 독학한 상태였던 그는 법률책을 파고들어 1836년 법률시험에 합격했고, 이후 변호사 일을 시작했다.

대통령 링컨

1837년 무렵에 변호사를 개업하고 이후 일리노이주 주의원과 연방 하원의원을 지냈으나 정계를 은퇴했다. 1850년대부터 노예제도에 관한 논쟁이 치열해지자 다시 소란한 정계에 뛰어들었다. 그리고 1860년 링컨은 치열한 선거전 끝에 제16대 미국 대통령에 당선되었다. 노예제도 때문에 국론이 갈가리 찢긴 사태에 직면해 그는 대통령 취임 연설식장에서 무엇보다도 남부의 연방 탈퇴를 결코 묵과하지 않을 것이며 연방의 고수를 확고하게 다짐했다.

그가 임명한 장관들 중에서 국무장관 윌리엄 슈어드William Seward, 재무장관 새먼 체이스Salmon Chase, 육군 장관 사이먼 캐머런Simon Cameron(나중에 에드윈 스탠턴Edwin Stanton으로 바뀐다), 이 세 사람은 수완에서는 자기들이 링컨보다 뛰어나다고 생각하며 대통령을 자기들 마음대로 쥐고 흔들 수 있는 촌닭 정도로 깔보고 있었다.

그러나 시골티가 물씬 풍기는 대통령에게는 이들 각료들에게서 찾아볼 수 없는 타인의 입장을 이해하는 공감 능력, 치열하게 인생을 살아오면서 습득한 불굴의 정신, 여러 고전을 통해 체화한 웅대한 사상과 고결한 품격이 깃들어 있었다. 그는 소탈한 모습으로 이솝 우화 같은 속담을 즐겨 인용했고 때로는 음담패설도 서슴지 않았다. "시인 월트

휘트먼Walt Whitman은 링컨을 '노예제 때문에 생긴 남북 갈등이라는 비극적인 무대에 웃음거리를 도입한 사람'이라고 표현했다(앙드레 모루아, 『미국사』, p499)."

링컨과 각료들

연방 수호와 노예제도

노예제도를 찬성하는 남부 사람들은 노예제를 반대하는 링컨을 그들의 대통령으로 도저히 받아들일 수가 없었다. 이 촌뜨기를 지도자로 인정할 수 없던 것이다. 그들은 "링컨에 반대하는 것이 곧 하나님에 순

종하는 것이다."라고 극단적으로 말할 정도였다. 남부는 이때부터 연방을 이탈하려는 계획이 분명해졌다. 나라가 두 동강으로 갈라지는 비극적인 사태가 시시각각 눈앞에 닥쳐오고 있었다.

링컨의 남부에 대한 정책은 강경하면서도 온화했다. 그는 노예제도의 확대를 억제하고 점차적으로 소유자에게 보상금을 주어가면서 노예를 해방하려고 생각하고 있었다. 그리고 이들 노예들을 아프리카로 도로 보낸다는 생각도 하고 있었다. 그러나 무엇보다도 우선 연방을 수호해야 한다는 결심이 앞서 있었다. 그는 "노예를 해방하지 않고 연방을 수호할 수 있다면 그렇게 하겠고, 노예를 해방해야만 연방을 수호할 수 있다고 해도 그렇게 하겠으며, 또한 일부 노예만 해방하고 나머지를 그대로 두어야 연방이 수호된다면 또 그렇게 하겠다."라고까지 말했다.

남북 전쟁

일촉즉발을 눈앞에 두고 살얼음판을 걷던 남북 관계는 기어코 1861년 4월 12일 터져버렸다. 사우스캐롤라이나주 찰스턴Charleston에 있는 북군 섬터Sumter 요새에 남부 연맹군Confederate States of America[3]의 포탄이 날아가면서 4년간의 피비린내 나는 내전이 시작되었다. 남부는 인구 면에서 북부에 밀리고 농업 위주의 사회였던 탓에 전쟁 물자 생산도 미흡했다. 그러나 우수한 지휘관들이 북부를 떠나 남부로 합류했고, 특히 미 육군사관학교가 위치한 버지니아가 가담한 덕분에 많은

전선을 시찰 중인 링컨(실제 사진)

사관생도들을 확보했다. 또한 "침략자 북군을 물리쳐 자기 주와 관습(노예제)을 지켜야 한다."라는 명확한 목표 의식이 있었기 때문에 사기가 훨씬 높았다.

그래서 전쟁 초반, 남군은 잘 훈련된 정예 병력과 명장 로버트 리 장군의 지휘 아래 승승장구했다. 그러나 장기적으로 볼 때 여러 면에서 남부 쪽에는 승산이 없었다. 일단 인구 숫자부터 북부가 네 배나 많았고, 총기 생산량 또한 북부가 97퍼센트를 차지하고 있었다. 철도망도 북부가 훨씬 잘 정비되어 있었기 때문에 전쟁 수행 능력 면에서는 북부가 절대적으로 유리했다. 4년 동안 여기저기서 매우 격렬한 전투가 벌어졌다. 양측의 수도가 있어 관심이 많았던 동부에 비해 서부는 당시에는 큰 관심을 받지 못했다. 그러나 1863년 7월 4일, 미시시피강 유역의 마지막 남부 요새였던 빅스버그가 북군의 그랜트 장군에게 함락된다.

이 '빅스버그 포위전'은 남북 전쟁의 주요한 전환점 중 하나였다. 이 전투로 인해 남부의 동서가 단절되어 텍사스와 아칸소주에서 남부의 다른 지역에 지원을 해줄 수 없게 되었기 때문이다. 그다음 날은 워싱턴 인근에서 벌어진 유명한 '게티즈버그 전투'에서도 북군이 승리를 거두었다. 이 전투를 계기로 남군은 차츰 패망의 내리막길로 접어들었다. 빅스버그를 함락한 후 그랜트 장군은 북부군 총사령관으로 임명되었고, 서부 전역에는 그 후임으로 윌리엄 셔먼William Sherman[4] 장군이 임명되었다.

명콤비인 그랜트와 셔먼은 전쟁에서 승리하기 위해서는 남부의 전쟁 수행 능력과 의지를 완전히 꺾어야만 한다고 판단했기 때문에 셔먼은 총력전의 개념으로서 초토화 전술을 수행했다. 1864년에 수행된 애틀랜타 전역에서 셔먼이 승리를 거둔 후, 초토화 전술 개념으로 수행한 것이 유명한 '대서양으로의 진군'이었다. 셔먼은 애틀랜타에서 출발해 서배너Savannah까지 진군하며 가는 길마다 쑥대밭을 만들어 남부의 전쟁 수행 능력과 의지를 완전히 짓밟아 버렸다.

한편 동부 전역에서는 그랜트 장군의 지휘 아래 리의 북부 버지니아군을 파죽지세로 밀어붙이기 시작했다. 비록 그 와중에 큰 손실을 계속 겪었지만 그랜트는 공세를 멈추지 않고 리를 압박해 남군의 퇴각을 강요했다. 셔먼도 사우스캐롤라이나, 노스캐롤라이나를 거쳐 버지니아 쪽으로 진격해 리의 남군을 남북에서 압박하는 형세가 되었다. 1865년 4월 1일에는 남부의 수도인 리치먼드가 함락되었다. 리는 전술적으로나 병참 상황으로나 도저히 싸울 수 없는 막다른 골목에 이르렀다. 결국 같은 해 4월 12일, 애포머톡스에서 리가 항복문서에 조인함으로써 남북 전쟁은 종결되었다.

링컨의 죽음

남군이 항복한 이틀 뒤 1865년 4월 14일 대통령 부처가 워싱턴에 있는 포드 극장에서 연극을 보고 있을 때 한 암살자의 총탄이 링컨의 생명을 앗아갔다. 암살자는 연극배우인 광신적 분리주의자 존 부스였다. 링컨이 암살되던 날인 1865년 4월 14일 화창한 금요일, 이날은 링컨에게 가장 행복한 날이었다. 전쟁도 끝났고 노예제도 폐지 헌법 수정안도 통과되었기 때문이다.

그날 밤 링컨 부부는 포드 극장에서 〈우리 미국인 사촌Our American Cousin〉이라는 연극을 관람할 예정이었다. 저녁 10시경, 링컨은 극장 특별석에 부인 메리와 나란히 앉았다. 그 옆에는 링컨과 가까운 사이인 헨리 래스본Henry Rathbone 대령이 앉았다. 10분쯤 지나서 암살자 부스가 하인에게 명함을 보이고 특별석으로 들어갔다. 그가 포드 극장의 단골 배우인지라 하인은 의심을 품지 않았다. 그는 링컨 가까이 다가가 대통령의 뒷머리를 향해 방아쇠를 당겼다. 링컨이 앞으로 쓰러지자 헨리 래스본이 침입자를 잡으려 했다. 그러자 부스는 칼을 꺼내 래스본을 여러 군데 찌르면서 특별석 아래의 무대로 뛰어내렸다.

그는 앞에 드리워진 국기 주름에 장화가 걸려 뒹굴며 떨어졌다. 그러나 번쩍거리는 단검을 휘두르며 "폭군의 말로는 이런 것이다!"(로마공화정 시대, 유니우스 브루투스Junius Brutus가 율리우스 카이사르Julius Caesar 암살 직후 한 말)라고 소리치며 극장 밖으로 도주했다. 잠깐 동안 관객들은 총소리와 부스가 무대 위로 뛰어내린 것이 연극의 일부라고 생각했다. 그러나 대통령 부인이 "대통령이 총에 맞았어요! 대통령이 총에 맞았어요!"라고 비명을 질렀다. 그때서야 주위에서는 사태를 알아차렸고, 특별석 근처의 젊은 의사 찰스 릴리Charles Lilley가 맨 먼저 달려갔다. 그는 대통령의 머리에서 쉴 새 없이 피가 나오는 것을 보고는 길 건너편에 있는 피터슨 하숙집으로 급히 링컨을 옮겼다.

각료들이 링컨의 주위에 모두 달려왔다. 메리는 시시각각 목숨이 꺼져가는 남편의 침대 맡에서 자기가 죽었어야 한다고 절규하며 눈물을 쏟아냈다. 1865년 4월 15일 아침, 링컨은 드디어 숨을 거두었다. 헐레벌떡 도망쳤던 부스는 워싱턴 교외의 리처드 개릿Richard Garrett이라는 농부의 집에 머물렀다. 부스의 존재를 몰랐던 농부는 며칠 동안 부스를 손님처럼 대접해 주었으나 이상한 기미를 느끼고 군 당국에 신고했다. 급히 출동한 연방군에게 포위된 부스는 불타는 헛간에서 투항을 거부하고 총격전을 벌이며 최후 발악을 하다가 마침내 사살되었다.

한편 링컨은 암살되기 얼마 전에 살해될 운명을 암시하는 꿈을 꾸었다고 각료들에게 말한 적이 있었다. 그는 이렇게 말했다.

"내 주위가 쥐 죽은 듯이 조용했는데 그때 흐느끼는 소리가 들려 주위를 둘러보았더니 수많은 사람들이 울고 있었네. 그때 내 앞에 영구차와 그 안에 시체가 보이길래 옆의 사람에게 누구냐고 물어보니까 대통령이 암살당했다고 하더구먼…"

- 도리스 키언스 굿윈, 『권력의 조건』, p782

링컨에 얽힌 일화

링컨은 인생에서 여러 번의 사업 실패와 낙선을 경험했다. 거기에 어려서 어머니를 잃고, 청년시절에는 사랑하던 누이와 약혼녀를 잃었다. 장년 시절에는 둘째 아들 에드워드와 셋째 아들 윌리엄을 저 세상으로 먼저 보내는 모진 슬픔을 겪었다. 193센티미터의 껑충한 장신이었지만 비쩍 마르고 벽촌의 시골뜨기 같은 인상으로 외모는 별로였다. 얼굴도 못생겨서 그의 정적들은 틈만 나면 그를 고릴라에 비유하곤 했다. 사사건건 링컨과 붙었던 정적 스티븐 더글러스Stephen Douglas가 어느 날, 이와 비슷한 발언을 했다.

그러자 링컨은 이렇게 대꾸했다. "여러분, 우리는 고릴라를 보기 위해 머나 먼 아프리카까지 갈 필요가 없습니다. 일리노이주 스프링필드에 가면 링컨이라고 불리는 고릴라 한 마리를 볼 수 있을테니까요." 링컨을 고릴라라고 씹어대던 더글러스는 머쓱해져 버렸다. 또 한 사람의 정적 스탠턴은 더글러스보다 더했으면 더했지, 못하지 않았던 링컨의 숙적이었다. 선거기간 내내 연설할 때마다 링컨을 켄튀르키에 깡촌 놈이라고 씹으며 그를 공개적으로 적대시했다. 그러나 링컨은 나중에 그를 전쟁성 장관으로 임명했다. 하지만 참모들이 결사적으로 반대를 했다. 과거 그가 링컨을 줄기차게 비난했던 사실을 생각해보라고 하면서 말이다. 전쟁 기간 중에 스탠턴은 훌륭하게 업무를 수행했고 링컨을 깍듯이 모셨다. 스탠턴은 링컨이 죽은 다음에 누군가 링컨의 이름을 꺼내기만 해도 그 자리에 주저앉아 눈물을 펑펑 쏟곤 했다고 한다.

그레이스 베델Grace Bedell 이라는 소녀가 편지로 그에게 턱수염을 기르길 바란다고 한 일화는 유명하다. 링컨은 편지를 받고 턱수염을 기르기 시작했다. 이 턱수염 덕분에 그는 사람들에게 인자하고 따뜻한 인상을 줄 수 있었다. 그가 턱수염을 기른 기간은 약 5년간에 불과했지만 이 턱수염이야말로 링컨의 영원한 트레이드마크가 되었다.

링컨은 평소에 농담을 입에 달고 살았다. 대인 관계를 유지하는 활력으로 사용했다. 원래 우울증이 있는 그에게 이 농담이야말로 자신을 달래는 보약 같은 것이었다. 그의 측근들은 링컨이 하도 시도 때도 없이 썰렁한 농담을 지나치게 많이 해서 가끔은 지겨웠다고 회고했다.

한편 링컨은 남북 전쟁 초기에 무능하고 멍청이 같은 장군들 때문에 지지리 속이 썩었다. 드디어 전쟁 중반에 그는 싸움닭 그랜트를 발견했다. 그리고 그를 북군 총사령관으로 임명하자 여기저기서 와글거렸다. 특히 그가 술을 너무 좋아한다는 비방이 심했다. 이 얘기를 들은 링컨은 이렇게 말했다. "그랜트가 마신다는 그 술의 이름을 알고 싶구먼. 다른 장군들에게도 이 술을 먹이고 싶단 말이야." 전투를 앞두고는 뭉그적거리다가 막상 전투에 임해서는 노상 얻어터지기만 하는 다른 장군들에게 그랜트를 좀 닮으라는 의미에서 한 소리였다.

링컨의 일상생활의 즐거움 중 하나는 관저에서 얼마 안 떨어진 국무장관 윌리엄 슈어드[5]의 집에 가서 환담을 하면서 심신을 쉬는 일이었다. 마누라 메리가 바가지를 긁을라치면 슬그머니 백악관을 나가서 슈어드의 집으로 향했다. 술과 담배를 하지 않는 링컨은 국무장관의 거실 소파에서 긴 다리를 쭉 뻗고 누워서 시시껄렁한 농담을 풀어놓곤 했다. 링컨에게 이마저도 없었으면 남북 전쟁의 중압감에서 헤어나기가 어려웠을지도 모른다. 대통령 지명전 당시 가장 강력한 정적이었던 윌리엄 슈어드는 함께 국사를 논의하면서도 촌놈이라고 깔보던 링컨의 이러한 매력에 점차 빠지기 시작했다. 그는 아내에게 링컨의 한없는 관대함과 큰 도량에 대해서 자주 얘기했으며 결국 그에게 끝까지 충성을 다했다. 링컨의 비서였던 존 헤이John Hay도 슈어드가 대통령에게 깊은 애정을 갖고 진심으로 헌신했다고 회고했다.

1. 스티븐 스필버그

캘리포니아 주립대학교 영화과를 졸업한 그는 단편영화 〈앰블린Amblin〉을 애틀랜타 영화제에 출품하면서 유니버설 스튜디오에 입사하게 된다. 이후 TV 영화 〈대결Duel〉과 〈슈가랜드 특급The Sugarland Express〉으로 본격적인 영화감독으로 나서게 되고 〈죠스Jaws〉, 〈미지와의 조우Close Encounters Of The Third Kind〉를 잇달아 발표해 최고의 흥행 감독으로 인정받기에 이른다. 이후 스티븐 스필버그는 〈이티E.T.〉, 〈인디아나 존스Indiana Jones〉 시리즈와 〈쥐라기 공원Jurassic Park〉 시리즈, 〈쉰들러 리스트Schindler's List〉, 〈라이언 일병 구하기Saving Private Ryan〉, 〈에이 아이A.I〉, 〈캐치 미 이프 유 캔Catch Me If You Can〉, 〈마이너리티 리포트Minority Report〉, 〈뮌헨Munich〉, 〈터미널The Terminal〉, 〈링컨〉 등 부지기수의 걸작들을 계속해 만들면서 할리우드 최고의 흥행 감독이라는 명성을 굳혀나간다.

스티븐 스필버그는 영화사상 최고 흥행작 20위 중 여덟 편의 작품을 제작·감독했고 〈라이언 일병 구하기〉와 〈쉰들러 리스트〉로 아카데미 감독상을 두 번이나 수상하는 등 관객과 평단 모두에게서 인정받는 명실상부한 20세기 최고의 감독이다.

2. 다니엘 데이 루이스

다니엘은 극히 적은 수의 영화에 출연해 왔다. 그러나 일단 출연을 결심하면 놀라운 변신을 하는 괴물 같은 배우로 소문이 나 있다. 그는 2007년 영화 〈더 복서The Boxer〉를 끝낸 후 가족과 함께 이탈리아 토스카나 지방으로 운둔해 구두장이로 숨어 살던 괴짜였다. 그는 1957년 4월 29일 영국 런던에서 계관시인인 세실 데이 루이스Cecil Day-Lewis와 여배우였던 질 밸콘Jill Balcon 사이의 둘째 아들로 태어났다. 아웃사이더이자 소심한 성격의 다니엘이 바꿔기 시작한 계기는 브리스톨 올드 빅 스쿨Bristol Old Vic Theatre School에서의 연기 공부였다. 한편 다니엘은 현재 미국의 유명한 극작가 아서 밀러Arthur Miller의 딸 레베카 밀러Rebecca Miller와 행복한 결혼 생활을 하고 있다. 그러나 1989년부터 1994년까지 5년 동안 프랑스 여배우 이자벨 아자니Isabelle Adjani와 있었던 로맨스는 너무도 유명하다. 그는 이자벨 아자니와의 사이에서 얻은 가브리엘 케인 루이스Gabriel-Kane Day Lewis를 포함해 로난Ronan과 캐셜Cashel 등 세 아들을 둔 아버지다.

3. 남부 연맹

미국 남북 전쟁 때 합중국을 탈퇴한 남부 11개 주가 결성한 연합을 말한다. 수도는 리치먼드였다. 1860년 대통령 선거에서 반노예주의자인 공화당의 링컨이 당선되자 노예제의 존속을 강력히 주장하던 남부의 사우스캐롤라이나, 조지아, 플로리다, 앨라배마, 미시시피, 루이지애나, 텍사스, 버지니아, 노스캐롤라이나, 테네시, 아칸소 등 11개 주는 합중국 탈퇴를 선언하고, 1861년 2월 8일 앨라배마주의 몽고메리에 각 주 대표가 모여 임시 헌법을 제정함으로써 발족했다.

4. 윌리엄 셔먼

오하이오주 랭커스터에서 출생했다. 1840년 웨스트포인트를 졸업하고 미-멕시코 전쟁에 종군했다. 1861년 남북 전쟁이 일어났을 때 북군 장군이 되어 샤일로Shiloh 전투를 승리로 이끌고, 서남부 전선의 전투를 지휘했다. 1864년 가을, 조지아주 일대를 제압했고, 1865년 4월에 그랜트 장군과 함께 남군의 리 장군을 항복시켰다. 전쟁이 끝난 후 1869년 미국 육군 총사령관이 되어 1882년까지 재임했다.

5. 윌리엄 슈어드

윌리엄 슈어드는 링컨의 정적이었으나 링컨 내각의 국무장관을 지냈다. 강력한 노예 폐지론자였다. 남북 전쟁 당시 링컨을 훌륭하게 보필했고 링컨 암살 이후에도 국무장관을 역임했다. 그의 가장 큰 업적은 알래스카를 러시아로부터 매입한 것이었다. 1867년 3월에 이루어졌다. 매입 가격은 720만 달러였는데, 이는 6,000평당 1센트로 헐값도 그런 헐값이 없었다. 그러나 당시 알래스카의 구매는 크기만 한 '아이스 박스'를 샀다고 조롱의 대상이 되었다. 그러나 나중에 알래스카는 그야말로 황금알을 낳는 거위로 밝혀졌다. 금광이 발견되고 이어서 풍부한 어장, 무진장한 산림자원 등의 보고寶庫임이 속속 드러나자 슈어드의 선견지명이 탁월했다는 칭송이 뒤따랐다.

〈마지막 황제〉

마지막 황제 푸이의 일생, 푸이의 여인들

I. 영화 〈마지막 황제〉

원제: The Last Emperor
감독: 베르나르도 베르톨루치
제작: 제러미 토머스
각본: 베르나르도 베르톨루치, 마크 펩로
원작: 『황제에서 시민으로』
음악: 사카모토 류이치
출연: 존 론, 조안 첸, 피터 오툴, 잉뤄청
제작 연도: 1987년도
상영 시간: 160분

1988년 제60회 아카데미 시상식에서 작품상을 포함해 무려 아홉 개 부문을 휩쓴 이 영화에는 여러 나라 배우들이 출연했다. 엑스트라가 무려 1만 9,000명, 스태프도 이탈리아인 100명, 영국인 20명, 중국인 150명이 동원되었다.

서태후西太后가 3살내기 푸이를 황제로 지명하고 서거한 1908년부터 푸이가 한 사람의 시민이 되어 생 애를 마치는 1967년까지 일어난 여러 사건을 중심으로 영화는 전개 된다. 청나라 황제 자리에서 끌려 내려온 푸이가 일본의 꼭두각시로

어린 시절의 푸이

만주국 황제를 지낸 뒤 전범 수용소에서 혹독한 시련을 겪고 거칠었던 문화대혁명 시대를 지나 베이징식물원의 정원사로 일하다가 생애를 마 치기까지의 파란만장한 일생을 그렸다. 이 영화는 푸이의 자서전 『황제 에서 시민으로From Emperor To Citizen』를 바탕으로 만들어졌다. 세계 최 초로 자금성에서 로케이션을 한 영화로 당시 큰 화제를 불러모았다. 푸 이 역은 존 론John Lone이 맡았고, 일본의 사카모토 류이치坂本龍一가 음 악을 담당했다.

그해 아카데미 시상식에서 작품상, 감독상, 촬영상, 각색상, 편집상, 녹음상, 의상 디자인상, 미술상, 작곡상 등 아홉 부문을 휩쓰는 쾌거를 이루었다. 개봉 당시부터 화제를 불러일으키며 세계적으로 큰 성공을 거두었다. 중국 대륙을 무대로 한 영화이지만, 대부분의 대사가 영어로 이루어져서인지 중국계 미국인 배우들이 주요 배역을 맡았다. 중국 정 부의 전폭적인 협조를 받아 하루에 관광객 5만 명이 다녀간다는 자금 성을 몇 주씩이나 빌려 촬영했다. 당시 중국 문화부 차관이던 배우 잉 뤄청英若誠이 전범 수용소 소장 역을 맡기도 했다.

제작비 2,400만 달러 중 1,000만 달러 이상이 자금성에서의 촬영비

로 중국 정부에 지불되었다. 영화에 나오는 푸이의 웅장하고 화려한 황제 즉위식 장면은 영화사에 길이 남을 정도로 뛰어나다. 색채 감각이 뛰어난 베르나르도 베르톨루치Bernardo Bertolucci 감독이 아니면 표현할 수 없는 장면일 것이다. 감독 베르톨루치는 푸이를 황제로서 엄청난 권력과 부를 누리는 부러움의 대상이 아니라, 금지된 도시에 감금된 한 인간으로 그린다. 그는 자신의 의지와는 상관없이 황제가 되었으며 자신의 의지대로 궁 밖을 나갈 수도, 부모를 만날 수도 없었다.

그가 정을 붙이고 살던 유모와도 자신의 의지와는 상관없이 헤어지게 되었고, 자신의 두 아내도 자신의 의지와 무관하게 자신을 떠나갔다. 물론 자신의 의지대로 한 것도 있지만 푸이는 대부분의 인생을 타의에 의해 살아가야만 했다. 자신의 의지와 관계없이 황제의 자리에서 물러난 푸이는 공산당 지배 속에 10년간 감옥 생활을 한 후 60세가 되어 자신의 의지대로 살아가는 평범한 한 사람이 된다. 그의 전반부 인생은 화려한 것 같았지만 의외로 외로웠던 시절이었다. 스스로는 신발 끈도 묶지 못하는 타의적 인간인 그에게서 그를 모시던 사람들이 하나

푸이와 완룽

둘 떠나간다. 감옥에서도 그를 깍듯이 모시던 하인마저 "당신은 나에 대해 아무것도 알지 못해요."라는 말을 남기고 마침내 떠나가는 장면에서 보듯이 그의 인생은 사뭇 외로웠다.

시대의 비극이자 한 인간의 비극이었던 것이다. 영화 막바지에 자신이 반평생을 살았던 집 자금성을, 나이 든 푸이가 입장권을 사서 들어가는 모습이 등장한다. 그때 그의 심정은 어떠했을까. 베르톨루치는 "인간이 역사를 만들고 역사가 인간을 만드는 과정"을 이 영화를 통해 설득력 있게 보여준다.

II. 마지막 황제 푸이의 일생, 푸이의 여인들

마지막 황제, 푸이의 일생

일생에 세 번이나 황제 자리에 올랐던 청조의 마지막 황제 푸이(선통제 宣統帝)는 1967년 10월 17일, 파란만장했던 61년의 생을 마쳤다. 1908년 12월 2일 푸이는 겨우 세 살의 철모르는 나이로 졸지에 황제 자리에 올랐다. 푸이는 생모와 이별하고 오로지 유모와 환관들에 둘러싸여 어린 시절을 보냈다. 유모는 그에게 엄마와 같은 존재이기도 했다. 뒷날 생모가 아편으로 죽었다는 기별을 받고도 "도대체 언제 보기나 했어야 슬퍼하든지 말든지 할 거 아니야."라고 했다고 한다.

1911년 10월 10일 신해혁명이 일어나자 이듬해 1912년 1월 1일 쑨원孫文이 중화민국 대통령으로 취임하고 한 달 후 1912년 2월 12일 청나라가 멸망하면서 푸이는 황제 자리에서 퇴위하게 된다. 286년간 지켜온 사직社稷과 2000년 이상을 유지해 온 중국의 황제 지배 체제도 함

만주국 황제 푸이

께 무너져 내렸다. 1917년에 7월 1일 복벽復
辟 사건[1]으로 황제에 다시 추대되어 일시적
으로 황제 자리를 되찾았으나 12일간의 천
하일 뿐이었다.

이후 푸이는 1924년까지 자금성에서 바로
내쫓기지는 않고 마지막 황제로서 그곳에서
생활했다. 그때까지 형식적이지만 황제의 칭
호는 유지되었다. 푸이는 14세 때 스코틀랜드 출신 가정교사 레지널드
존스턴Reginald Johnston[2]의 영향으로 서구식 생활 방식에 익숙해졌다.
변발을 자르고 양복과 가죽 구두를 신었다. 자전거 타기를 좋아해 고
궁의 문턱을 모두 없애기도 했다.

16살의 푸이는 동갑인 완룽과 혼인을 한다. 동시에 12살의 원슈를 둘
째 황비로 맞이한다. 원슈는 이후에 자금성에서 나와 톈진에 있을 때
결국 푸이와 이혼했고 1950년에 병사했다.

레지널드 존스톤

푸이는 1924년 11월 5일 자금성에서 쫓겨
나오고 1925년 2월 23일 톈진의 일본 공사
관으로 간다. 그는 톈진에서 7년 동안 일본
의 보호 아래 생활한다. 톈진에서 지내는 동
안 푸이는 왕조 회복을 위해 일본 군인들, 정
치인들과 접촉하고 일본이 왕정복고의 가장
확실한 지원군이 될 수 있을 것으로 기대한

다. 물론 일본군 특무대의 끊임없는 감언이설이 주효했을 것이다. 일본은 이 만만한 푸이를 이용해 만주국을 세우고 중국 동북 지역을 독차지할 생각을 한다.

1931년 일본 제국 관동군은 만주사변을 일으켜 만주 지역을 점령했다. 1932년 3월 1일 일본은 푸이를 황제로 내세워 일본 제국에 철저히 종속된 괴뢰국가인 만주국을 세웠다. 푸이는 1932년 3월 8일 오후 3시 일본 특무대의 엄밀한 감시 아래 창춘으로 온다. 이후 1932년 5월 3일 국제연맹 조사단에 특무대가 가르쳐준 대로 답변을 한 뒤 1934년 3월 1일 정식으로 황제에 즉위한다.

푸이는 일본을 두 차례 방문했다. 중국 침략을 노리는 일본에게 '청조 부흥'이라는 꿈에 젖어 있는 푸이야말로 대내외적으로 더할 나위 없는 홍보감이었다. 이 때문에 방일한 푸이에게 일본은 온갖 정성을 다하여 대접했다. 이 당시 푸이는 아편에 빠져 있는 완룽을 못마땅하게 여겨 1937년에 귀족 출신의 탄위링譚玉齡을 세 번째 부인으로 맞았다. 탄위링은 솔직하고 순수한 성격으로 푸이의 호감을 샀다. 그러나 돌연 1942년에 병사했다. 공식적으로 밝혀진 대로 장티푸스로 사망한 것인지 아니면 일본 관동군이 살해한 것인지 밝혀지지 않았다. 푸이는 자서전이며 반성문이기도 한 『내 인생의 전반부我的全半生』에서 그녀야말로 그가 가장 사랑했던 여인이었다고 토로하기도 했다.

이후 일본 제국주의자들은 일본 혈통의 여자를 푸이와 혼인시키려 했는데 이를 못마땅하게 생각한 푸이는 결국 1943년에 평민 출신의 리

노년의 푸이

위친李玉琴을 새로운 부인으로 맞이했다. 푸이는 일본이 패망한 뒤 일본으로 도주하려다가 선양 공항에서 소련군에게 체포돼 소련 하바롭스크에서 5년간의 감옥 생활을 했다. 이후 푸이는 1950년 7월 21일 중국에 돌아온 뒤 푸쑨 전범 관리소에 수감되어 소위 정신 개조 과정을 거친다. 10년의 감옥 생활이 지난 1959년 12월 4일 마오쩌둥의 특별사면으로 석방되고 베이징 식물원의 정원사로서 새로운 삶을 산다. 이때 비로소 그는 진정한 땀이 무엇인지를 처음 경험했다고 한다.

그리고 1962년 4월 30일, 중국 정부의 소개로 항저우 출신 간호사 리수셴李淑賢과 결혼했다. 1967년에 푸이가 신장암으로 사망하기까지 그들은 꽤 다정한 결혼 생활을 유지한 것으로 알려져 있다. 리수셴은 1997년 사망했다.

푸이의 여인들

푸이의 주변에는 평생 다섯 명의 여성이 있었다. 매력적이고 미모가 뛰어난 동갑내기 완룽과 1922년에 결혼했지만 결혼 생활은 그다지 행복하지 못했다. 만주국 황제가 된 푸이가 일본의 손아귀에 놀아나는 것을 완룽이 못마땅하게 여기면서 둘 사이에는 더욱 골이 깊어졌다. 이런저런 이유로 완룽은 아편에 빠지게 된다. 완룽은 일본인 장교와 불륜 관계를 맺어 임신을 했고 이를 알았던 푸이는 완룽이 아이를 낳자마자 죽여버렸다고 한다. 영화 〈마지막 황제〉에서는 운전사와 불륜관계를 맺는 것으로 나온다. 완룽은 1945년 8월 19일 선양에서 비행기를 타고 일본으로 탈출하려다 소련군 공수부대에 잡혀 중국으로 인계되어 수감된 후, 1946년 40세의 나이로 연길 감옥에서 슬픈 일생을 마감한다.

12세에 완룽과 함께 자금성에 들어온 후궁 원슈는 완룽에게서 시샘을 많이 받았다. 푸이가 출궁당하고 톈진에서 생활할 때 소외받던 이 여인은 서양의 일부일처제 같은 신사조에 눈을 뜨고 푸이의 곁을 떠났다. 1931년 푸이에게 정식으로 이혼을 요구해 황실 최초로 황제와 이혼한 여성이 된다. 그 후 아동 교육 등 사회사업에 헌신하며 독신으로 살다 1953년에 사망했다. 만주 제국을 중국 대륙 점령의 발판으로 삼은 관동군은 장기적으로 푸이의 후계자를 생각하며 일본 여성을 후궁으로 들일 것을 요구했으나 푸이는 이를 거절했다. 푸이는 후궁 문수도 떠났고 완룽도 아편에 중독되자 다시 17세 만주족 처녀 탄위링譚玉齡을 1937년에 세 번째 부인으로 맞이해 5년을 함께 보냈으나 그녀는 24살의 새파란 나이로 갑자기 사망했다.

푸이는 항상 탄위링의 사진을 몸에 지닐 정도로 그녀를 몹시 사랑했다. 그녀는 가벼운 병으로 일본인 의사의 처방을 받고 돌연사해 관동군이 독살했다는 설이 있다.

탄위링이 사망한 후 푸이는 1943년 15살의 한족 처녀 리위친李玉琴을 네 번째 아내로 맞았다. 이 여인은 푸이가 감옥에 있을 때도 지속적으로 찾았다고 한다. 그러나 많은 나이 차이와 황제의 첩이라는 주변의 따가운 시선에 1956년 이혼한 후 한 기술자와 결혼했다. 마지막으로 1962년 항저우 출신 한족 30대의 간호사인 리수셴李淑賢과 결혼해 말년을 보냈다.

1. 복벽 사건

중국의 군벌 장쉰張勳이 신해혁명으로 멸망한 청나라의 부활을 선포하고 푸이를 복위시킨 사건을 말한다. 하지만 복벽은 11일 만에 실패로 끝났다. 장쉰은 자신이 어린 황제를 등에 업고 권세를 쥐고 싶었다. 그러나 그의 졸개들이 모두 각각의 속셈을 가진 어중이떠중이들이어서 실패하고 말았다.

2. 레지널드 존스턴

존스턴은 1874년 에든버러에서 태어나서 옥스퍼드대학교에서 역사를 전공했다. 그는 1898년 홍콩 주재 영국 영사관에서 관료 생활을 시작하면서 중국의 전통과 문화를 사랑하고 중국 고전에 심취했다. 이후 푸이의 영어를 가르치는 교사가 되었다. 이는 중국 역사상 처음 있는 일이었다. 그러나 그는 단순히 영어를 가르치는 선생이 아니었다. 인생 전반을 가르치는 그야말로 명실공히 사부 역할을 했다.

1924년 말, 자금성에서 푸이가 쫓겨나자 존스턴은 웨이하이웨이의 행정 장관으로 부임했다. 1931년 영국으로 돌아와서 런던대학교 동양학과 주임교수로 재직했다. 존스턴은 말년에 스코틀랜드의 섬에서 중국식 정원을 꾸며놓고 중국을 그리워하며 살았다. 중국차茶와 청나라 국화國花인 모란꽃을 좋아했다. 그는 끝까지 푸이를 그리워했다고 전해진다. 그의 저서 중 푸이와의 친교를 다룬 『자금성의 황혼Twilight in the Forbidden City』이 가장 유명하다.

〈진주만〉

진주만 피습과 둘리틀 폭격대 일본 공습

I. 영화 〈진주만〉

원제: Pearl Harbor
감독: 마이클 베이
제작: 마이클 베이, 제리 브룩하이머, 랜덜 월레스
각본: 랜덜 월레스
음악: 한스 짐머
출연: 벤 애플렉, 조쉬 하트넷, 케이트 베킨세일, 알렉 볼드윈, 윌리엄 리 스코트
상영 시간: 183분
제작 연도: 2001년   **제작비:** 1억 3,500만 달러
수익: 4억 5,000만 달러
같은 소재의 영화: 〈도라! 도라! 도라!〉(1970)

영화 〈진주만Pearl Harbor〉은 할리우드의 블록버스터 제조기인 마이클 베이Michael Bay 감독이 만든 또 하나의 블록버스터다. 이 영화는 일본 군의 진주만 기습 공격이 80여 년이 지난 오늘날에도 관객들에게 그날 의 의미를 새롭게 되돌아볼 수 있게 한다.

제작 기간 1년, 제작비 1억 3,500만 달러로 2001년 당시로써는 사상

초유의 거액이었다. 전 세계에서
거둬들인 총수익은 4억 5,000만
달러로 흥행에도 크게 성공했다.
영화 개봉 즈음 하와이 현지 시사
회장은 '진주만의 날'을 실감하게
했다. 당시 진주만 피습 시 실존했

일본의 기습에 불타는 미군 전함들

던 역전의 용사들과 생존 주민들의 위안 잔치 자리가 되었다. 시사회라
기보다는 그들의 날을 방불케 했다고 한다. 〈진주만〉은 컴퓨터 그래픽
을 다소 과도하게 사용했다는 지적이 따르기도 했지만 일반적으로 CG
라고 생각하기 쉬운 공중전 장면들 중 상당수는 실제장면을 촬영했다.
예를 들어 두 주인공 레이프(벤 애플랙Ben Affleck 분)와 대니(조쉬 하트넷
Josh Hartnett 분)가 조종하며 일본 제로전투기와 서커스 같은 공중전을
벌인 P-40 워호크warhawk는 아이다호의 남파 'Nampa 워호크 전투기
전시장'에서 직접 빌려와 최고의 파일럿들을 동원해서 찍었다. 심지어
촬영 중 사고로 추락한 기체도 있었지만 파일럿은 무사히 탈출했다고
한다. 후반부 둘리틀Doolittle 특공대의 일본 폭격장면의 묘사도 상당히

훌륭한 편이다. 둘리틀 공습장면의
경우 CG가 아닌 실제 폭격기에서
촬영했는데 둘리틀 중령 역의 알
렉 볼드윈Alec Baldwin, 벤 애플렉,
조쉬 하트넷은 직접 조종간을 잡고

둘리틀 폭격기 승무원들

촬영에 임했다고 한다. 그들은 사전에 기본적인 조종술 훈련을 받기도 했다. 루스벨트 대통령으로 분한 존 보이트Jon Voight는 영화가 기획될 당시 마이클 베이 감독에게 루스벨트 역을 꼭 맡게 해달라고 간청했다고 한다. 또한 맷 데이먼Matt Damon과 기네스 펠트로Gwyneth Paltrow에게 출연을 부탁했으나 스케줄 사정으로 사양했다고 하며 케빈 코스트너Kevin Costner에게도 둘리틀 중령 역을 맡아주길 원했으나 고사했다고 한다.

음악도 훌륭했다. 〈글래디에이터〉, 〈덩케르크Dunkirk〉 등의 음악을 담당했던 영화음악의 대가 한스 짐머Hans Zimmer가 맡았기 때문이었을 것이다. 영화에 나오는 페이스 힐Faith Hill이 부른 「There You'll Be」는 북미와 유럽에서 상위권에 랭크된 노래였고 아카데미와 골든글로브에 지명되기도 했다. 메인 테마곡인 「Tennessee」는 아직도 TV 등지에서 자주 쓰이는 매력적인 배경음악 중 하나다.

공중전 장면은 공습 당시 조지 웰치George Welch라는 파일럿의 활약상을 많이 참고했는데 웰치는 일본 제로전투기를 당시 맨 처음 격추시킨 조종사였다. 또한 전함 웨스트버지니아의 조리병인 도리스 밀러Doris Miller(쿠바 구딩 주니어Cuba Gooding Jr 분, 공습 바로 직전에 권투로 백인 수병을 때려눕혔던 흑인 수병) 역시 실제로 대공기관총을 잡고 일본 해군기 두 대를 격추하는 전공을 세워서 해군 십자 훈장을 받았다. 그는 1943년 11월 '마킨Makin섬 전투'에서 타고 있던 함정이 어뢰를 맞는 바람에 실종되었다.

일본에서도 어쨌든 개봉은 했다고 한다. 당연한 얘기겠지만 흥행은 참패했다. 이 영화를 본 일본인들은 몹시 불쾌해하는 반응을 보였다는 후문이다. 물에 빠져 허우적대는 미 해군 장병들에게 기총 사격을 하고, 병원을 폭격하는 장면 등을 보는 그들도 불편했을 것이다. 사실 이 영화는 일본 관객을 위해 나름대로 신경을 썼다. 노골적으로 미군이 옳다고만 주장한 것이 아니라, 일본이 전쟁을 일으킨 이유가 있었다는 내용도 살짝 넣어줬다. 그리고 야구하는 애들을 발견한 일본 해군 뇌격기의 후방석 기총 사수가 다급하게 피하라고 손짓하는 장면을 끼워 넣은 것이 그것이다. 고참 육군 정비 부사관 얼Earl이 하늘을 향해 M1톰슨을 쏘면서 "덤벼라, 이 눈 째진 노란색 원숭이 새끼들아."라고 한 욕설도 일본관객들의 시선을 의식해서 삭제되었다.

한편 미 해군의 손길이 닿은 영화인 까닭에 퇴역 군함들이 다수 동원되었다. 다만 당시의 함선들은 거의 모두 현존하지 않았기 때문에 전함 웨스트버지니아, 애리조나 등 대부분의 전함들은 CG로 재현되었다. 퇴역 군함들도 배경으로 잠깐씩 등장한다. 시사회가 끝난 후 진주만 피습에 대한 최고 역사전문가이며 '진주만 기념관' 관장인 다니엘 마르티네즈Daniel Martinez는 마이클 베이 감독에게 "당신의 진주만 공습장면 묘사는 참으로 사실적이고 놀랍기 그지없다."라고 칭찬을 아끼지 않았다는 후일담이 전해진다.

II. 일본의 진주만 기습과 둘리틀 폭격대의 일본 공습

진주만 기습

일본이 세계 무대에 주연배우로 등장하기 시작한 것은 1905년 러일 전쟁에서 승리하고 나서부터였다. 이후 군사력을 증강시키고 있던 일본은 경제적 팽창이 가속화되면서 천연자원에 더욱 목말라했다. 그래서 자원이 풍부한 이웃 중국과 동남아시아 지역에 눈망울을 굴리면서 야욕의 군침을 흘리기 시작했다. 드디어 1931년 만주사변을 일으켜 만주를 집어삼키고 급기야 1937년 중일 전쟁을 일으키며 중국 대륙 깊숙이 침략의 손을 뻗쳤다. 그러자 미국, 영국 등의 서방 열강들은 일본의 침략 행보가 자신들의 이익권인 말레이시아, 필리핀, 네덜란드령 동인도 등에 위협이 된다고 보고 중국을 응원했다. 일본과 미·영의 갈등이 깊어갔다. 그리고 일본 정부 내 도조 히데키東條英機[1]가 이끄는 확전파는 상황을 더욱 악화시켜 나갔다.

일본은 독일이 유럽에서 프랑스를 가볍게 제압해 버리자 즉시 프랑스 식민지 베트남의 남쪽 사이공 일대에 병력을 진주시켰다. 이에 미국, 영국, 네덜란드 등은 자기들의 세력권인 동남아시아 중심부로 일본 군대가 들어오자 기겁을 했다. 드디어 일본의 야욕이 백일하에 드러난 것이다. 드디어 미국과 영국은 석유와 고무, 고철 등에 대해 일본 수출 금지 조치를 내렸다. 일본은 격분했다. 특히 석유 수입이 거의 막혀버리자 군사적 행동 외에는 별다른 방법이 없다고 생각했다. 그러나 일본 전략가들은 시간을 벌기 위해서는 미국을 안심시켜야 했다.

일본은 프랭클린 루스벨트 대통령과 친교가 있던 구루스 사부로来栖三郎 해군 제독을 수반으로 한 협상 대표단을 미국으로 보내 협상을 시도했다. 그러나 양측이 조금도 양보를 하지 않아 한 발자국도 진척이 없었다. 미국의 금수 조치로 일본 내에 대미 개전의 여론이 비등했다. 협상파인 고노에 후미마로近衛文麿가 이끄는 내각에서 공석이 된 육군대신 자리에 전쟁에 광분한 육군 세력을 등에 업은 도조가 꿰차고 앉아 내각의 흐름은 개전으로 급격히 기울기 시작했다. 거품을 물면서 확전을 주장하는 기세등등한 젊은 육군 장교들의 위협에 고노에도 겁을 잔뜩 집어먹고 있었다. 고노에는 수틀리면 떼거지로 들이닥쳐 칼부림을 해대는 일본 육군의 유구한 전통을 언뜻 머리에 떠올렸을 것이다. 비록 해군이 확전에 반대 의견을 제시하기도 했지만 대세는 어쩔 수 없이 미·일 양국의 치킨 게임 양상으로 치닫고 있었다.

진주만 공격을 주도했던 일본 해군 제독 야마모토 이소로쿠山本五十六[2]는 애초에 미국과의 전쟁을 반대했었다. 그러나 그도 전쟁으로 치닫는 전반적인 흐름을 거역할 수 없었다. 할 수 없이 전쟁에 동의하고 개전과 동시에 미국에 일격을 가할 작전을 구상하기 시작했다. 그는 미국에서 짧긴 했지만 유학 생활도 했었다. 그리고 주미 일본대사관에서 근무한 적도 있어 미국의 거대한 공업 생산력을 잘 알고 있었다. 당시 일본의 생산력은 미국의 10분의 1에 지나지 않았다. 야마모토는 미국과의 장기전은 승산이 없다고 생각했다. 그래서 적의 주력을 기습해 일격에 섬멸해 버리고 유리한 입장에서 전쟁을 마무리하겠다는 맹랑한 구상을 하고 있었다.

그가 기습의 목표로서 노린 것은 오아후Oahu섬의 진주만에 있던 미국 태평양 함대였다. 태평양 함대는 일본과의 관계가 악화되자 미국 본토 서해안 샌디에이고에 있다가 이곳으로 전진 배치된 상태였다. 야마모토는 이 구상을 토대로 신임하던 겐다 미노루源田實 중좌에게 진주만 기습 작전안을 짜도록 했다. 겐다는 먼저 1940년 이탈리아 타란토 Taranto 항내의 이탈리아 해군 함대를 기습했었던 영국 항모 부대의 공격 작전을 집중적으로 연구했다. 이 사례는 일본 기동함대가 하와이를 공격하는 작전 수립에 크게 도움이 되었다. 일본 항공대는 진주만과 비슷한 지형의 규슈 남쪽 가고시마만에서 주말도 없이 맹렬한 훈련에 돌입했다.

항공모함(이하 항모, 일본에서는 공모空母라고 한다) 여섯 척을 동원한 부대 편성은 기본적으로 결정되어 있었다. 기동함대를 이끌 지휘관은 나구모 주이치南雲 忠一[3] 중장이 내정되었다. 공격 항공대를 총지휘할 지휘관은 어뢰 공격의 명수 후치다 미쓰오淵田 美津雄 중좌가 임명되었다. 조종사들은 비행시간이 800시간이 넘고 중국 전선에서 실전 경험을 쌓은 베테랑들이 엄선됐다.

1941년 11월 1일, 도조 내각은 대미 개전을 결정하고 그 개전일을 12월 8일(일본 시간)로 잡았다. 일본 천황 히로히토裕仁는 11월 5일 내각이 결정한 대미 개전을 재가했다. 그는 이를 재가했지만 최후의 순간까지 미국에 파견한 구루스来栖 특사에게 외교적 노력을 다하도록 지시했다. 전운戰雲은 빠르게 다가왔다. 미군은 태평양 지역 지휘관들에게 경계를 강화하도록 지시를 내렸다. 그러나 여러 미 정보 당국은 일본이 하와이를 습격할 가능성보다는 필리핀을 강습하리라고 판단했다. 그런 만큼 하와이 부대는 기습에 대비해 안이하게 대처하고 있었다.

1941년 11월 26일 일본의 나구모 중장이 지휘하는 여섯 척의 항공모함 기동부대가 일본령 사할린 군도 단칸만을 떠나 추위가 몰려오는 북태평양을 건너 하와이 공격을 위해서 출동했다. 북태평양 항로는 원래 오고 가는 선박이 드문 항로라서 기동부대는 들키지 않고 접근할 수 있었다.

12월 2일 대본영大本營은 북태평양에서 하와이를 향해 가고 있는 기동부대에게 암호 전문을 날렸다. "니이다가야마新高山 노보레登れ(신고산에 올라라)." 미국과의 협상은 결렬로 끝날 것이니 예정대로 12월 8일 진주만 공격을 시작하라는 암호였다. 일본 기동부대의 지휘관들 모두가 주요 목표로 삼은 것은 미 항모군이었다. 그러나 공격 전날 오아후섬 일본 영사관 소속의 간첩 요시가와吉川 소위는 진주만 내에 미국 항모는 한 척도 없다고 타전해 왔다.

미 항모 사라토가Saratoga는 미 서해안 샌디에이고항에, 호넷Hornet과 요크타운Yorktown은 대서양에, 엔터프라이즈Enterprise와 렉싱턴Lexington은 하와이 근해에서 함재기 수송 임무를 수행하고 있었다. 오아후섬으로 은밀히 다가가는 일본 기동함대에는 낙심천만한 소식이었다. 그래도 두 번째의 주요 목표인 태평양 함대 전함들은 모두 진주만에 정박해 있었다. 일본 연합함대를 이끄는 야마모토 이소로쿠는 항공모함 대신 이들 전함이라도 궤멸시키면 미 태평양 함대의 주력은 얼추 처치하는 것으로 생각했다.

진주만에 정박 중인 미 태평양 함대 전함들은 모두 여덟 척으로 캘리포니아, 메릴랜드, 테네시, 애리조나, 오클라호마, 웨스트버지니아, 펜실베이니아, 네바다였다. 여섯 척의 항모 부대가 날릴 수 있었던 함재기는 제로 전투기 120대, 97식 뇌격기 144대, 99식 급강하 폭격기 135대 총 399대였다. 이 중에 360대가 두 번으로 계획된 하와이 공격 제1·2파를 구성할 것이고 나머지는 항모 호위 임무가 주어졌다.

공격은 2차에 걸쳐 이루어질 터였다. 함대 공격을 목표로 한 제1파 공습이 주력 공격이고 제2파 공습은 1차 공습에서 미처 끝내지 못한 목표들을 끝내기 하는 수순이었다. 1파의 97식 뇌격기들이 먼저 어뢰로 타격을 가하고 이어서 99식 급강하 폭격기로 연기 사이를 뚫고 내려가 포탄을 떨어뜨린다는 수순이었다. 조종사들은 우선 가장 군사적 가치가 높은 목표를 타격하도록 명령받았다. 최우선 목표는 전함이었다. 최우선 목표였던 항공모함들은 당시 진주만 항내에 없어 포기했다.

진주만 공격에서 일본군은 승무원 두 명이 타는 소형 잠수정 다섯 척을 투입했다. 이 가운데 한 척은 이날 아침 6시 40분, 진주만으로 잠입하려고 했다. 이때 마침 근처를 경계 중이던 미 구축함 워드에 물 위로 나온 잠망경과 사령탑이 들키는 바람에 즉각 함포와 폭뢰로 작살이

나버렸다. 다른 한 척이 포드섬 북부로 침투해 수상기 모함 커티스함에 어뢰 한 발을 발사했으나 실패하고 미 구축함 모네한에 격침당했다. 잠항정 하나는 좌초하고 정장 사카마키 가즈오酒卷和男 소위는 헤엄쳐 탈출했다가 포로가 되었다. 그는 태평양 전쟁 최초의 포로로서 생활하다가 전후 귀국해 도요타toyota 자동차에 들어가 브라질 도요타 자동차 현지 사장을 지냈다. 잠항정들은 한 척도 돌아오지 못했고 사카마키를 제외한 아홉 명이 전사했다.

진주만 공격은 일본이 공식적인 선전포고를 하기도 전에 감행되어 세계적인 지탄을 받았다. 그러나 이것은 일본 군부 본래의 생각은 아니었다. 야마모토는 본래 선전포고 30분 후에 진주만을 공습하기로 결심하고 있었다. 그러나 일본의 진주만 기습은 선전포고 전에 감행되었다. 그 내막은 이랬다.

일본은 공격 전날 무려 5,000단어에 달하는 긴 선전포고문을 암호로 작성해 워싱턴 주재 주미 대사관에 송신했다. 그리고 이를 다음 날 진주만 공격 30분 전에 미 국무부에 전달하라는 훈령을 내렸다. 그러나 이는 극비 문서여서 정식직원인 서기관 둘이서 끙끙거리며 꼬박 밤을 새우면서 암호 해독 작업에 들어갔다. 그러나 너무 시간이 지체되었다. 선전포고문은 공격이 시작되고 이미 한 시간이나 지나 미국 동부 시간 2시 20분(하와이 시간 오전 8시 50분), 노무라野村 주미 일본대사와 사부로 특명 전권 대사에 의해 코델 헐Cordell Hull 국무장관에게 전달되었다. 이미 한 시간 전에 진주만 피습 사실을 듣고 화가 머리끝까지 나

있던 헐 장관에게 이들은 "당신네들, 지금 이걸 들고 와서 뭘 어쩌자는 거요?"라며 한바탕 욕을 얻어먹었으나 입이 열 개라도 할 말이 없었을 것이다. 결과적으로 일본은 선전포고도 없이 타국을 기습한 비겁한 국가라는 맹비난을 받았다. 이 때문에 미국인들을 더욱 분개시켜 일본에 대한 적개심을 걷잡을 수 없이 끓어오르게 만들었다.

도라! 도라! 도라!

하와이 시간 1941년 12월 7일 새벽 동녘 하늘이 붉게 물들고 있었다. 오아후섬 북방 370킬로미터 지점에 도착한 일본 함대의 항공모함 갑판에서는 제1차 공격대 183대의 함상 공격기, 함상 폭격기, 전투기들이 엔진에 시동을 걸고 있었다. 새벽의 여명을 뚫고 한 대씩 차례차례 동쪽 하늘로 날아올랐다. 비행갑판 양쪽에는 항공모함 승무원들이 일렬로 도열해 항공기들이 갑판을 박차고 하늘로 날아갈 때마다 두 손을 번쩍번쩍 들고 우렁차게 만세(반자이)를 외쳤다. 불과 15분 만에 일본 항공기 183대 모두가 항공모함에서 발진했다.

약간 흐린 일요일 아침, 오아후 진주만의 대규모 공군·해군기지는 평화롭기 짝이 없었다. 바다에는 많은 전함들이 줄을 지어 위용을 자랑하고 있었다. 아직 침대에서 잠을 자는 승조원들도 있었고, 일부는 일어나 예배를 보러갈 준비를 하고 있었다.

오전 7시, 후치다의 공격대가 오아후섬 북방 210킬로미터에 접근했을 때 오아후섬 오파나곶의 관측소 레이더 화면 위에 수많은 점들이 포착되었다. 두 명의 레이더병들은 즉시 윗선에 보고했다. 그러나 보고를 받은 커밋 타일러Kermit Tyler 중위는 "별거 아냐, 신경들 꺼!"라고 잘라 말했다. 그는 그 비행편대가 미국 본토에서 날아오기로 되어 있

폭격당하는 항공기 기지

는 B17 폭격기 편대이거나 하와이 근처에 있는 항공모함에서 발진했을 것이라고 무시해 버렸다. 그러나 레이더에 새카맣게 나타나 있는 점들은 이런 미국 편대수를 훨씬 초과했다. 그러나 초짜 레이더병들(조지 엘리엇 주니어George Elliot Jr. 일병과 조지프 록카드Joseph Lockard 일병)은 더 이상 관심을 두지 않고 그대로 지나쳐버렸다. 아마도 이 둘은 지금까지 이렇게 벌떼처럼 화면을 가득 채운 비행기 무리를 본 일이 없어 그것들이 감히 항공기라는 사실은 상상조차 하지 못했을 것이다. 사실 책임은 이 두 병사보다도 이 보고를 애초에 깔아뭉갠 타일러 중위에게 더 있을 것이다. 나중에 군법회의에서 두 병사와 타일러 중위는 당시에는 누구라도 그런 판단을 내렸을 거라면서 무죄판결을 받았다.

12월 7일 7시 49분. 제1파 공격대는 진주만 상공에 도달했다. 99식 급강하 폭격기를 조종하던 1파 공격대 지휘관 후치다 중좌는 항구 내에 얌전하게 들어앉아 있는 미 함대를 확인한 후 '도라, 도라, 도라!'를 타전했다. 1파 공격대가 무사히 진주만 항내에 도달했음을 알리는 신호였다. 후치다는 전 항공대에 공격 명령을 하달했다. 그리고 자기도

매가 먹이를 발견하고 내리 꽂듯이 전함 메릴랜드를 향해 달려 들어 갔다.

공격의 선두에 선 97식 뇌격기들은 최우선 목표인 전함들을 향했다. 어뢰로 먼저 공격하고 피폭당한 함에서 발생한 연기가 상공을 가리면 그 사이를 뚫고 급강하 폭격으로 함정들을 청소해 버린다는 전술은 이미 많은 훈련을 통해 익혔었다. 함대를 공격한 첫 탄은 18세의 모리 지조 병조장이 발사한 어뢰였다. 7시 58분, 미 해군 항공대는 "진주만이 공격받고 있다! 이것은 실제 상황이다!Air raid on Pearl Harbor, This is not a drill!"라는 유명한 경보를 발했다.

반면 99식 급강하 폭격기들은 진주만 항내의 포드섬 기지, 그리고 히캄Hickam 기지와 휠러Wheeler 기지에 나란히 앉아 있는 폭격기들과 전투기들을 박살내기 시작했다. 미군 항공기들은 공중이 아닌 육상으로부터의 파괴 활동에 대비해 노천 계류장에 날개를 잇대 줄을 지어 정렬해 있었다. 이 찰싹 달라붙은 항공기들이야말로 일본기들에는 그야말로 먹음직한 오리 떼에 불과했다.

침몰하는 전함 애리조나호

그때 진주만 기지 해군 사령관 허즈번드 킴멜Husband Kimmel[4] 제독은 본부 건물 창문으로 애리조나호의 탄약고에 일본기의 폭탄이 처박히면서 대폭발을 하는 장면을 속수무책으로 바라보고 있었다.

그때 일본기에서 50구경 기관총탄 하나가 창문을 부수고 들어와 그의 왼쪽 가슴을 맞혔다. 그러나 두꺼운 안경집 때문에 총탄은 튕겨나갔다. 킴멜은 몸을 숙여 총알을 집어 들면서 "이 총알에 내가 맞아 죽었어야 하는데…"라고 비통하게 중얼거렸다. 진주만 공격이 끝난 후 킴멜 제독은 책임을 지고 옷을 벗었다. 루즈벨트 대통령은 그 후임으로 조용하지만 단호하고 무게감 있는 무인武人 체스터 니미츠Chester Nimitz[5]를 임명했다.

일본 기동함대는 제1파 공격대를 발진시킨 후 한 시간 15분 만인 7시 15분에 하와이에서 200마일 떨어진 해상에서 제2파 공격대를 발진시켰다. 진주만 기습의 제2파 공격대는 시마자키 시게카즈嶋崎重和 소좌가 지휘하는 177대였다. 미군의 각 포대에서 쏘아 올리는 대공 포화는 그 강도가 처음보다 훨씬 높았다. 1파가 누렸던 기습의 효과는 2파에는 주어지지 않았다. 2파 공격대는 연기 속을 뚫고 1파 공격기들이 훑고 간 뒤의 육상 비행기지의 항공기들과 나머지 함정들을 공격했다. 2파 공격대는 치열해진 대공 포화에 피해가 1파보다 상대적으로 컸다.

공격개시 90분이 지난 뒤 공격은 끝이 났다. 총 2,386명의 미군이 전사했다. 68명의 민간인들이 주택가에 떨어져 폭발한 대공 포탄에 희생되었다. 1,139명의 장병이 부상을 입었다. 18척의 각종 함선이 침몰하거나 좌초되었다. 이 중에는 일본이 최우선의 목표로 하던 여덟 척의 전함들이 모두 포함되어 있었다. 전함 네바다는 이미 어뢰와 폭탄에 맞아 화재가 발생하고 있는데도 진주만 밖으로 탈출하고자 몸부림을 쳤다. 그러나 네바다의 움직임은 일본기들의 주의를 끄는 바람에 많은 일본기들에 폭탄 세례를 당했다.

전함 캘리포니아는 두 발의 폭탄과 두 발의 어뢰를 얻어맞았다. 오클라호마는 네 발의 어뢰를 맞았는데 두 발은 측면 장갑 벨트 위에 명중하면서 배가 뒤집어졌다. 메릴랜드는 애리조나와 같이 40센티 구경의 폭탄을 맞았지만 별다른 큰 피해는 입지 않았다. 일본군의 공격으로 가장 많은 승무원이 희생당한 전함은 애리조나였다. 애리조나의 갑판 위에 떨어진 800킬로그램짜리 폭탄이 앞 갑판을 뚫고 탄약고에 들어가 폭발했다. 애리조나는 마치 세상이 갈라진 것처럼 대폭발을 일으키며 함체가 심하게 몸부림을 치면서 침몰하기 시작했다.

그리고 단 9분 만에 미처 대피하지 못한 승무원 1,177명과 함께 왼쪽으로 기울며 진주만 바닥으로 수장되었다. 1962년, 바다 밑에 있는 애리조나 위에는 함체와 90도 각도의 위치에 기념관이 세워져 오늘날 진주만을 방문하는 사람들이 무료로 이를 관람할 수 있도록 하고 있다. 오 아후 비행기지에 있던 미군 비행기 중 188대가 격파되었고 159대가 손상을 입었다. 속수무책으로 제대로 날아보지도 못하고 가만히 늘어 선 채로 일방적으로 두들겨 맞았다. 공습하는 일본기들을 요격하기 위해서 출격 대기 상태에 있었던 미군 전투기는 단 한 대도 없었다.

하지만 일부 조종사 중에 일본 항공기의 공격이 한창 진행 중에 출격을 시도한 14명의 용감한 조종사들이 있었다. 이들 중에 여섯 명의 조종사가 적어도 한 대 이상의 일본기를 격추했다. 일본의 기습 때문에 두 척의 전함(애리조나, 오클라호마)이 상실되었고 세 척의 전함(웨스트버지니아, 캘리포니아, 네바다)이 침몰되거나 좌초됐으나 나중에 인양되었고 세 척의 전함(테네시, 메릴랜드, 펜실베이니아)이 피해를 입었으나 수리되어 일선에 복귀했다. 이 밖에 여러 척의 순양함과 구축함이 상실 또는 피해를 입었다. 미군이 입은 인명손실에 비하면 일본군은 아주 경미한 피해만 입었다. 29대의 항공기와 여섯 척의 소형 잠수함을 상실했고 총 64명만 사망했다.

제3차 공격 요청과 나구모의 거부

2차 공격대가 출격할 때부터 기함 아카기 함교에서는 겐다 대좌와 1차 공격에서 돌아온 일차 공격대장 후치다 중좌가 3차 공습이 절대적으로 필요하다고 역설했다. 이뿐만 아니라 호위 전함 히에이와 기리시마를 끌고 출동했던 호위함대 사령관 미카와 군이치三川 軍—중장도 3차 공격을 강력히 주장했고 항모 히류飛龍와 소류蒼龍를 지휘하는 야마구치 다몬山口 多聞소장도 이에 적극 동조했다. 3차 공습으로 파괴하고자 했던 것은 미처 손을 보지 않았던 진주만의 유류 저장소와 어뢰 저장소였다. 이 밖에 항만 시설과 각종 선박 수리 공작소도 포함되었다.

이들의 주장은 1, 2차에서는 계획대로 함선과 항공기들을 만족할 만큼 박살 냈으니 3차 공격으로 함대 운용 관련 시설도 깨끗이 청소해버려 진주만 기습을 완벽하게 끝내버리자는 것이었다. 이 의견에 다른 다섯 척의 항모 함장들도 적극 찬성하며 3차 공격대를 출격시킬 준비가 다 되어 있다고 진언했다. 그러나 새가슴 나구모는 심사숙고 끝에 1, 2파 공격으로 목표는 초과 달성되었고 더 이상 모험을 할 필요가 없다고 판단했다. 3차 공격을 단념하고 철수를 지시했다. 혹시 연락을 받은 인근의 미 항모들로부터 공격기가 날아올지도 모른다고 겁을 먹은 것이었다. 다음 날 연합함대 사령관 야마모토와의 통신에서 야마모토는 일단 나구모의 결정을 지지했다.

그러나 야마모토는 나구모 기동부대가 유류 저장소나 선박 수리 시설 등을 그대로 놔둔 것이 나중에 미군의 빠른 반격을 가능하게 했다고 말하면서 그의 결정이 뼈아픈 실책이었다는 것을 피력했다. 대부분의 전사가戰史家들은 만약 이 3차 공격이 수행되었더라면 일본의 공격대가 전함들에 끼친 손해보다 훨씬 더 심각한 타격을 가해 태평양 함대의 향후 활동에 큰 영향을 미쳤을 것이라고 말한다. 미국의 태평양 함대 사령관 니미츠 제독도 이렇게 말했다. "그랬다면 전쟁은 최소 2년 이상 더 끌었을지도 모른다."

야마모토가 야심을 가지고 미국 해군에게 일격을 가한 진주만 공격은 오늘날 성공한 작전으로 치지 않는다. 먼저 일본 해군은 최대의 목표로 삼았던 항공모함은 한 척도 격침시키지 못했다. 전함의 시대는 가고 항모의 시대가 왔던 이후의 전쟁 전개를 보면 이를 실감할 수가 있다. 일본이 모두 격침했다고 하던 미 전함들도 수심이 얕은 진주만에 좌초 수준으로 가라앉아 있어서 공격 작전의 전과를 크게 감소시키고 말았다. 여덟 척의 피해 전함 중 여섯 척은 모두 인양되거나 수리를 해이후 전투에 재투입되었다.

그리고 휴일인 일요일에 기습하는 통에 많은 승무원들이 상륙해 있어서 목숨을 건졌다. 이들 경험 많은 승무원들이 살아남는 바람에 향후 새 함대를 편성해 태평양 전쟁을 수행해 나가는 것이 수월했다. 또한 항내의 지원 시설을 그대로 둔 것은 진주만 기습의 의미를 의심하게할 정도였다. 이들 시설이 존치되는 바람에 이듬해의 미드웨이 해전The Battle Of The Coral Sea에서 미군의 승리가 가능했다. 예를 들어 산호해해전에서 크게 파괴되어 돌아온 항모 요크타운을 며칠 만에 수리해 바로 미드웨이 해전에 투입했던 것도 진주만의 수리 공창 시설이 온전했기 때문이다.

"진주만을 기억하라"

동부 표준시 오후 1시 30분경, 미국인들은 라디오 주변에 몰려들어일본군이 미국 영토에 기습 공격을 개시했다는 뉴스를 접하면서 모두가 경악했다. 그리고 12월 8일, 루스벨트 대통령은 미 의회 양원 임시합동 회의에서 연설하면서 12월 7일을 "치욕의 날Day of Infamy"이라고칭했다. 그리고 일본에 대한 전쟁 결의안을 요구했다. 그 결의안은 신속하게 가결되었다. 선전포고 없이 기습을 당한 미국인들은 극도로 분노했다. 미국인들은 적개심과 단결심으로 똘똘 뭉쳤다. 그들은 이제 전적으로 루스벨트를 지지하고 국가는 전쟁 관련 산업 전반을 총가동했으며 전 국민이 일본 타도를 위해 모두 나섰다. 수많은 일본 규탄 시위가 이어졌고 언론들은 이런 분노를 증폭시켜 자원 입대자가 폭증했다. 미군은 이 여론을 전쟁 수행의 자원으로 십분 활용했다.

"Remember Pearl harbor!(진주만을 기억하자!)"라는 구호로 국민들을 단결시켜 전시체제 공고화와 전시 경제 확대를 일사불란하게 추진했다. 일본이 바라던 '일격 후 강화'는 어림도 없는 이야기가 되어버렸다. 여하튼 이제 일본은 야마모토 말대로 잠자는 사자의 코털을 건드린 것이다. 충격을 딛고 일어선 거인 미국에 일본은 죽도록 얻어터지는 일만 남았다. 초장에는 기세등등하게 설쳐댔으나 진주만 기습 이듬해, 미드웨이 해전과 과달카날 전투를 거치면서 한 풀 꺾였다. 이어서 미군에 줄창 얻어맞으면서 온갖 발악을 다해보았지만 결국 원자탄 두 방을 얻어맞고 넉 다운 되어 버렸다.

둘리틀 공습

항공모함 호넷호에서 출격준비를 하는
둘리틀 폭격기 편대

둘리틀 공습(1942년 4월 18일)은 제임스 둘리틀James Doolittle 중령이 지휘하는 B-25 미첼Mitchell[6] 폭격기[7] 편대가 항공모함 호넷에서 발진해 일본을 폭격한 깜짝 사건이다. 피해는 크지 않았지만 자국의 영공은 철벽의 하늘이라고 호언장담하던 일본의 군부, 특히 일본 해군 상부에 준 충격은 엄청났다. 미국은 비록 일본에 큰 피해를 주진 못했지만 이 사건은 진주만 공습으로 의기소침하던 미국인들에게 큰 희망을 안겨주었다. 이로써 그해 6월 초에 태평양 전쟁의 운명을 뒤바꾼, 역사적인 미드웨이 해전이 벌어지게 된다.

일본 제국의 진주만 공격 이후 미군은 태평양에서 일방적인 패퇴가 계속되었다. 급기야는 1942년 2월 24일에 일어난 일본 해군 잠수함의 미국 캘리포니아주 산타바바라Santa Barbara 엘우드 정유소에 대한 포격은 미국 전역에 큰 충격을 주었다. 이에 대한 대응으로 미군은 일본의 수도 도쿄를 폭격할 계획을 세웠다. 3월 한 달 동안 미 육해군 수뇌들이 머리를 맞대고 일본에 반격을 가해 진주만의 치욕을 갚고 '일본 놈들이 전쟁을 똑똑히 느끼도록 혼을 내줄' 방도를 루스벨트 대통령과 함께 논의했다. 그러려면 일본 본토를 직접 때려야 했다. 그래서 나온 것이 항모에 폭격기를 싣고 가 도쿄를 폭격한 다음에 장제스蔣介石가 통치하는 중국 지역에 착륙시킨다는 계획이었다.

미군은 장거리 폭격기를 보유하고 있었지만 그 행동반경 내에 일본을 포함하는 기지는 없었고, 소련의 영토는 일·소 중립 조약 때문에 폭격을 위한 기지로 사용을 할 수 없었다. 결국은 폭격기를 실은 항공모함을 일본 근해에 접근시킬 필요가 있었다. 미군은 급히 B-25 폭격기를 항공모함의 짧은 비행갑판으로부터 발진할 수 있도록 경량화를 도모했다. 이들 폭격기들은 폭격 이후 항공모함으로 돌아오는 것이 아니었다. 그대로 일본 열도를 지나쳐 일본군과 전쟁 중이던 중국 동부로 장제스 부대의 유도 신호로 착륙할 예정이었다. B-25를 탑재하는 항공모함은 호넷호였고, 엔터프라이즈호가 호위를 맡아 뒤따랐다.

1942년 4월 1일, 16대의 B-25 미첼을 탑재한 항공모함 호넷과 호위 순양함 세 척, 구축함 세 척은 샌프란시스코를 출발했다. 도중에 엔터프라이즈와 순양함 두 척, 구축함 네 척이 합류해 일본으로 향했다. 공격 예정 전날인 4월 17일, 미 해군 함선 레이더에 비친 국적 불명의 어선 두 척을 초계기로 확인하니 일본군의 감시선이란 것이 확인되었다. 예상 외로 발진 예정 해역보다 원거리에서 일본군에 발견되는 바람에 폭격대는 예정보다 일찍 발진했다. 폭격대는 도쿄, 요코하마, 요코스카, 가와사키, 나고야, 고베, 요카이치, 와카야마, 오사카 등 일본 각지를 폭격하고 일본 열도를 빠져나갔다. 이 공습으로 사상자 363명, 가옥 파괴 약 350동의 피해를 주었다.

그러나 일본군의 장군들과 제독들은 미군의 폭격이 감히 현인신現人神인 천황의 옥체에 가할지도 모를 위협에 소스라치게 놀랐다. 폭격기들은 일본 열도를 횡단해 그중 12대는 중국 본토에 착륙했고, 3대는 중국 영해에 추락했다. 나머지 1대는 소련의 블라디보스토크에 착륙했다. 소련에 착륙한 폭격기의 승무원은 억류되었다가 얄타 협약 성립 후 석방되었다. 승무원은 전사가 한 명, 행방불명이 두 명, 포로가 여덟 명이고, 나머지는 미국으로 귀환했다.

일본 대본영은 이 피해를 "적기 아홉 대를 격추했으며, 피해는 미미하다."고 포장해 발표했다. 그러나 폭격 당일의 날씨는 맑았으며, 민간인에게는 추락한 항공기가 단 한 대도 확인되지 않았다. 그 때문에 대본영의 발표에 대해 "터무니없는 얘기이며 황군은 아무것도 격추하지 못했다."고 의심하는 사람도 있었다. 한편, 중국으로 날아가 낙하산으로 탈출한 폭격기 승무원 여덟 명은 현지에서 일본군에 체포되었다. 이들은 도시의 무차별 폭격을 실시한 혐의에 대해 포로가 아닌 전쟁

둘리틀 폭격대장

범죄자로서 다루어져 조종사 두 명과 사격수 한 명이 처형되었으며, 다섯 명은 징역을 살았다.

일본 육군 보도부는 이번 폭격 성과를 지휘관 둘리틀의 이름을 빌려서 둘리틀 폭격대는 두 리틀do little이 아니라 두 나씽do nothing이라고 폄하했다. 아무튼 일본군 수뇌부의 간담을 서늘하게 만들었다. 이 둘리틀 공습 때문에 약이 오른 일본해군은 이듬해 6월, 미드웨이 인근 해역으로 미 항공모함들을 불러내 요절내겠다는 야심찬 계획을 세웠다. 그러나 이 미드웨이 해전에서 거꾸로 항모 4척이 격침되면서 된통 당한 일본해군은 이후 태평양 전쟁에서 미 해군에 주도권을 넘기게 되었다. 결과적으로 둘리틀 폭격대의 일본 공습은 미군의 태평양 전쟁에서의 승기를 마련했다고 볼 수 있다.

1. 도조 히데키

도조 히데키는 1905년 3월 일본 육사를 17기생으로 졸업했다. 이후 승승장구하면서 1936년 12월에 중장으로 진급했고 1937년 3월에 관동군 참모장이 되었다. 1938년 5월에 육군 차관이 되어 중앙으로 복귀해 6월부터는 육군 항공 본부장도 겸임했다. 이후 육군대신을 거쳐 총리 취임과 더불어 대장으로 진급하면서 태평양 전쟁을 일으켰고 전쟁 수행에 전력을 기울였다. 패전 후 자살을 시도했지만 미수에 그쳤다. 극동국제군사재판(도쿄재판)에서 A급 전범으로 기소되어 교수형에 처해졌다.

2. 야마모토 이소로쿠

태평양 전쟁 당시 연합함대 사령관이었다. 진주만 공습의 입안자로, 워싱턴 주재 일본 대사관 무관으로 근무한 경력이 있어 미국의 무한한 잠재력을 알고 있었던 지미파知美派였다. 그렇기에 그는 미국과의 전쟁을 반대했다. 하지만 결국 전쟁이 확실시 되자, 진주만 기습을 성공시켰으나 약 반 년 후 미드웨이 해전에서 정규 항모 4척이 격침되는 치명적인 패배를 겪었다. 이후로도 일본 해군의 실질적인 최고 지휘관으로서 과달카날Guadalcanal 전투 및 그에 연계된 해상전과 공중전을 지휘했다.

이후 이어진 남태평양의 부겐빌 전투가 한참 진행되던 중인 1943년 4월 18일, 비행기에 탑승하여 남방 전선을 시찰하던 중 일본군의 암호를 해독한 미군의 캑터스Cactus(캑터스는 과달카날 섬의 암호명이다) 항공대 토머스 랜피어Thomas Lanphier 대위의 P-38 라이트닝에 의해 부겐빌Bougenville 섬 상공에서 격추되어 사망했다.

그는 러일 전쟁 당시 일본 해군 소위로 종군하며 도고 헤이하치로東鄕平八郎 제독의 지휘 아래 쓰시마 해전対馬海戰에서 러시아 발틱 함대Baltic Fleet와 해전을 경험했었다. 이 전투에서 왼쪽 손가락 두 개를 잃었고 하반신에도 큰 상처를 입었다. 야마모토는 "내가 대중 목욕탕에 가면 사람들은 나를 야쿠자라고 생각했다."라고 말하곤 했다. 그는 대단한 포커광이었는데 "만일 내가 은퇴한다면 라스베가스로 가서 전문 도박꾼이 되겠다."라고 부하들에게 농담으로 얘기하곤 했다.

야마모토는 1914년 고급 과정인 해군대학을 졸업했다. 1919~1921년 하버드 학생이었을 때, 1925~1928년 워싱턴에서 해군 무관으로 근무하면서 미국의 잠재력을 잘 알게 되었다. 이때 그가 직접 보고 느낀 미국의 잠재력 때문에 훗날 태평양 전쟁을 반대하기도 했다. 무진장한 자원, 엄청난 생산능력, 어마어마한 인적자원과 뛰어난 기술력 등 미국의 모든 것은 넘을 수 없는 벽이라는 현실을 인식하고 있었다. 그는 1940년에 고노에 수상에게 이렇게 말했다. "만일 내가 미국과 싸우라고 명령을 받는다면 6개월이나 1년 정도는 설쳐보겠지만, 그 뒤는 정말 자신이 없습니다." 라고 말했다. 역사는 그의 말대로 되었다.

3. 나구모 주이치

진주만 공습을 지휘한 나구모 제독은 진주만 공격 이후 연이은 남방 작전에서 항모 부대를 지휘했다. 나구모와 야마모토는 서로가 다른 파벌에 속했다. 야마모토는 협상파의 일원이었고 나구모는 개전파의 일원이었다. 두 사람의 역량 차이는 현격했다. 나구모는 야마모토에 비해 애초부터 깜냥이 아니었다. 항모 기동부대 지휘관의 자리는 어디까지나 연공서열 때문에 앉게 된 것이어서 나구모 스스로도 이 자리를 불편해했다.

이러한 불편한 관계는 진주만 공습을 전후로 더욱 심해졌다. 진주만 공습 시 3차 공격을 포기하고 돌아온 나구모에 대한 야마모토의 시선은 더욱 차가워졌다. 야마모토는 나구모를 바로 해임하고 싶었지만 승리한 장수를 그런 식으로 대했다가는 후폭풍이 닥칠 것이 뻔했기 때문이었다. 그러다 6개월여 뒤, 미드웨이 해전의 패배라는 최악의 결과를 거두면서 나구모는 항모 부대 지휘관 자리에서 물러났다. 이후 사이판Saipan 전투에서 패배하면서 자살했다.

4. 허즈번드 킴멜

킴멜 제독은 일본 해군의 기습 공격 당시 미 태평양함대 사령관이었다. 그는 진주만 피습으로 미 해군 사상 전대미문의 피해를 입은 후 하와이 방어를 책임진 월터 쇼트Walter Short 육군 중장과 함께 '직무 태만'의 책임을 뒤집어쓰고 강제 전역 조처됐다. 계급도 해군 대장에서 소장으로 두 단계 강등된 채였다. 1941년 진주만 공격이 있기 직전 당시 루스벨트 대통령으로부터 당대 최고의 해군전략가 가운데 한 사람이라는 극찬을 받았던 킴멜 제독으로서는 충격적인 추락이었다. 그는 자신의 변론을 위해 군사재판을 요청했으나 기각됐고 1968년 사망 시까지 여덟 차례나 추가 조사를 요청했었다.

초기 조사 위원회는 킴멜 제독이 일본의 기습 전 월터 쇼트장군과 작전 공조가 부실했으며 당시 사태의 심각성을 제대로 평가하지 못했다고 결론지었다. 그러나 킴멜은 쇼트 장군과의 소통에 문제가 없었으며 당시 자신에게 입수된 정보를 토대로 충실히 대비했다고 반박했다. 1944년 해군 조사 법원은 킴멜 제독을 모든 문책으로부터 해제했으나 한 번 내려진 불명예는 계속 따라다녔고 강등된 계급도 복원되지 않았다. 사실 진주만 피습의 주된 책임은 하와이 일선 주둔군 지휘관들이 아니라 워싱턴의 군 수뇌들이었다. 1941년 당시 킴멜 제독은 해군본부에 정찰기와 승무원의 추가 파견을 거듭 요청했으나 받아들여지지 않았다. 요청이 받아들여졌다면 아마 일본 함대가 하와이 접근 도중 탐지해 낼 수도 있었을 것이다. 지금도 킴멜 제독의 손자들은 할아버지의 명예 회복을 위해 줄기차게 활동을 벌이고 있으며 군 고위층이나 워싱턴 정가에서도 호의적인 반응을 보이고 있다.

5. 체스터 니미츠

1885년 텍사스주 프리데릭스버그Fredericksburg에서 출생했다. 1905년에 해군사관학교를 졸업하고 제1차 세계대전 중에는 대서양 잠수함대 참모장을 지냈다. 1941년 12월 태평양 함대 사령관에 임명되어 더글러스 맥아더가 담당한 태평양 남서부를 제외한 태평양에서의 최고사령관이 되었다. 1944년에 원수가 되었고 1945년 12월부터 1947년 12월까지 해군 참모총장을 역임했다.

6. 윌리엄 미첼

미첼은 미 공군의 아버지라 불린다. 100년 전 공군의 육성을 주장하면서 하도 난리를 쳐 군법회의에 회부돼 옷을 벗었다. 1924년 그가 "언젠가 일본은 태평양에서 미국과 한판 붙을 것입니다. 일본의 전쟁 개시는 어느 날 아침 항공모함 함재기들이 은밀히 진주만을 공습하는 것으로 시작할 것입니다."라고 한 예언은 17년 후 기가 막히게 적중했다. 미첼은 1936년 세상을 떠났다. 제2차 세계대전이 끝난 1947년 미 공군이 창설되어 명예 회복이 되면서 미 공군의 아버지로 추앙받고 있다.

7. B-25 미첼 폭격기

B-25 미첼은 노스 아메리칸 항공이 개발한 미국의 쌍발 중형 폭격기이다. B-25는 제2

차 세계대전 중의 모든 전역에서 이용되어 독일과 일본에 타격을 주었다. 애칭인 미첼은 미국 육군 윌리엄 미첼 준장의 이름을 딴 것이다. 덧붙여 미국의 군용기 중 개인명이 애칭으로 사용된 것은 이 B-25 미첼뿐이다. B-25가 폭격기로 일본에서 유명하게 된 것은 1942년 4월 18일의 둘리틀 공습 때였다. 제2차 세계대전 중 총 1만 대의 B-25가 생산되었다.

〈바이킹〉

바이킹족의 등장과 진출, 그리고 문화와 영향

I. 영화 〈바이킹〉

원제: The Vikings
감독: 리처드 플레이셔
제작: 커크 더글러스, 제리 브레슬러
원작: 에디슨 마셜
각본: 콜더 윌링햄
음악: 마리오 나심베네
출연: 커크 더글러스, 토니 커티스, 어니스트 보그나인, 자넷 리
제작 연도: 1958년
유사한 소재의 영화: 〈롱쉽〉(1963), 〈바이킹 레거시〉(2016)

1958년도에 제작된 영화 〈바이킹The Vikings〉은 미국 소설가 에디슨 마셜Edison Marshall의 원작 소설을 영상으로 옮긴 액션 어드벤처 작품이다. 〈해저 2만 리20,000 Leagues Under The Sea〉, 〈바라바Barabbas〉, 〈도라! 도라! 도라!〉 등의 대작을 만들었던 리처드 플레이셔Richard Fleischer가 메가폰을 잡았다. 그는 노르웨이의 하르당에르 피오르드 Hardanger

Fjord에 있는 작은 마을 크빈헤라드Kvinnherad의 현지 로케를 통해 바이킹 마을을 완벽히 재현했다.

거대한 성채, 대규모 인원이 투입된 전투 장면, 다양한 의상과 역사적 생활상 등 당시의 모습을 리얼하게 살리면서 스펙터클한 현장감의 진면목을 보여준다. 고전 사극 중에서도 〈바이킹〉은 단연 압권으로 손꼽힌다.

바이킹 두목에게 겁탈당한 노섬브리아Northumbria 왕국[1]의 왕비가 몰래 낳은 아들이 주인공 에릭(토니 커티스Tony Curtis 분)이다. 결국 자신의 친부 래그나(어네스트 보그나인Ernest Borgnine 분)와 또 다른 이복형 아이나(커크 더글러스Kirk Douglas 분)까지 물리치고 사랑을 쟁취한다는 이야기다. 끊임없이 침범당하는 고대 영국이라는 나라와 바이킹족과의 관계와 음모, 흥미를 유발하는 출생의 비밀, 남성미 물씬 풍기는 모험 등을 흥미롭게 버무려 놓은 오락 사극이라 할 수 있다.

커크 더글러스[2]가 이복동생인 토니 커티스에게 칼에 찔려 숨지기 전 (이복동생이라는 것을 알고 멈칫한 순간 찔리는 것이지만) 칼을 쥐고 죽게 해달라고 말하는 장면이 인상적이다. 당시 모든 바이킹들의 가장 큰 소원은 칼을 손에 쥔 채 죽어서 발할라Valhalla[3]에 들어가는 것이었다. 바이킹들은 발할라에는 오딘Odin 신이 모든 영웅들을 기다린다고 믿었기 때문이었다.

해적질을 위해 출항하는 바이킹 선박

그리고 마지막 장면, 그의 시신을 실은 바이킹 배를 바다로 띄워 보내며 불화살들을 쏘아 배를 태우면서 장엄한 바이킹 장례식을 올리는 마지막 장면도 인상적이다. 당시 바이킹들은 죽음을 일종의 항해로

형 아이나(오른쪽)와 동생 에릭(왼쪽)과의
마지막 결투

생각했기 때문에 시체를 배에 태우고 불태워 띄워 보내는 장례식이 유행했다. 영화에서처럼 망망대해 가운데에서 불타는 모습은 장관이었을 것이다. 커크 더글러스는 자신이 출연한 영화에서 가끔씩 어려운 동작과 기술을 선보이곤 했다. 이 영화에서도 예외 없이 이런 장면들이 나온다. 특히 수평으로 펴진 바이킹 배의 노 위를 밟으면서 성큼성큼 뛰어 건너는 장면은 올드팬들에게는 기억에 남는 장면이었다.

당시 커크 더글러스는 잘못 고용한 변호사 때문에 돈 문제로 골치를 썩이고 있었는데 제작자로 참여한 이 영화 한 편으로 돈 문제를 말끔하게 해결했다는 후문이 뒤따랐다. 그만큼 이 영화가 흥행에서도 대성공했다는 것을 반증하고 있다. 명배우 마이클 더글러스Michael Douglas는 그의 아들이다. 바이킹 마을 신은 노르웨이의 하르당에르피오르 인근의 작은 마을에서 촬영했으며 이곳 마을 사람들 다수가 엑스트라로 등장했다. 로케이션 장소가 워낙 추워서 커크 더글러스, 토니 커티스, 어네스트 보그나인 등 배우들은 물론 스태프들도 촬영 내내 감기를 달고 살았다.

커크 더글러스는 애꾸눈을 재현하기 위해 특수 처리된 콘택트렌즈를 착용했는데 워낙 고통스러워 몇 분 이상 연속 촬영이 불가능했다는 후문이 있다. 당시 기술로서는 어쩔 수 없었을 것이다. 옛날 세대의 관객들에게는 커크 더글러스가 외눈박이로 나오는 이 영화와 검투사로 나오는 영화 〈스팔타커스〉의 이미지가 두고두고 잊히지 않을 것이다.

Ⅱ. 바이킹족의 등장과 진출, 그리고 문화와 영향

바이킹의 출현

사람들은 바이킹들이 활약하던 시대에 스칸디나비아인들을 통틀어 바이킹으로 부르기도 했다. 하지만 넓은 의미의 정확한 학술적 용어는 노르드인Nordman이다. 바이킹이란 뜻은 고대 노르드어로 만灣을 뜻하는 'Vik'과 '~으로부터 온 사람'을 뜻하는 'ing'의 합성어로서 즉 "만에서 온 사람"이란 뜻이다. '바닷사람'을 의미한다. 8세기에 접어들면서 유럽 전역에 따뜻한 기후가 몰려왔다. 스칸디나비아 반도도 예외가 아니어서 이런 온난한 기후에 힘입어 인구가 유례없이 크게 증가했다. 그러나 한정된 자원으로는 이 늘어나는 인구를 도저히 먹여 살릴 수가 없었다. 이에 새로운 식량 공급원을 찾거나 아예 보다 나은 삶의 터전을 찾아 나서는 사람들이 대거 등장하기 시작했다. 그리고 이들은 조직적으로 전 유럽을 약탈하기 시작했다. 이들이 바로 잔인한 광狂전사 즉

바이킹이었다.

이들은 8세기 말부터 11세기 초까지 200여 년간 유럽 전역을 들쑤시고 다녔다. 당시 유럽 어느 나라도 바이킹 전사의 용맹을 당할 수 없었다. 이 200여 년간이야말로

행진하는 바이킹 족

유럽을 공포의 도가니로 만들었던 바이킹의 전성시대였다. 당시 바이킹은 종족별로 데인인(덴마크인), 스웨덴인, 노르웨이인들로 나뉘어 있었고 자기네들 입맛대로 골라 여기저기 쳐들어갔다. 서기 789년 덴마크계 바이킹이 잉글랜드 웨어햄Wareham에 세 척의 배를 이끌고 나타난 것이 최초의 원정으로 기록되어 있다.

바이킹의 배 - 롱쉽

그들은 '롱쉽longship'이라 불린 22미터의 길이에 5미터 정도의 폭을 가진 빠르고 바닥이 평평한 배를 타고 40~50명 정도의 전사를 태운 후 전단을 형성했다. 그리고 유럽 각지의 강을 타고 내륙으로 깊숙이 쳐들어가 도시, 농촌 할 것 없이 닥치는 대로 온갖 노탕질을 하고 다녔다. 다행히 이베리아반도(스페인)는 내륙에 흐르는 큰 강이 없어 바이킹의 약탈을 면했다. 바이킹은 단순한 침략자 이상의 존재였다. 유럽 각국의 역사에서 바이킹은 크고 작은 흔적을 남겼다. 영국과 유럽 내륙에 정착한 바이킹들은 각 지역 토착민과 융화됐고 특히 러시아와 잉글

랜드, 프랑스 등의 국가가 세워지는 데 큰 영향을 끼쳤다.

바이킹족은 일반적으로 작은 무리를 지어 돛과 노를 쓴 작은 배를 타고 템스강, 센강, 르강, 드네프르강, 볼가강 등 하여튼 강만 있으면 어디든지 들어가 약탈을 일삼았다. 바이킹족의 침입에 대항해 서유럽인들은 축성築城과 기병대에 의존해 싸웠으나 효과적인 대응책이 못되었다. 바이킹들은 해안가나 강변에 기지를 만들어 자신들의 조직을 구축해 나갔다. 바이킹 군대의 과감함과 용맹함에 대하여 당시 어떤 군대도 적수가 못되었다. 바이킹들의 또 하나의 놀라운 점은 기동성이었다. 그들의 배인 '롱쉽'은 속도가 엄청 빨랐고 얕은 흘수(배가 물에 잠겨 있는 부분) 때문에 강의 상류까지 치고 올라가 어느 뭍에도 댈 수 있었다. 게다가 롱쉽은 메고 운반할 수 있을 정도로 가벼웠다. 이런 롱쉽을 타기도 하고 메기도 하면서 바이킹들은 여러 마을을 휩쓴 다음에 적이 오기 전에 바로 내뺄 수 있는 혀를 내두를 정도의 기민함을 자랑했다.

지금도 노르웨이 오슬로에는 바이킹이 사용한 배 가운데 대표적인 것으로 고크스타트Gokstad가 남아 있다. 그것은 길이가 21미터이고 중량은 20톤이 넘는다. 떡갈나무로 만들어졌으며, 뱃전 위에서 용골까지는 1.8미터, 배 한가운데에는 약 12미터의 돛대가 있다. 바이킹들은 선박의 틈새로 바닷물이 새어드는 것을 효과적으로 막을 수 있는 '타

바이킹 선박

르'라는 방수재를 만들어냈다. 그래서 그들은 연안뿐만 아니라 원거리 항해가 가능한 대규모 선단을 제작할 수 있었다. 항해 시에는 돛을, 공격 시에는 노를 사용했다. 노는 16쌍으로, 일부는 길이가 4.9미터이고 나머지는 그보다 길었으며, 각각의 노를 두 사람이 함께 저었다. 바이킹족은 나중에는 훨씬 더 큰 배를 만들어 200명까지 타고 하루에 240킬로미터를 항해하기도 했다.

바이킹의 전투

바이킹은 언제나 근해에서 해전을 치렀고 대개는 3단계 과정을 밟았다. 먼저 지휘관은 적정을 살피고 공격하기 좋은 위치를 골랐다. 그리고 그 장소로 은밀히 접근해 상대방 선박에 일제히 화살을 쏘아대면서 공격을 시작했다. 마지막으로 적 선박에 쇠갈퀴를 걸어 끌어당긴 다음 육박전으로 승부를 결판냈다. 상륙 후에는 하천을 따라 올라간 다음에 마을과 수도원 등을 약탈했다. 바이킹들은 활과 화살, 둥근 나무방패로 무장했다. 그들의 가장 위력적인 무기는 장검이었다. 그리고 도끼도 사용했는데 이 도끼는 나무꾼들의 연장에서 비롯되었다. 그들은 적 기병이 잘 싸울 수 없는 시냇가나 늪지대 또는 가파른 언덕에서 방패와 벽을 만들어 일단 수비 태세를 갖추고 있다가 결정적인 순간에 육박전으로 전환했다. 그들은 체격이 크고 건장했다. 그들은 긴급히 출동된 군대를 향해서도 마치 미치광이들처럼 난폭하게 무기를 휘두르며 성공 신화를 쌓아나갔다.

바이킹의 진출

바이킹은 세 갈래로 유럽 대륙에 진출했다. 8세기 말에서 11세기 초까지 약 200년간 유럽을 쑥대밭으로 만든 것은 주로 사납기 짝이 없는 덴마크계 바이킹이었다. 노르웨이계 바이킹은 탐험과 개척, 덴마크계 바이킹은 싸움질, 스웨덴계 바이킹은 교역을 주특기로 했다. 노르웨이계는 아이슬란드, 그린란드 등 사람이 별로 살지 않은 땅을 주로 골라 침략했다. 이 밖에 영국 북부, 아일랜드도 노략질의 대상 지역이었다. 이들은 작은 규모로 공격해 물자를 약탈하고 바로 빠져나오는 게릴라 수법을 사용했다. 덴마크계 바이킹들은 8세기 말에 잉글랜드로 쳐들어왔다. 바이킹들은 누구도 봐주는 경우가 없었다. 저항하는 수도사들이나 주민들을 참혹하게 난도질하고 다녔다. 이들이 휩쓸고 지나간 마을에는 시체들이 천지사방에 뒹굴고 있었다. 이후 분탕질에 재미를 붙이면서 점차 규모를 늘려 어떤 때는 300척의 대규모로 템스강까지 쑤시고 들어와 런던을 휩쓸기도 했다. 이들 바이킹들은 스코틀랜드와 아일랜드까지 침략했다.

이들은 먼저 해변가를 공략하고 이어서 강을 타고 거슬러 올라가 내륙 깊숙이 들어가 노략질을 했다. 강이 막히면 타고 온 배를 뭍으로 끌어 올려 통나무를 받침대로 삼아 어깨에 메고 으쌰으쌰하면서 이동했다. 그들이 이런 방법으로 프랑스의 론Rhône강이나 센Seine강을 따라 올라와 분탕질을 계속하자 당시 프랑크 왕 샤를 3세Charles III는 바이킹의 두목인 롤로Rollo에게 면담을 요청했다. 프랑크 왕으로서는 도저히 이 사나운 바이킹들과 싸워 이길 자신이 없었으니 살살 달래야 했다. 그는 지도를 펴서 대서양에 면한 엄청나게 넓은 땅덩어리를 가리키며 이곳을 뚝 떼어 줄 테니 제발 자기네 땅에 얼씬거리지 말았으면 좋겠다고 했다. 그 땅이 바로 센강 하구의 따뜻하고 비옥한 땅인 오늘날의 노르망디반도 일대였다. 이어서 샤를은 롤로를 노르망디공에 봉하자 이 땅은 노르망디공국이라는 실질적인 독립국이 되었다. 이후 많은 바이킹들이 몰려와 이곳에 정착하게 되었고 1066년에는 윌리엄공이 영국을 침략하여 노르만 왕가를 열었다.

한편, 스웨덴계의 바이킹은 영국과 프랑스를 설치고 다니던 그들의 사촌들과는 달리 방향을 틀어 발트해 건너에 펼쳐진 광대한 숲 지대에 눈을 돌렸다. 먼저 이들은 그곳에 사는 슬라브인들에게 용병으로 초청되어 마자르Magzar인(헝가리인) 등과 전투를 벌이면서 진출하기 시작했다. 당시 이들은 슬라브인들로부터 '바랴그라Varyagra'라고 불렸다. 이후 점차 약탈보다는 교역에 관심을 가졌다. 이들 바이킹은 발트해 연안의 핀족Finns으로부터 루오치Ruotsi라고 불렸는데 점차 루스Rus라고 와전되었다. 현재의 러시아 북부의 노브고로드Novgorod 지역에 진출한 이 루스Rus인의 수장 류리크Rurik 가 그 지역의 슬라브인을 다스리면서 노브고로드 공국을 건설했다. 차츰 이곳 바이킹들이 슬라브화에 따라 이들은 '루시'란 이름으로 불렸다. 오늘날 러시아라는 명칭은 바로 이 루시에서 기원한다. 류리크가 죽은 뒤 그의 아들 이고르Igor는 수도를 드네프르Dnepr강 중류의 키예프Kiev로 옮겨, 주변의 슬라브족을 복속시키고 키예프 공국을 건설한다. 이들 스웨덴계 바이킹족은 뛰어난 장사꾼 기질을 살려 러시아, 흑해, 비잔틴제국 등 동남쪽으로 점차 내려갔다. 이들은 볼가강이나 드네프르강을 타고 내려가 흑해에 이르고, 비잔틴제국뿐만 아니라 일부는 바그다드까지 진출해 아랍 사람들과 장사를 했다. 아랍의 상인 한 사람은 볼가강에 진을 치고 있던 바이킹들을 만났을 때 이제껏 그들보다 큰 체격의 사람들을 본 적이 없다고 기록을 남겼다. 이들과 교역하는 바이킹들의 수출품은 수달과 담비와 비버 가죽, 장검, 호박琥珀 등이었다. 수입품으로는 포도주, 비단, 향료, 비잔틴제국의 무늬가 있는 직물, 페르시아의 가죽공예품, 보석류, 화장품류, 유리 제품들이었다.

노르웨이계의 바이킹은 일찍부터 스코틀랜드 북방의 여러 섬으로 이주하고 더 나아가 860년경에는 아이슬란드를 식민화했다. 9세기 말에는 여기서부터 그린란드로 건너가 식민지를 건설하고, 1000년경에는 더욱 남하해 북아메리카 대륙을 발견했다. 당시 그린란드는 오늘날과는 달리 일부 지역에는 초원 지대가 있었다.

바이킹은 크리스토퍼 콜럼버스Christopher Columbus보다 500년 앞선 9세기경에 아메리카 대륙의 일부인 캐나다 뉴펀들랜드Newfoundland섬에 식민지를 세웠지만 오래 유지하진 못했다. 『그린란드 사람들의 전설 Greenlander's Saga』과 『붉은 털 에리크의 전설Erik the Red's Saga』이라는 두 권의 책에는 10년이라는 기간 동안 바이킹이 그린란드에서 빈란드 Vinland까지 다섯 번의 항해가 있었고, 빈란드에서 짧은 기간 동안 머물렀다는 사실이 기록되어 있다.

바이킹들이 '빈란드'라고 부른 곳은 오늘날의 캐나다 뉴펀들랜드 섬으로 그린란드 정착지에서 직선 거리로 1,600킬로미터 떨어진 곳이다. '빈'이란 바이킹어로 '풀'이란

바이킹의 북아메리카 진출 경로

뜻으로 '빈란드'는 '풀이 있는 땅'이란 뜻이다. 그때는 장거리 항해술이 발달하지 않았던 시기였기에 바이킹 선박들은 해안을 따라 항해할 수밖에 없었다. 이에 따라 실제 항해 거리는 3,200킬로미터가 훨씬 넘었다. 항해 시간만 해도 6주가 소요됐다. 빈란드에서 정착에 실패한 이유로는 수적으로 우세한 현지 원주민과 적대적 관계가 이어졌던 점이 우선 꼽힌다. 여기에 빈란드 공략의 후방 기지라고 할 수 있는 그린란드가 물질적으로 빈약한 상태여서 제대로 지원해 줄 수 없었다는 점이 발목을 잡았다. 그린란드는 나무와 철이 너무 부족했다. 거기다가 그린란드는 유럽과 빈란드 어디를 기준으로 잡더라도 너무 떨어져 있었던 것이다. 노르웨이계 바이킹들은 서유럽을 빙 돌아 지브롤터 해협을 뚫고 지중해로 들어가 프랑스 남부와 시칠리아까지 진출하기도 했다.

12세기가 되면서 바이킹의 활동은 서서히 쇠퇴한다. 8세기 빙하가 녹으면서 온화해졌던 북구의 기후가 다시 추워지면서 바이킹 전사의 수가 줄어들었다. 또한 유럽 각국은 해안 경비를 강화하면서 바이킹의 침략에 철저하게 대비했기 때문이다. 결정적인 것은 이 시기 바이킹들은

전통 신앙을 버리고 기독교로 많이 개종하면서, 같은 기독교 신자의 땅을 침략할 수는 없다는 도덕적인 명분까지 더해져 침략의 당위성이 사라진 것이다.

바이킹의 문화

바이킹족은 오랜 옛날부터 금 세공품, 뿔잔, 철제 투구, 청동 저울 등을 만들었을 만큼 손재주가 뛰어났다. 또한 바이킹은 결코 지저분하지 않았고 깔끔한 편이었다. 그들은 위생을 무척 중시하는 문화를 지니고 있었다. 바이킹들의 옛 거주지에서는 빗과 면봉, 면도칼 등이 출토되었고 심지어는 원시적인 형태의 비누까지 사용했다. 토탄 난로로 가열한 돌 위에 물을 뿌려 수증기를 가득 채운 목욕탕이 있었는데 이것이 오늘날 사우나의 원조가 되었다.

바이킹의 남성과 여성은 동등하지는 않았지만 세계 어떤 나라들보다 비교적 차별이 덜했다. 바이킹 남성들은 집안의 기둥이었지만 실제적으로는 여성들이 가사를 꾸려나갔다. 바이킹들은 무시무시한 용사로 기억되고 있으나 싸움은 결코 그들의 전업이 아니었다. 대부분의 경우 농업과 어업에 종사했다. 그리스의 스파르타처럼 병들고 약하게 태어난 아이들은 숲에 버려지거나 바다에 던져졌다. 워낙 그들의 삶이 척박해서 한 입이라도 덜려고 그랬을 것이다.

유럽 문화에 스며든 바이킹 유산의 하나는 뷔페다. 바이킹은 전투에서 이기거나 약탈에 성공한 경우 축하연을 열면서 널빤지에 여러 음식을 차려놓고 먹는 습관이 있었다. 이 바이킹의 음식 문화는 프랑스까지 퍼졌고 오늘날의 뷔페 음식의 원조가 되었다.

1. 노섬브리아 왕국

고대 영국의 앵글로색슨족이 세운 왕국 중의 하나다. 6~7세기에 잉글랜드 북부와 스코틀랜드 남부 사이에 있던 독립된 두 왕국인 버니시아, 데이라가 통합되어 653년에 건국됐다. 이후 954년 잉글랜드 왕국에 완전히 병합되고 말았다. 노섬브리아를 계승한 현재의 지명으로 노섬벌랜드가 있다.

2. 커크 더글러스

러시아 유대계 이민자의 아들로 뉴욕에서 태어났다. 어린 시절 신문 배달부터 노점상, 정원사 등 여러 직업을 전전하면서 학업에 힘썼으며 뛰어난 레슬링 선수이기도 했다. 제2차 세계대전 중에는 해군에 종군했다가 부상으로 제대하면서 할리우드에 진출했다. 영화 〈열정의 랩소디Lust for Life〉의 화가 고흐 역으로 아카데미 남우주연상에 노미네이트되었다. 이후 〈바이킹〉과 많은 서부 영화에 출연하면서 점차 할리우드의 전설이 되어갔다.

1960년, 자신이 주연하고 제작과 총지휘를 맡아 제작비 1,200만 달러의 대작 〈스팔타커스〉를 만들었다. 이때 감독을 맡았던 스탠리 큐브릭Stanley Kubrick과 티격태격했다는 얘기는 할리우드에서 고전처럼 남아 있다. 1991년에는 헬기 사고를 당하고, 1996년에는 뇌졸중을 앓으면서 언어 장애가 왔지만 이후에도 종종 파티에 참석해 건강한 모습을 보였다. 2020년 104세의 나이로 숨을 거두었다.

3. 발할라

1000년 전, 바이킹족은 유럽인들에게 공포의 존재였다. 이 무시무시한 스칸디나비아 침공자들은 8세기부터 11세기까지 유럽의 마을들을 공격하고 약탈했다. 그들은 이길 가망이 없는 싸움에서도 물러서는 법이 거의 없었다. 이런 용맹무쌍함은 바이킹 전사들이 사후에 발할라에서 또 다른 삶을 살게 될 것이라는 믿음이 있었기 때문이었다. 발할라는 바이킹족의 천국이자 또한 죽음의 신인 오딘의 전당이기도 하다.

〈분노의 포도〉

1930년대 먼지 폭풍, 1929년 대공황, 프랭클린 루스벨트

I. 영화 〈분노의 포도〉

원제: The Grapes of Wrath
감독: 존 포드
제작: 대릴 자눅
원작: 존 스타인벡
각본: 너널리 존슨
음악: 알프레드 뉴먼
출연: 헨리 폰다, 제인 다웰, 존 캐러딘, 도리스 보우돈
제작 연도: 1940년
상영 시간: 129분

　　살인죄로 4년간 복역 후 가석방된 톰(헨리 폰다Henry Fonda[1] 분)은 고향
인 오클라호마로 돌아온다. 하지만 소작농을 몰아내는 무자비한 철거
로 인해 일자리를 찾아 가족들과 함께 캘리포니아로 향한다. 일가족의
꿈을 이뤄줄 것만 같았던 캘리포니아에 우여곡절 끝에 도착한다. 하지
만 그들을 맞이하는 것은 새로운 고난이었다. 이는 존 스타인벡John

Steinbeck의 소설을 원작으로 해서
만든 영화 〈분노의 포도The Grapes
of Wrath〉의 간략한 줄거리다. 과연
이것이 할리우드의 메이저 영화사
인 20세기 폭스20th Century Fox사
에서 제작하고 존 포드John Ford[2]가

톰과 가족들

연출한 영화인가 의심스러울 정도로 투철한 계급의식으로 시종일관하
는 영화가 바로 이 〈분노의 포도〉다. 가족을 떠나 혁명가로 변신할 톰
의 여정을 원거리에서 잡은 롱 테이크long take[3]는 정의의 총잡이가 추
격을 피해 길을 떠나는 서부극의 엔딩을 떠올리게 한다.

　당시 20세기 폭스의 사장이었던 대릴 자눅Darryl Zanuck은 원작의 가
치를 일찌감치 알아보고 판권을 사서 서부극의 거장 존 포드에게 연출
을 의뢰했다. 자눅은 스튜디오를 좌지우지하던 보수적인 투자자들의
반대를 무릅쓰고 이 책의 영화화를 고집했다. 그리고 존 포드 감독을

적임자로 꼽았다. 포드가 미국의
서민들의 애환에 대하여 깊은 이
해가 있음을 잘 알고 있었기 때문
이다. 포드는 톰 조드Tom Joad 가족
이 겪는 고난 속에서 가장 가슴 아
픈 것이 무엇인지 정확히 짚어내고
있다.

톰과 어머니

존 포드와 존 스타인벡John Steinbeck, 그리고 헨리 폰다까지 미국 영화·문학계의 세 거물들 모두에게 대표작이 된 영화다. 명작 소설을 각색한다고 해서 영화도 명화가 된다는 보장은 없다. 그러나 〈분노의 포도〉는 영화도 걸작으로 남을 수 있다는 것을 보여줬다. 문학의 명성에 걸맞은 체면을 세워준 작품이다.

   주인공 톰 역할의 헨리 폰다의 연기도 탁월했다. 폰다는 고독하고 우수에 젖은 천대받는 하층계급의 젊은이의 모습을 훌륭하게 표현했다. 포드 감독은 주인공 톰 조드 역에 그의 영화 〈젊은 링컨Young Mr. Lincoln〉, 〈모호크족의 북소리Drums Along The Mohawk〉에 출연한 바 있는 헨리 폰다를 다시 기용했다. 헨리 폰다 외에 어머니 역의 제인 다웰Jane Darwell도 좋은 연기를 보여줬는데 주연상 후보로 올라도 할 말 없는 비중이었지만 아카데미 조연상을 수상했다. 농장을 떠나기 전날 밤 어머니(제인 다웰)가 가져갈 수 없는 모든 가재도구를 깡그리 불태워 버리는 장면은 특히 인상적이다.

   이 영화는 아카데미 감독상을 받았는데, 당시 알프레드 히치콕Alfred Hitchcock 감독의 걸작 〈레베카Rebecca〉와 경쟁을 했다. 〈레베카〉는 작품상을, 〈분노의 포도〉는 감독상을 나누어 가졌다. 존 포드도 아일랜드계이긴 하지만 당시 그는 이미 미국의 상징적인 감독으로 자리 잡고 있었다. 영국에서 막 건너온 알프레드 히치콕 감독에게 일종의 텃세가 적용했기 때문인지도 모른다. 남우주연상은 〈분노의 포도〉의 헨리 폰다, 〈레베카〉의 로렌스 올리비에Laurence Oivier가 각축전을 벌였다. 하지만 이 상은 의외로 〈필라델피아 이야기The Philadelphia Story〉의 제임스 스튜어트James Stewart에게 돌아갔다.

II. 1930년대 먼지 폭풍, 1929년 대공황

1930년대 미국 중서부를 휩쓸었던 먼지 폭풍

미국 중서부 지역의 대평원prairie⁴은 넓은 초지와 풍부한 수자원으로 세계적인 목축지대로 여겨져 왔다. 미국 중서부에서 공짜 목축업이 시작된 곳도 바로 이 대평원이었다. 스페인인들이 기르다 그냥 놔둔 소들과 미국 들소(버펄로)들까지 이곳에서 푸짐하게 자라는 풀을 뜯어 먹으면서 어마어마한 숫자로 번식했다. 농사도 기가 막히게 잘됐다. 그러나 1930년대 초반부터 이 축복받은 대평원에 재앙이 찾아들었다. 기름진 풀밭이 사막으로 변하고 한 치 앞을 내다 볼 수 없는 거대한 먼지 폭풍이 일어났다. 마치 먼지 사발Dust Bowl 속에 폭 빠진 것 같았다. 여름 기온이 5도에서 43도를 오가는 이상 기후에 비도 내리지 않으면서 대지는 바짝바짝 타들어갔다.

1934년과 1939년에는 최악의 가뭄이 발생했고, 1935년에는 최악의 먼지 폭풍이 일어났다. 이 먼지 폭풍은 한때 기름졌던 땅을 몽땅 황무지로 바꾸어놓았다. 거대한 먼지 폭풍이 미국 중서부의 광활한 땅인 오클라호마주, 텍사스주, 캔자스주, 콜로라도주, 뉴멕시코주를 휩쓸고 지나갔다. 한낮에도 강력한 모래바람이 불면서 밤처럼 캄캄해졌다. 이 모래 폭풍은 멀리 동부의 뉴욕과 워싱턴까지 날아갔다. 가옥이 모래에 잠기고 겨울이면 먼지가 섞인 붉은 눈까지 내렸다.

축복의 땅으로 불리던 대평원이 죽음의 땅으로 변한 것은 오로지 인간들의 무지와 탐욕에 기인했다. 이들 중서부 농지의 대부분은 19세기 중엽부터 20세기 초까지 걸쳐 밀려들어온 이민자들이 개간한 것이었다. 이들은 거의 화전에 가까운 마구잡이식 경작을 했다. 때마침 대거 출현한 트랙터들이 오랜 세월을 이어온 야생풀을 뿌리째 뒤집어엎었다. 그때까지 사람들은 이 야생 초지가 얼마나 중요한지를 전혀 몰랐다. 방목된 소떼가 뜯어먹고 빗물에 의한 토양 침식을 막아주며 지하수를 가두는 소중한 역할을 했던 이 야생 초지를 송두리째 없앤 것이다. 그러고도 미국인들은 '농업기계화 찬가'를 연신 불러댔다. 이제 이 황폐화된 땅에서 더 이상 농사를 지을 수가 없었다.

사람들은 하는 수 없이 뿔뿔이 살길을 찾아 나섰다. 이때 중부에서 서부로 떠난 인구가 250만 명이었다. 어마어마한 이주대열이었다. 은행 빚을 갚지 못해 쫓겨나듯 캘리포니아로 삶의 둥지를 옮겼다. 새로 이주한 곳이라고 사정은 별반 다르지 않았다. 때는 마침 대공황이라는 엄혹한 시절이었다. 어디에 가도 온통 실업자들 투성이었고 일자리는

먼지 폭풍 혹은 먼지 사발

하늘의 별 따기였다. 간혹 일거리를 주는 회사나 농장주들은 터무니없는 품삯을 주며 노동력을 착취했다.

이후 농사법의 개량과 함께 1937년부터 비가 내려 가뭄이 해소되었고 모래 폭풍도 다소 멎었다. 고향을 떠나지 않고 버틴 사람들은 연방정부의 지속적 지원을 통해 토양의 풍화를 점차 줄여나갔고, 방풍림을 심었다. 밭고랑을 바람이 불어오는 방향과 직각으로 파서 바람에 의하여 기름진 흙이 날아가는 것을 상당 부분 막을 수 있었다. 모래 폭풍이 한창일 때 중부 출신 이주 농민들에 대한 일부 농장주들의 착취와 비인간적인 행태를 취재하던 《샌프란시스코 뉴스San Francisco News》 신문사의 존 스타인벡이라는 기자가 이 취재 수첩을 바탕으로 소설을 써 당시 참상을 생생하게 전했다. 미국의 사실주의 소설가 존 스타인벡의 『분노의 포도The Grapes of Wrath』(1939)는 이렇게 나왔다.

"사람들의 눈에는 포도송이처럼 주렁주렁 매달린 분노가 더욱 알알이 무겁게 영글어 간다."

— 『분노의 포도』의 한 구절

1929년 대공황

검은 목요일Black Thursday

허버트 후버Herbert Hoover 대통령은 1929년 취임사에서 빈곤에 대한 최후의 승리가 목전에 도달했다고 자신 있게 예언했다. 대부분의 미국인들도 이에 동감했다. 1925년경까지 미국은 대대적인 산업 확장과 이후 크고 작은 투자로 경제성장은 고공행진을 진행하고 있었다. 금융가들과 실업가들은 대중들의 우상이 되었고, 150만의 미국인들이 광적인 주식 투자자들이 되어 있었다. 미국 예일대학교에서 첫 번째로 경제학 박사 학위를 받은, 미국이 낳은 최고의 경제학자로 알려진 어빙 피셔Irving Fisher 교수도 "주가는 저 영원히 높은 고원처럼 보이는 곳으로 기관차처럼 쉬지 않고 달려갈 것이다."라고 말하며 미국 경제의 핑크빛 미래를 노래했다. 주가는 날마다 상승했고 누구나 손쉽게 부자가 될 수 있었다. 처음에는 비교적 부유한 의사나 변호사들이 주식을 샀다. 그다음에는 사무원들이나 장사꾼들이 사기 시작했고 그다음으로는 공장 노동자들이나 택시 운전사들이 사기 시작했다. 가정주부들도 팔을 걷어붙였고 구두닦이들까지 나섰다. 너도나도 땅과 집을 잡아 은행돈을 꾸어 주식 사기에 나섰다. 국민 전체가 증권 투기에 열중했다. 주식 값은 고무풍선처럼 부풀어 올라 뻥 터지기 일보직전까지 치솟았다. 전 미국이 주식 광풍 속에 휘말려들었다.

공황 상태의 월스트리트

그러나 미국 경제는 1929년 9월부터 사실상 어두운 먹구름 속으로 빠져들어 가고 있었다. 호경기가 끝날지도 모른다는 이야기가 슬며시 퍼져나가기 시작했다. 그러는 와중에 사태가 터져버렸다. 1929년 10월

24일 목요일 오전 11시, 뉴욕 월스트리트 '뉴욕 거래소'에서 이상한 징후가 감지되었다. 처음에는 거래가 정상적으로 진행되었다. 그런데 갑자기 매도 주문이 늘어나더니 이는 곧 눈덩이처럼 커지고 너 나 할 것 없이 "팔아, 빨리 팔아. 얼마라도 좋다. 팔기만 하면 된다고!"라고 외쳐대기 시작했다. 주식시세가 곤두박질 쳤다. 전신과 전화는 매도신청으로 북새통을 이루었다. 불안에 떠는 수많은 사람들이 거래소 앞에 모여 갈피를 못 잡고 우왕좌왕하고 있었다. 다른 지역의 증권시장들은 시세하락을 막다가 포기하고 아예 폐장하고 말았다.

피셔의 공언은 헛소리가 되어버렸다. 피셔는 명예만 잃은 것이 아니었다. 그는 전 재산을 주식에 투자하고 있었다. 그는 모든 주식을 탈탈 털리고 완전히 거지가 되어버렸다. 그가 잃은 재산은 무려 1,000만 달러에 이르렀다. 잠시 잠잠하던 주식시세가 10월 29일 화요일, 다시 한번 꼬라박았다. 이 하락세가 11월까지 이어지자 소액투자가뿐만 아니라 거액투자가들도 모두 파산하고 말았다. 대부분의 주식은 휴지 조각으로 변해버렸다. 경제 전문가들이 영원할 것이라고 믿었던 번영은 이제 물거품처럼 사라져 버렸고 마침내 암울하고 고달프기 짝이 없는 고난의 '대공황'이 시작되었다. 사람들은 피땀 흘려 모은 재산이 비누 거품처럼 허망하게 사라져 가는 것을 멍하니 지켜봐야만 했다. 시민들은 휴지 조각으로 변해버린 예금통장만을 바라보며 한숨만 푹푹 내쉬었다. 가난한 사람들은 겨울 내내 떨며 살았다. 거지꼴을 한 아이들은 철조망 사이로 여기저기 석탄을 훔치러 다녔다. 빈민가 어린이들은 영양

실조로 픽픽 죽어갔다. 대도시 빈민 구호소 앞에 긴 줄을 이룬 실업자들은 몸과 마음이 모두 부서져 갔다. 장래에 대한 희망도 사라졌다. 미국에서 시작된 이 경제적 재앙은 전 세계로 퍼지면서 현대 역사에서 가장 최악, 그리고 최장기 불황으로 기억되고 있다.

생산과 수요의 괴리, 주식 광풍

1919년 제1차 세계대전이 끝난 후 1920년대의 미국의 경제는 눈이 부실 정도로 화려했다. 미국 경제의 호황을 선도한 산업은 자동차와 석유, 가전, 건축업이었다. 19세기 후반부터 등장하기 시작한 각종 가전제품들이 1920년대에 들어서면서 본격적으로 일반 가정으로 보급되기 시작했다. 또한 일관작업으로 표현되는 디트로이트의 포드 자동차 회사는 17초마다 1대씩 승용차를 토해내면서 미국인들에게 마이카 시대를 선도했다. 자동차 산업은 석유, 강철, 고무 등의 소비량을 급증케 했고, 또한 기동성이 담보되자 교외 거주자들이 늘기 시작했다. 도시의 팽창에 따라 성장을 거듭하던 건설업도 교외의 주택건설 수요가 증가하자 더욱 호황을 누리게 되었다. 1920년대는 그야말로 '흥청망청 시대'였다. 그러나 이와 같은 10여 년간 지속된 표면적인 대호황 뒤에는 다가올 대붕괴의 조짐이 보이고 있었다.

정부는 대통령부터 나서서 미국은 '기업인들의 나라'라고 나발을

실업자들의 행렬

불어댔다. 따라서 기업인들을 간섭하지 말아야 한다면서 부유한 사람들의 과세를 크게 줄여주었다. 독점금지법도 완화되었다. 주식시세는 아무리 치솟아도 규제를 할 생각조차 안 했다. 이런 정부의 시책은 기업인들을 대만족시켰고 기업인들의 이윤도 함께 치솟았다. 기업가들은 신바람이 났다. 뭐든지 만들기만 하면 팔 수 있다는 생각들로 꽉 차 있었다. 공장은 쉴 새 없이 확장되었고 생산은 급증했다. 반면에 노동자들의 실질소득은 별로 증가하지 않았다. 또한 새로운 비료 및 농기구의 도입으로 농부들의 수확량은 대폭 늘었지만 만성적인 과잉공급으로 농산물 가격은 계속 떨어졌다. 이와 같이 노동자들과 농민들의 구매력 저하는 생산력과 구매력 간의 큰 괴리를 낳았고 이는 곧 대공황을 초래하는 가장 근본적인 요인이 되었다.

1929년에는 전체 인구의 5%밖에 안 되는 부유층이 전국민 소득의 1/3을 차지하고 있었다. 바로 이 고소득층이 주식에 대한 비정상적인 투기 열풍을 주도하면서 주식시장의 거품이 거침없이 부풀어 오르고 있었다. 주가는 기업의 자산 가치나 수익성에 대한 전망과는 상관없이 가파르게 올라가고 있었다. 이렇게 촉발된 주식 광풍은 하층민에게도 불어닥쳐 동네 가게의 주인아저씨, 운전사, 이발사, 구두닦이, 가정주부에 이르기까지 모든 사람들의 화제는 온통 주식 얘기뿐이었다. 이런 상황에서 그동안 곳곳에서 누적되어 오던 불안 요인들이 한순간 폭발한 것이 바로 1929년 10월 24일 목요일이었다. 이날 뉴욕 월가의 증권시장에서는 아침부터 미친 듯한 '팔자' 주문이 폭주하면서 주가가 곤두박질쳤다. 단 몇 시간 만에 파산해 버린 투자가들이 부지기수로 쏟아져 나오면서, 그날 이후 월가에는 뛰어내리려고 고층 빌딩의 창문 앞에 긴 줄이 생겼다는 소문이 파다했다. 심지어 당시 뉴욕의 호텔에서는 문 앞에서 벨 보이가 투숙객에게 "주무실 겁니까? 아니면 뛰어 내리시겠습니까?"하고 물어보는 진풍경이 일어나기도 했다는 얘기가 전해진다.

이 '검은 목요일' 이후, 미국의 수많은 은행과 공장들이 줄줄이 문을 닫고 사람들은 일자리를 잃었으며, 미국과 전 세계 경제는 끝도 모를 침체의 늪으로 빠져 들어갔다. 주식시장의 붕괴는 곧 금융기관의 부실로 이어졌다. 주식에 투자한 기관은 물론 도산한 기업에 대출 자산이 있는 수많은 금융기관들이 연쇄적으로 파산하게 된 것은 오늘날의 예금보험공사와 같은 금융 안전장치가 없기 때문이었다. 11명의 주식 브로커들이 뉴욕 맨해튼의 고층 빌딩에서 떨어져 자살함으로써 시작된 '검은 목요일' 또는 '암흑의 목요일'은 이후 세계경제를 암흑 속에 몰아 넣었다. 특히 1차 세계대전 패전 후 겨우 경제가 살아나던 독일 경제가 미국 공황의 여파로 곤두박질치면서, 거꾸로 히틀러의 나치가 대약진을 하기 시작했다. 당시 히틀러와 나치는 가쁜 숨을 몰아쉬면서 오늘 내일하고 있었다. 그런 히틀러가 미국의 대공황을 계기로 권력을 잡고 제2차 세계대전을 일으키면서 수많은 인명을 희생시키고 전 세계인들의 피눈물을 뿌리게 하는 대재앙을 낳았다. 이 사건이야말로 대공황이 세계사에 끼친 가장 큰 영향 중의 하나일 것이다.

뉴딜 정책

1932년 대공황이 그 절정을 향해 달려갈 때 제32대 대통령으로 루스벨트가 당선되었다. 그가 당선되었을 때 경제 상황은 참으로 암울하기 이를 데 없었다. 문을 닫는 공장은 부지기수였고, 농장 폐쇄도 기하급수적으로 늘어났고, 은행 도산도 쓰나미처럼 밀어 닥쳤다. 새로운 대통령 루스벨트는 남북 전쟁 이래 최악의 불리한 상황에 맞닥뜨렸다. 썰렁하고 음침하기 짝이 없는 날의 취임 연설에서 그는 "우리가 두려워해야 할 것은 두려움 그 자체이며 무엇보다도 지금 당장 시급한 것은 무엇인가를 시도해야한다는 것"이라고 말했다. 그리고 "위급한 상황에 대처해 싸울 수 있는 광범한 행정권"을 달라고 국민들에게 요구했다. 최악의 경제를 살리기 위한 루스벨트의 '뉴딜정책'은 즉각 실행에 옮겨졌다. 먼저 풍비박산이 된 금융제도의 안정화에 손을 대었다.

루스벨트가 취임할 당시 미국 전체 은행의 80%가 문을 닫고 있었다. 취임 이튿날 루스벨트는 재무상태가 건실한 은행에 대하여 다시 영업을 하도록 했다. 예금자의 돈은 새로이 발족한 연방예금보증공사에서 찾을 수 있도록 보장했다. 그리고 그의 전매특허가 되다시피 한 라디오 '노변담화'[5]에서 "이제 금융 제도는 안정되었습니다."라고 국민들을 안심시켰다. 그러나 뉴딜정책의 즉각적이고도 중요한 정책은 가장 가난한 사람들에 대한 직접적인 구호제도에서 구현되었다. 이 제도를 통해 먼저 실업자들에 대한 직접적인 자금이 지원되었다.

또한 농산물의 과잉생산과 가격하락으로 절망에 빠진 농민들을 위해 연방보조금을 지원했다. 은행의 파산을 막기 위한 은행구제법을 도입했고, 테네시강 유역 개발을 통하여 일자리 창출을 시도했다. 아울러 노조를 활성화시키면서 노동자의 권리를 보장하도록 했다. 주 44시간 근로시간제와 최저임금제도를 실시하여 장시간 노동자를 혹사하는 기업들은 더 이상 발을 못 붙이게 했다. 이제 기업인들은 그들이 독점을 향유하던 힘을 노동자와 농부들과 나누어 가질 수밖에 없었다. 또한 노령연금, 실업보험, 건강보험 제도 등을 도입하면서 사회안전망을 구축해 나가기 시작했다.

처음에는 뉴딜 정책에 대해서 열렬한 지지자와 반대자가 있었다. 지지자는 이것이 국가를 구제할 것이라고 주장했고, 반대편은 정부가 민간시장에 과도하게 개입한다며 '빨갱이 짓'이라고 떠들어댔다. 뉴딜은 경제적 방임주의 입장에서 수동적이었던 국가를 간섭주의 국가로 만들어놓았다. 또한 소득 분배의 공평을 기하고 사회보장의 필요성을 인식시켰다. 정치적으로는 하층 중산 계급과 노동자 계급이 크게 대두됐다. 뉴딜을 지지한 사람들은 주로 이 계층에 속한 사람들이었다.

뉴딜은 미국의 경제를 단시간에 살려내지는 못했다. 1938년에도 실업자는 여전히 천만 명에 이르렀다. 경제 회복은 지지부진했다. 여러 정책 간의 충돌도 있었고 급히 실행에 옮기느라고 다듬어지지 못했던 면도 있었다. 일관성도 없었고, 또 언제나 능률적이지도 못했다. 특히 세계 각국은 각자도생했기 때문에 오늘날과 같은 긴밀한 협조 관계는 꿈도 꾸지 못했다. 그러나 뉴딜은 구렁텅이에 빠진 미국민들에게 고난을 버텨낼 수 있는 힘을 실어주었다. 뉴딜은 자본주의를 고삐 풀린 망아지 같던 무절제 상태에서 구출했고, 경쟁적인 사회세력들 사이에 보다 공평한 균형을 확립할 수 있도록 했다.

1939년이 되어 제2차 세계대전의 기운이 감지되면서 경제는 점차 살아나기 시작했다. 이듬해부터 전쟁이 본격화되자 전쟁 특수 경기가 미국 경제를 살리기 시작했다. 공장 가동률은 빠른 속도로 본 궤도로 진입하기 시작했고 실업률은 급속도로 떨어졌다. 1945년 전쟁이 끝나자 미국은 완전히 경제가 회복되었고 세계 최고의 부국으로 발돋움했다. 루스벨트 이후 미국은 역사상 가장 양극화가 감소되었고 중산층이 가장 두터워졌던 시절로 기억되고 있다.

프랭클린 루스벨트

1882년 뉴욕주 업스테이트Upstate의 허드슨강변 동쪽 언덕에 위치한 하이드 파크Hyde Park에서 출생했다. 루스벨트는 부유한 가정 형편 덕분에 개인 교습을 받고 사립학교에 다녔다. 어려서부터 유럽 여행을 다니는 등 풍족하고 귀족적인 분위기에서 성장했다. 그의 교양은 귀족적이었으나 신념은 민주주의적이었다. 특히 그의 성장기에 대통령으로 명성을 날리던 시어도어 루스벨트Theodore Roosevelt(제26대)[6]는 먼 친척 형뻘로 정신적 지주가 되었다. 그의 부인이 된 사촌 누이 엘리너 루스벨트Eleanor Roosevelt는 시어도어 루스벨트의 조카로 부친을 일찍 여의었기 때문에 1905년 그들의 결혼식에는 현직 대통령이 신부를 데리고 입장해 화제가 되었다.

엘리너 루스벨트는 훌륭한 성품과 높은 지성으로 대중의 인기를 모으고 있었기 때문에 루스벨트의 든든한 정치적 자산이 되었다. 그러나 루스벨트는 뒷날 대통령이 된 다음에는 엘리너의 비서였던 루시 머서 Lucy Mercer와 노골적인 애인관계를 지속했다. 아울러 그는 서른 해를 같이 산 아내 엘리너를 마치 옛날 유럽의 군주시대에 왕왕 있었던 정략결혼의 존중받는 배우자처럼 대했다. 실제 루스벨트는 대통령이 되기 전 엘리너와 이혼하고 루시와 결혼하려고 했으나 어머니가 결사적으로 반대하고 주위에서 정치적 타격을 염려해 말리는 바람에 무산된 적이 있었다. 그는 하버드대학교와 컬럼비아 로스쿨을 나와 변호사로 활동하다가 1910년 뉴욕주 상원 의원에 당선되어 정계에 입문했다. 처음에 동료의원들은 그를 단지 잘생긴 경량급 정치인 정도로만 생각했다.

한편 제28대 우드로 윌슨Woodrow Wilson 대통령이 그를 해군성 차관보로 임명해 그는 제1차 세계대전 당시 중요한 해군 전략 수립에 간여했으며 탁월한 능력을 인정받았다. 그러나 연방 상원 의원 선거에서 패배했으며 38세의 젊은 나이로 제임스 콕스James Cox 대통령 후보의 러닝메이트로 출마해 고배를 마시기도 했다. 엎친 데 덮친 격으로 잠시 금융회사의 임원으로 있을 때, 척수성 소아마비에 걸려 양다리를 못쓰게 되었다. 당시 주변 사람들은 그의 정치적 생명이 끝난 것으로 생각했다.

그러나 그는 끝내 의지를 잃지 않
았다. 3년 동안 투병 생활을 한 뒤
기적적으로 휠체어를 타고 움직일
정도로 회복했다. 1924년 그가 휠체
어를 타고 민주당 전당대회장에 나
타났을 때 모든 사람들은 깜짝 놀랐

루스벨트 대통령의 노변담화 모습

다. 목발에 의지해 단상에 기대서 연설할 때에는 그의 인간 승리의 모습
에 감동적인 환호를 보냈다. 그 후 1928년 뉴욕 주지사로 화려하게 정계
에 복귀했고 결국엔 대통령 자리에 올랐다. 대통령에 취임한 후 인간적이
고 뛰어난 매력과 친근감, 청산유수 같은 말솜씨, 인재를 보는 능력, 탁월
한 정치 감각을 발휘했다. 루스벨트는 제2차 세계대전 막바지인 1945년
4월 12일, 조지아주 웜스프링스Warm Springs에 있는 자신의 별장에서 오랜
연인인 루시 머서와 함께 있다가 뇌일혈로 숨을 거두었다. 아내인 앨리너
가 워싱턴을 떴다 하면 백악관으로 바로 불러들이곤 했던 애인 루시 머
서와 최후의 순간에도 같이했다.

루스벨트는 엄청나게 말을 잘했다. 말의 달인이었다. 그가 하는 말에
최면이 걸린 상대방에게 아양을 떨고 웃고 이런저런 이야기를 하면
서 결국엔 두 손을 들게 만들었다. 그는 자기를 찾아온 사람들을 솔직
함과 상냥함, 활달함으로 완전히 사로잡았다. "루스벨트의 이런 현란한
말빨에 홀려 얼떨떨해져 집무실 문턱을 나갈 때까지 상대방은 그가 들
고 온 요청이나 질문 같은 것은 아예 까맣게 잊어버리곤 했다(존 키건,

『제2차세계대전사』, p806)."

자기가 고안한 노변담화도 국민을 상대로 한 최고의 통신 매체였다. 라디오로 가족이나 개인에게 다가가는 호소의 달인 역할을 충분히 발휘했고 미국인들의 마음을 사로잡았다. 기자회견도 솔직함을 앞세운 최고의 정견 발표장이었다.

1. 헨리 폰다

헨리 폰다는 〈농부는 아내를 구했다The Farmer Takes a Wife〉로 스크린에 데뷔했다. 1939년 그는 존 포드 감독이 연출한 첫 영화 〈젊은 링컨〉에 출연했고 이어 〈모호크족의 북소리〉와 그를 아카데미 후보에 올려놓은 〈분노의 포도〉 등 존 포드 영화 두 편에 더 출연했다. 제2차 세계대전 당시 미 해군 함정을 배경으로 한 코미디 연극 〈미스터 로버츠Mister Roberts〉에 출연하면서 폭발적인 인기를 모았다. 1955년, 존 포드는 이 영화를 기획하는 단계에서 폰다와 주먹까지 오고가면서 큰 갈등을 빚었다. 결국 포드는 감독 역할을 그만두었고 이후 두 사람은 서로가 보려고도 하지 않았다.

이후 폰다는 히치콕의 〈오인The Wrong Man〉과 시드니 루멧Sidney Lumet의 〈12명의 성난 사람들12 Angry Men〉, 〈핵전략 사령부Fail-Safe〉에서 탁월한 연기를 선보였다. 세르지오 레오네Sergio Leone의 마카로니 웨스턴인 〈옛날 옛적 서부에서C'Era Una Volta Il West, Once Upon A Time In The West〉에서는 평소의 이미지와 반대로 냉혹한 악당을 연기했다. 그는 딸인 제인 폰다Jayne Fonda가 어렸을 때, 자신의 앞에서 흑인을 비하하는 말인 '니거nigger'(깜둥이)라는 말을 쓰자 따귀를 갈길 정도로 진보적인 인물이었다. 75세 때 마지막 작품으로 〈황금 연못 On Golden Pond〉에 출연해 아카데미 남우주연상을 수상했고 이듬해 이승을 하직했다.

2. 존 포드

존 포드는 1885년 미국 메인주에서 아일랜드 이민의 후예로 태어났다. 그는 잭 포드란 이름으로 1917년에 그의 첫 작품 〈토네이도Tornado〉를 연출했다. 이어 〈철마The Iron Horse〉, 〈세 악당3 Bad Men〉 같은 무성영화 시대의 웨스턴을 만들어 내게 되는데, 그는 이 시기부터 바깥에서 이루어지는 액션 장면에 장쾌한 장면을 삽입하면서 스토리 외에 시각적인 면에도 중요성을 두기 시작했다. 1930년대는 포드에게 좀 더 개인적인 색채가 짙은 영화들을 만들어내기 시작한 시기였다. 1935년 아일랜드 혁명의 무용담을 그린 영화 〈정보원/밀고자The Informer〉로, 최초로 아카데미상을 탔고, 1939년에는 〈젊은 링컨Young Mr. Lincoln〉과 〈모호크족의 북소리Drums Along The Mohawk〉, 그리고 그의 초기 걸작이자 대표작이 된 〈역마차Stagecoach〉를 만들었다.

그는 1940년 〈분노의 포도〉, 1941년 〈나의 계곡은 푸르렀다How Green Was My Valley〉로 연속 아카데미상을 수상하며 감독으로서 완숙한 기량을 선보였다. 서부극 중에 가장 낭만적인 작품이라는 〈황야의 결투〉와 기병대 삼부작 〈아파치 요새Fort Apache〉, 〈노란 리본She Wore a Yellow Ribbon〉, 〈리오 그란데Rio Grande〉를 만들며 서부극의 거장으로 자리를 잡았다. 포드는 1956년 그의 진정한 걸작으로 꼽히는 영화 〈수색자The Searchers〉와 〈리버티 밸런스를 쏜 사나이The Man Who Shot Liberty Valance〉를 발표했다. 이 영화들은 서부의 사라져 가는 영웅, 서부극에 대한 고별사와도 같은 작품이었다.

3. 롱 테이크

롱 테이크는 하나의 장면을 길게 촬영하는 것을 말한다. 일반적으로 영화의 평균 장면은 10초 내외다. 반면에 1~2분 이상의 장면이 진행되는 것을 롱 테이크라고 한다.

4. 대평원

북아메리카 대륙의 일정 지역을 말한다. 북쪽으로는 캐나다 국경에 이르고 서쪽으로는 록키산맥과 닿아 있으며 동쪽으로는 미시시피강과 미주리강 유역에 접해 있다. 미국 국토 전체의 3분의 1을 차지한다.

5. 노변담화

이 담화는 루즈벨트 대통령 취임 직후인 1933년 3월 12일 은행업에 관한 담화를 시작으로, 1944년까지 총 30회에 걸쳐 저녁 시간에 행해졌다.

6. 시어도어 루스벨트

미국 제26대 대통령으로 20세기 최초의 미국 대통령이자, 최연소 대통령이기도 하다. 그리고 전임자 승계 대통령 중 처음으로 재선된 대통령이다. 내정에서 그가 보인 여러 진보적인 정책들로 좋은 평가를 받았다. 다혈질에다가 전쟁광이었다. 또한 열렬한 인종주의자이자 사회진화론자로서 미국 우선주의의 신념을 품고 있었다. 그리고 이러한 성향은 미국이 제국주의 국가로 변모하는 계기가 되었다. 러일 전쟁의 종전을 중재한 공로로 노벨 평화상을 수상했다.

〈빠삐용〉

앙리 샤리에르 이야기

I. 영화 〈빠삐용〉

원제: Papillon
감독: 프랭클린 샤프너
원작: 앙리 샤리에르
제작: 로버트 도프먼
각본: 달턴 트럼보
음악: 제리 골드스미스
출연: 스티브 맥퀸, 더스틴 호프먼, 빅터 조리, 돈 고든, 앤서니 저브
제작 연도: 1973년
상영 시간: 150분
같은 소재의 영화: 〈빠삐용〉(2019)

아카데미가 외면한 걸작 중 대표적인 영화 중의 하나가 바로 1973년작 〈빠삐용-Papillon〉이다. 프랑스인 앙리 샤리에르Henri Charriere의 자전적 소설을 영화화한 〈빠삐용〉은 개봉 즉시 전 세계적인 화제를 불러일으켰고, 흥행도 크게 성공했다. 우리나라에는 1년 뒤인 1974년에 개봉했는데 비수기인 9월 개봉에도 매진 사태를 불러일으키며 그해 최고 흥행작이 되었다.

'빠삐용'이란 앙리 샤리에르의 나비 문신을 두고 남들이 별명으로 붙여 준 이름이다.

빠삐용과 드가

1973년 영화들은 이렇다 할 강자가 없이 아카데미에서 후보군이 갈리는 등 난전이었다. 그런데 아카데미 시상식에서는 뜻밖에도 전형적인 오락물 〈스팅The Sting〉에 일곱 개 부문을 몰아주었다. 골든글러브상에는 각본상 노미네이트 외에 아무런 후보에도 오르지 못한 〈스팅〉이 아카데미에서 몰표를 받은 것은 이례적인 결과였다. 상복이 없이 아카데미에서 철저히 외면받은 〈빠삐용〉이었지만 시간이 지나도 꾸준히 불멸의 명작으로 평가받는 영화가 바로 〈빠삐용〉이다.

주인공 빠삐용 역은 1960~1970년대의 인기 스타 스티브 맥퀸Steve Mcqueen[1]이 연기했다. 스티브 맥퀸은 원래 연기파 배우라기보다는 전형적인 액션 배우로 오락 영화의 아이콘처럼 인식되었던 배우였다. 그런데 이 〈빠삐용〉에서는 정말로 일생일대의 명연기를 보여주었다. 기존의 자유분방한 모습보다 감옥 안에서 처절하게 생존 싸움을 벌이는 죄수 역할을 리얼하게 해냈다. 이미 〈대탈주The Great Escape〉, 〈네바다 스미스 Nevada Smith〉, 〈블리트Bullitt〉 같은 역작을 통해 인기 가도를 달리던 대스타 스티브 맥퀸은 이 영화에서 혼신을 다한 명연기를 보여주었다. 그와 함께 공연한 명배우 더스틴 호프먼Dustin Hoffman[2] 역시 영화 〈졸업 The Graduate〉에서 보여준 청년 이미지에서 벗어나 빠삐용의 동료 드가 역을 매우 감동 있게 연기했다.

〈혹성 탈출Monkey Planet , Planet Of The Apes〉, 〈패튼 대전차 군단Patton〉
이라는 걸출한 영화를 연달아 연출했던 실력파 감독 프랭클린 샤프너
Franklin Schaffner[3]가 감독을 맡았다. 그리고 달턴 트럼보Dalton Trumbo[4]의
완벽한 각본과 샤프너와 콤비를 계속 이루었던 제리 골드스미스Jerry
Goldsmith의 애절한 음악, 프레드 코엔캠프Fred Koenkamp의 완벽한 촬영
등 모든 면에서 최고의 영화였다. 아카데미가 공정했다면 작품상, 감독
상, 남우주연상, 조연상, 각본상, 촬영상 정도는 거머쥘 만한 영화였다.
〈패튼 대전차 군단〉에서 프랭클린 샤프너 감독을 우대했던 전력이 있
어서인지 3년 뒤에 만들어진 〈빠삐용〉에서는 걸맞은 대접을 하지 않은
셈이다. 골드스미스의 주제곡에 가사를 붙인 'Free as the wind'라는
노래는 왕년의 명가수 앤디 윌리엄스Andy Williams가 불러 히트를 쳤다.

한편 이 영화는 2시간 30분에 달하는 대작인데도 시작부터 엄청난
몰입도를 불러오는 영화다. 최고의 배우들과 스태프가 함께 모여서 만
든 최고의 영화로, 실화를 바탕으로 한 영화라는 흥미로움을 기본적
으로 갖추고 있다. 동시에 감옥이라는 공간에서 벌어지는 길들여짐과
자유에 대한 갈망이 상당히 절절
하게 묘사된 영화다. 50세의 나이
로 비교적 일찍 세상을 떠난 스티
브 맥퀸이 20여 년간의 연기 생활
중에서 가장 자랑스럽게 남긴 영화

마지막 포옹을 하고 있는 빠삐용과 드가

라고 할 수 있다. 영화 마지막 부분인 절벽에서 빠삐용이 뛰어내리는 장쾌한 장면은 하와이의 마우이Maui 섬에서 촬영했다. 물론 스턴트맨이 뛰어내렸지만 영화사상 최고의 명장면 중의 하나로 팬들의 기억에 오래도록 남을 것이다.

II. 앙리 샤리에르 이야기, 악마의 섬 디아블

빠삐용의 실제 주인공, 앙리 샤리에르의 인생

영화 〈빠삐용〉의 원작은 조국 프랑스의 잘못된 사법 체계에 맞서 목숨을 걸고 자유를 찾으려고 처절하게 사투를 벌였던 사나이, 앙리 샤리에르의 특급 모험담을 담은 자서전이다. 이 책은 우리에게 "도대체 법과 정의란 무엇인가?"를 되짚게 만드는 독특한 서사시이기도 하다.

샤리에르는 남부 프랑스 아르데슈Ardeche에서 태어나 18세 때인 1923년 프랑스 해군에 근무하다가 제대했다. 그 후 파리 몽마르트르에서 포주 노릇을 하는 등 건달 생활을 했다. 감옥에 들어오기 전에 한 번 결혼을 했었고 딸이 한 명 있었다. 1931년 10월 16일, 당시 스물다섯 살이던, 일명 '빠삐용(프랑스어로 나비라는 뜻)'으로 불리던 샤리에르의 젊음을 통째로 구렁텅이로 빠트린 것은 프랑스

앙리 샤리에르

의 사법 체계였다. 그날, 그는 몽마르트르에서 포주 롤랑 프티Roland Petit 살해 사건의 용의자로 체포되었다. 샤리에르는 혐의를 강력히 부인했지만 법원은 그에게 10년의 중노동형을 언도했다. 그리고 남미 프랑스령 기아나의 생 로랑St-Laurent 감옥으로 이송된다. 당시 그의 나이 26세였다.

생 로랑 감옥소는 서로 다닥다닥 붙은 150개의 독방들과 각 독방에는 작은 철문 하나만 달랑 나 있는 끔찍한 곳이었다. 이곳은 타오르는 분노와 복수의 일념이 밑바닥까지 떨어진 샤리에르를 재빨리 일으켜 세웠다. 그는 될 수 있는 한 빨리 탈옥을 해야겠다는 결심을 굳혔다. 그가 탈옥 후 제일 먼저 손볼 놈은 폴랭Paulin이라는 위증자였다. 그다음에는 그를 지옥으로 처넣은 검사 프라델Pradel이었다. "그는 처음 프라델을 만난 순간 그가 이렇게 말한 것을 똑똑히 기억하고 있었다. '이봐, 내 손아귀에서 빠져나갈 수 있다고 생각하면 큰 오산이야. 맹수의 앞발 같은 내 손은 너를 갈가리 찢을 발톱이 내 영혼 속에 있지. 그러니까 변명 같은 건 아예 생각하지 말고 가만히 입 닥치고 있으라구(앙리 샤리에르, 『빠삐용』, p17).'" 이 저주 같은 말을 가슴 깊이 되뇌이면서 샤리에르는 자유와 복수를 향한 투쟁의 칼날을 갈기 시작했다.

1933년 11월 28일, 샤리에르는 첫 번째 탈옥을 시도했다. 동료 죄수들인 마뜨렛뜨Maturette, 끌루지오Clousiot와 함께였다. 이 날 세 죄수는 카옌Cayenne 수용소의 병원 담을 넘어 나환자 수용소로 향했고, 그곳에서 보트를 사서 바다로 나갔다. 이들은 콜롬비아 북부의 해안마을

리오아차Riohacha에 도착했으나 둘은 잡히고 샤리에르만 탈출했다. 그는 과지라Guajira라는 인디오들의 마을에서 몇 달을 지냈지만 이 마을을 떠났다. 나중에 샤리에르는 이 마을을 떠난 것을 후회하기도 했다. 과지라 마을을 떠나온 지 채 며칠이 지나지 않아 묵고 있던 수녀원 원장의 밀고로 기아나 수용소로 다시 잡혀 갔다. 샤리에르는 이후 11년 동안 무려 여덟 차례에 걸쳐 탈옥을 시도했으나 번번이 실패했다. 그리고 다시 감옥으로 끌려 올 때마다 간수들의 가혹행위는 더욱 악랄해졌다.

그래도 절망에 빠지려 할 때마다 샤리에르는 희망의 끈을 놓지 않았다. 그는 최후의 탈출지로 '수용자들의 무덤'이라 불리는 디아블diable(악마의 섬)[5]을 택했다. 오래전 죄 없는 알프레드 드레퓌스Alfred Dreyfus[6]가 사형선고를 받은 뒤 홀로 앉아 새로 살아갈 희망과 용기를 다졌다는 섬의 꼭대기 벤치에 앉아 마지막 기회를 탐색했다. 그리고 마침내 탈출구를 찾아냈다. 영화 〈빠삐용〉의 마지막을 장식했던 불후의 명장면, 주인공 스티브 맥퀸이 코코넛 부대 두 개를 뗏목 삼아 바다로 뛰어들기로 결심한 것은 바로 이 드레퓌스 벤치에서였다. 정오부터 해질녘까지 어김없이 7번의 파도가 밀려오는데 마지막 7번째 파도가 핵심이었다. 이 파도는 바로 전의 6번의 파도들과는 달리 큰 덩어리로 밀려 왔다가 세차게 섬을 때리고 외곽으로 밀려 나가는 것이었다. 이 파도를 제대로 타기만 하면 되는 것이었다. 드디어 1941년, 샤리에르는 영화에 나오는 것처럼 코코넛 열매가 든 자루 두 개를 연결한 뗏목으로 동료 죄수 실뱅Sylvain과 함께 악마의 섬 탈출에 성공했다. 그러나 실뱅은 중간에 유사流沙, quicksand라는 모래구덩이에 빠져 죽었다. 샤리에르는 영국령 조지타운Georgetown을 거쳐 1년 동안 베네수엘라에서 감옥살이를 마치고 베네수엘라 시민권을 얻는 데 성공했다.

1945년, 완전히 자유의 몸이 된 샤리에르는 베네수엘라에 정착해서 베네수엘라 여자와 결혼했고 식당을 운영했다. 한때 그가 유형 생활을 했던 악마의 섬 감옥소는 1953년 8월 22일에 폐쇄되었다. 샤리에르는 베네수엘라에서 악마의 섬 탈출자라고 알려지면서 유명 인사가 되었다. 텔레비전 프로그램에 종종 출연하기도 했다. 샤리에르는 처음에는 자신의 모험담을 쓸 생각을 안 했었다. 그러다가 어느 날 카라카스에서 알베르틴 사라쟁이라는 자그마한 흑인 여성이 자신의 탈출과 수감 생활에 대한 이야기를 책으로 썼다는 신문기사를 가슴에 새겨 두었다. 그리고 마침내 1969년 자신의 자전소설을 출간했다. 앙리 샤리에르가 자신의 수형 생활과 탈옥 과정을 그린 자전소설 『빠삐용』은 발표되자마자 프랑스를 비롯한 17개국에서 번역되어 출간되었고, 전 세계적으로 1,300만 부가 팔려나가는 초베스트셀러가 되었다. 샤리에르는 자유의 몸이 된 뒤 딱 한 번 꿈에도 그리던 파리를 방문했었다. 그러나 파리에는 겨우 8일밖에 머무르지 않았다. 그가 파리로 돌아온 이유는 자신을 누명 씌운 검사 프라델에게 복수하려는 마음 때문이었는데 그러나 복수가 덧없다고 생각해서 단념하였다고 한다.

1973년 그의 저서를 원작으로 해서 샤프너 감독이 만든 영화 〈빠삐용〉이 개봉되어 흥행 대박을 쳤다. 영화 촬영 중이던 빠삐용 역의 스티브 맥퀸과도 만났고 영화에 대한 조언도 했고 완성된 영화도 보았다. 그리고 얼마 뒤인 7월 29일, 스페인 마드리드에 있는 한 병원에서 후두암으로 사망했다. 향년 67세였다.

1. 스티브 맥퀸

결손가정에서 태어난 맥퀸은 외롭고 힘든 어린 시절을 보냈다. 해병대 근무를 마치고 1956년 폴 뉴먼이 주연한 〈상처뿐인 영광Somebody Up There Likes Me〉에서 단역으로 출발한 스티브 맥퀸은 불과 2년 뒤에 주연급 배우로 발돋움했다. 그가 스타덤에 오르고 1960년대를 대표하는 최고의 인기 배우가 된 것은 명장 존 스타제스John Sturges 감독과의 만남에서였다. 스타제스 감독은 그를 율 브리너Yul Brynner가 주연한 걸작 서부극인 〈황야의 7인The Magnificent Seven〉에 비중 있는 역할을 맡겼다. 그리고 3년 뒤인 1963년 드디어 같은 존 스타제스의 영화에서 제1주연으로 등장한다. 바로 탈주 영화의 대명사가 된 〈대탈주The Great Escape〉였다. 〈대탈주〉 이후 스티브 맥퀸의 앞날은 그야말로 순탄 대로였다. 이후 1966년 〈네바다 스미스Nevada Smith〉라는 서부극에 출연했고 같은 해에 〈사운드 오브 뮤직The Sound Of Music〉의 감독 로버트 와이즈Robert Wise의 전쟁 로맨스 대작인 〈산 파블로The Sand Pebbles〉에서 주인공 역을 맡았다.

1972년 '폭력과 미학의 거장'이라고 불리는 샘 페킨파Sam Peckinpah 감독의 범죄 액션물인 〈겟 어웨이〉에서 스티브 맥퀸은 〈러브 스토리〉의 알리 맥그로Ali MacGraw와 짝을 이루어 멋진 액션과 터프함을 보여주었다. 이 두 사람은 이 영화 촬영이 끝난 후 결혼에 골인했다. 1970년대에 들어와 출연한 〈빠삐용〉은 그의 영화 이력에서 큰 획을 긋는 작품이 되었다. 1980년, 50세라는 비교적 이른 나이로 그는 심장마비로 숨을 거두었다. 50년이라는 짧은 인생을 살았던 그는 언제나 〈빠삐용〉의 주인공처럼, 나비처럼 자유롭게 살아갔던 스타였다.

2. 더스틴 호프먼

더스틴 호프먼은 왜소한 체구와 작은 키에도 불구하고 뛰어난 연기로 관객들을 끌어당기는 40여 년의 연기 생활을 지속해 왔다. 1988년에 〈레인 맨Rain Man〉으로 두 번째 아카데미 남우주연상을 수상했다. 〈레인 맨〉 이전에 그는 〈작은 거인Little Big Man〉과 〈어둠의 표적 Straw Dogs〉, 〈빠삐용〉, 〈모두가 대통령의 사람들All The President's Men〉, 〈마라톤 맨Marathon Man〉, 그의 첫 아카데미 남우주연상 수상작인 〈크레이머 대 크레이머Kramer Vs. Kramer〉, 〈투씨Tootsie〉 등으로 빼어난 연기들을 선보였다.

3. 프랭클린 샤프너

〈빠삐용〉, 〈혹성 탈출〉과 〈패튼 대전차 군단〉으로 너무나 유명한 프랭클린 샤프너 감독은 1920년 5월 30일, 일본 도쿄에서 미국 선교사 아들로 태어나 미국 TV 황금시대에 활동을 시작한 감독이다. 그는 컬럼비아대학교에서 법학을 전공하고 브로드웨이와 CBS에서 TV 연출로 경력을 시작했다. 이후 여러 TV물과 영화들을 연출하다가 1965년에 제작된 광대한 대서사극 〈워 로드The War Lord〉(대장군)에서 대배우 찰턴 헤스턴과 인연을 맺었다. 이어서 샤프너 감독은 1968년 그를 다시 주연으로 내세운 〈혹성 탈출〉을 만들었다.

이어 다음 작품 〈패튼 대전차 군단〉은 아카데미 일곱 개 부문을 석권하면서 자신도 감독상을 수상하는 영광을 안게 된다. 3년 후에 만든 〈빠삐용〉은 인간 자유에 대한 날카로운 통찰을 보여준 작품으로 높은 평가를 받았다. 이와 같이 그는 큰 스케일의 서사시적인 작품으로 성공을 거뒀고, 다작을 하지 않았다는 점에서 종종 데이비드 린David Lean과 비견되기도 한다. 30년간에 걸쳐 연출 활동을 했던 그는 월남전에서 귀향한 주인공의 방황을 그린 마지막 작품 〈웰컴 홈Welcome Home〉을 마지막으로 1989년 6월 2일 미국 캘리포니아 산타모

니카Santa Monica에서 숨을 거두었다.

4. 달턴 트럼보

그는 1940년대 할리우드 영화 황금기에 40여 편 이상의 영화 각본을 쓴 천재 시나리오 작가였다. 하지만 1950년대에 휘몰아친 빨갱이 색출 운동인 매카시McCarthy 선풍에 휩싸여 심한 고초를 겪었다. 이 때문에 그는 약 1년간 감옥살이를 했다. 감옥 안에서도 〈영광의 탈출Exodus〉 등을 비롯한 여러 편의 명 시나리오를 썼다.

그는 나중에 절친한 친구이자 작가인 이안 헌터Ian Hunter를 찾아가 그의 이름으로 영화 〈로마의 휴일Roman Holiday〉 시나리오를 발표한다. 이런 우여곡절 속에 제작된 영화 〈로마의 휴일〉은 그해 아카데미 시상식에서 각본상을 수상했다. 그가 죽은 후에 미국 아카데미협회 는 그의 아들에게 수십 년 전에 영화 〈로마의 휴일〉에 수여했던 아카데미 각본상을 정식으로 다시 수여했다. 그의 대표작으로서는 〈영광의 탈출〉, 〈로마의 휴일〉, 〈스팔타커스〉, 〈빠삐용〉 등이 있다.

5. 악마의 섬

'악마의 섬'은 지구 반대편에 있는 머나먼 식민 유형지로서 탈출은 불가능한 곳이었다. 악마의 섬은 살뤼 제도를 이루는 세 개의 섬 중 하나로, 프랑스령 기아나 해안에서 떨어진 곳에 위치하고 있다. 다른 섬들인 루아얄섬Royal과 생 조제프섬Saint-Joseph에도 감옥이 있었다. 악마의 섬은 가장 유명한 두 죄수 덕분에 그 악명이 높아졌다. 바로 알프레드 드레퓌스와 앙리 샤리에르다. 알프레드 드레퓌스는 악명 높은 잘못된 재판의 희생자였다. 폐쇄된 섬의 감옥은 울창한 덩굴식물로 뒤덮인 건물로 남아 지금은 관광 명소가 되었다.

6. 알프레드 드레퓌스

1984년 프랑스의 육군 장교였던 드레퓌스는 독일에 군사기밀을 팔았다는 혐의로 이듬해 기아나의 '악마의 섬'으로 유배되었다. 재심 청원 운동, 참모본부의 정보 국장 피카르Picard 에 의한 폭로와 진범인 에스테라지Esterházy의 체포, 군법회의의 재판 수속의 비합법성 폭로 등으로 세론世論이 비등했다. 특히 1898년 작가 에밀 졸라Emile Zola가 탄핵문 "나는 규탄한 다J'accuse"를 발표한 후, 드레퓌스는 결국 무죄가 확인되어 복권되었다. 제1차 세계대전에 참 전했고, 중령이 되어 퇴임했다.

9장

〈새벽의 7인〉

프라하의 도살자 하이드리히 암살 작전

I. 영화 〈새벽의 7인〉

원제: Operation Daybreak
감독: 루이스 길버트
원작: 앨런 버제스
각본: 로널드 하우드
음악: 데이비드 헨트셀
출연: 티모시 보톰스, 마틴 쇼, 니콜라 파케트, 죠스 어클랜드
상영 시간: 118분
제작 연도: 1975년
같은 소재의 영화: 〈철의 심장을 가진 사나이〉(2017), 〈앤트로포이드〉
(2018)

이 영화는 원작인 앨런 버제스Allan Burgess의 실화 소설 『새벽의 7인
Seven Men at Daybreak』을 토대로 만들어졌다. 007 영화를 세 편이나 만
든 루이스 길버트Lewis Gilbert 감독의 이 영화는 특별히 긴말이 필요 없
을 정도로 깔끔하게 만든 전쟁물이다.

〈태양은 가득히Plein Soleil, Purple Noon〉, 〈시실리안Le Clan Des Siciliens,

The Sicilian Clan〉, 〈암흑가의 세 사람Le Cercle Rouge, The Red Circle〉 등을 촬영한 세계적인 촬영감독인 프랑스의 앙리 데카에Henri Decae가 잡아낸 체코 프라하의 적막해 보이는 광장과 건물 등이 이 영화의 비극적인 분위기를 한껏 고조시킨다. 지금으로부터 70여 년 전, 조국이란 그 이름 하나에 자신의 모든 것을 바쳤던 젊은이들의 눈물과 회한이 가슴 한구석을 먹먹하게 만드는 영화다.

원래 영화 제목은 〈Operation Daybreak새벽 작전〉인데 한국에서는 1976년 추석, 단성사에서 원작의 제목과 같은 〈새벽의 7인〉이란 타이틀로 개봉되었다. 개봉 당시엔 세인의 관심을 별로 끌지 못했는데, 이는 수입사의 홍보가 부족했던 데다가 출연하는 배우들의 인지도가 낮았기 때문이었다. 그러나 이 영화가 개봉되고 관람객들의 입소문에 따라 가히 폭발적인 인기몰이를 하고 당시로선 어마어마한 약 40만의 관객 몰이를 했다. 제2차 세계대전 당시 실화를 영화화한 이 작품은 쓸쓸하고 무겁게 가라앉은 프라하의 거리, 데이비드 헨첼David Hentschel의 묵직하고 장중한 음악, 격렬한 총격전과 비극적인 최후 등이 영화 전편에 잘 녹아 있다.

이 영화는 1942년 체코에서 체코 망명 정부군들이 나치의 체코 총독 라인하르트 하이드리히Reinhard Hey-drich를 암살하는 사건을 다루었다. 당시로서는 처음 선보이는 일레트릭

암살당하는 하이드리히

사운드의 음산한 배경음악이 영화의 비극적 결말을 더욱 부각시키는 효과를 나타냈다. 특히 영화가 시작할 때 "This is True Story(이 영화는 실화다)"라는 소개와 함께 나치에 의해 점령된 조국 체코의 해방을 위해 목숨을 걸고 눈밭에 낙하하는 세 명의 외로운 암살대원들의 비장함이 극적 긴장감을 불러일으켰다.

이전의 전쟁 영화라 하면 일련의 특공대원들이 온갖 역경을 이겨내고 임무를 완수한 후 장렬히 전사하거나 무사 귀환하는 영웅적인 모습을 그리는 것이 일반적이었다. 그러나 이 영화는 임무는 뜻하지 않게 수월하게 완수했지만 대원 중 한 명이 제 처자식만을 위해 조국과 동지들을 배신하면서 생기는 비극을 그린다. 이에 따라 대원들을 포함한 수많은 사람들이 나치에 의해 학살되는 사실적 묘사가 이전의 전쟁 영화 패턴에 익숙했던 관객들에게 색다른 감동을 맛보게 한다.

마지막 장면은 퍽 인상적이었다. 모든 탈출구가 막힌 상태에서 후발대로 합류한 다섯 명의 대원들이 차례로 숨지고 친구 사이인 두 명의 대원(얀 쿠비쉬Jan Kubiš, 요제프 가브치크Jozef Gabčík)만 남는다. 물로 가득 찬

마지막 장면의 얀과 요제프

성당 지하실에서 서로를 껴안은 채 상대의 머리에 비장하게 총을 겨누는 모습은 정말 보는 이들의 눈시울을 뜨겁게 했다.

"총알 남았냐?"

"응, 충분해." 두 사람은 권총을

다시 장전하고…. 곧이어 두 발의 총소리가 들린다. 멜로 영화가 아닌데도 물속에서 살아남으려는 이 두 암살대원들의 애처로운 모습을 보여주는 마지막 5분은 관객들의 눈시울을 뜨겁게 했다.

II. 프라하의 도살자 하이드리히 암살 작전

프라하의 도살자, 라인하르트 하이드리히

골수 나치분자인 라인하르트 하이드리히는 게슈타포와 SSSchutzstaffel(친위대) 보안 방첩부의 수장을 지냈고, 제국 보안 부장과 체코의 총독을 지냈다. 1942년 6월 4일, 영국에서 훈련받은 체코슬로바키아 특공대원들의 공격을 받고 사망했다. 생전에 하이드리히는 '프라하의 도살자', '피에 젖은 사형집행인' 등의 별명으로 불리면서 악명이 높았다. 또한 하이드리히는 유대인 홀로코스트Holocaust(대학살)의 주요 계획자였으며 유대인의 대량 학살 방안을 모색한 1942년 반제Wannsee 회의[1]를 주관하기도 했다.

프라하의 도살자, 하이드리히

독일 라이프치히 근처에서 태어난 하이드리히는 아버지가 음악학교 교장이었고 어머니는 독실한 가톨릭교회 신자였다. 그는 아버지의 영향으로 바이올린의 명수이기도 했고 일과를 마치고서는 음악으로 피로를 풀 정도로 문화적인 냄새도 풍겼다. 나이가 너무 어려 제1차 세계대전에 참가할 수 없었던 하이드리히는 1922년 해군사관학교에 입학했다. 1926년에 해군 소위로 임관한 하이드리히는 발트해 해군기지에서 통신장교로 근무하다가 1928년에 중위로 승진했다. 이후 1930년에 리나 폰 오스텐Lina von Osten과 결혼하여 네 명의 자식을 두었다.

하지만 기혼인 하이드리히는 1931년 5월에 해군 중령의 딸과 비밀리에 교제하다가 들통이 나서 군법회의에 회부되어 불명예제대를 당했다. 그 중령의 딸은 에리히 라에더Erich Raeder[2] 제독과 결혼이 약속되어 있었다. 이런 사유로 하이드리히는 친위대 고관으로 승진한 후에도 해군 총사령관이 된 에리히 라에더와 앙숙이 되어 두고두고 사이가 안 좋았다. 해군에서 쫓겨나온 하이드리히는 한동안은 실직자로 거리를 헤매던 중 나치당 행사장 경비를 맡았다가 평소 지니고 있던 정치 신념과 유사한 나치당에 가입했다. 나치당에서는 하이드리히의 경력을 높이 평가했고 곧 친위대 수장 하인리히 힘러[3]의 눈에 띄어 친위대 SS에 입성했다. 하이드리히는 신참에 불과했으나 해군 정보장교 시절에 익힌 전문 지식과 기술 능력을 힘러가 높이 사서 1931년 가을, SS 내의 정보부대인 보안 방첩대SD의 수장으로 그를 임명했다. 보안방첩대는 나중에 독일군의 폴란드 침공 시(1939년) 폴란드에 전쟁의 발발 책임을 뒤집어 씌우기 위한 정보조작업무를 수행하기도 했다. 하이드리히는 1934년에 제국 원수 헤르만 괴링Hermann Göring으로부터 비밀국가경찰인 게슈타포Gestapo 지휘권까지 넘겨받았다. 이후 보안 방첩대와 게슈타포는 국가보안본부RSHA라는 이름으로 통합되었다. 하이드리히는 1939년 9월 국가보안본부의 초대 수장에 임명되었고 암살당할 때까지 해당 직을 유지하고 있었다.

1941년 9월, 하이드리히는 체코(보헤미아Bohemia와 모라비아Moravia) 총독 콘스탄틴 폰 노이라트Konstantin von Neurath 후임으로 임명되었다. 히틀러는 노이라트가 체코인들을 너무 살살 다루는 꼴이 영 못마땅해하다가 결국은 깡패 같은 하이드리히를 보낸 것이다. 체코를 강압적으로 통치하는 데 하이드리히 만한 적임자는 없었다. 평소에 히틀러는 하이드리히를 "철의 심장을 가진 사나이"라고 칭찬하며 몹시 총애했다. 하이드리히는 공포를 통한 지배 능력을 체코 전역에 과시했으며 이로써 '프라하의 도살자', '금발의 야수', '사형집행인' 등 별로 듣기 좋지 않은 별명이 따라다녔다. 점령군 사령관으로서 하이드리히는 언제나 오픈카를 타고 다니며 자신감을 과시하면서 거들먹거렸는데 이는 결국 그의 죽음을 재촉하는 원인이 되었다.

하이드리히 암살 사건

당시 체코는 독일의 배후 생산기지로서 독일군의 전력 향상에 상당한 역할을 했다. 전력 향상은 하이드리히의 강압적 통치에 의하여 더욱 효과적으로 이루어졌다. 이와 같은 상황을 주시한 영국 수상 윈스턴 처칠은 은밀히 하이드리히의 암살을 지시했다. 이 암살작전은 '안드로포이드Anthropoid'라는 암호명으로 불렸다. 당시 영국에 망명 중이던 체코 군인 출신인 요제프 가브치크 상사와 얀 쿠비쉬 중사 등 10명의 체코 군인이 선발되어 영국 특수작전집행처SOE에게서 암살에 필요한 훈련과 장비를 지급받았다. 암살단은 영국 공군기로 체코 영내에 낙하해 프라하로 잠입했다. 1942년 5월 27일 이른 아침, 암살단은 트로야Troja 다리 앞의 홀레쇼비체Holašovice 거리로 향하는 커브 길에서 프라하에서 20킬로미터 가량 떨어진 판네스케 브레자니 궁전의 숙소를 출발하여 시내의 호라드차니 성의 사령부로 출근하는 하이드리히의 승용차를 기다리고 있었다. 오전 10시 반경에 하이드리히의 벤츠 오픈카가 도달했는데 경호 차량은 없었다.

차량이 커브 길에 접어들면서 속도를 줄이기 위해 브레이크를 밟자 요제프가 차량 앞을 막아서면서 숨겨 가지고 온 스텐기관단총⁴을 꺼내 방아쇠를 당겼다. 하지만 탄환이 약실에 걸려 발사되지 않았는데 놀란 하이드리히는 운전병에게 차를 멈추라고 명령했다. 당황한 요제프가 달아나자 운전병이 그 뒤를 쫓았는데 이 기회를 놓치지 않고 혼자가 된 하이드리히에게 얀이 수류탄을 던졌다. 수류탄은 뒷바퀴에 맞으면서 폭발했다. 이때

얀(왼편)과 요제프(오른편)

수류탄과 차량의 일부의 파편이 하이드리히의 몸속 깊숙이 박혔다. 폭발로 부상을 당한 얀은 자전거를 타고 달아났다. 하이드리히는 자기가 부상당한 줄도 모르고 권총을 쏘아

대면서 요제프를 뒤쫓다가 쓰러졌다. 같이 쫓아가던 운전수도 요제프가 꺼낸 권총에 맞아 부상을 당했다. 하이드리히는 현장을 지나던 프라하 시민에 의해 바로 블로브카 병원으로 이송되었다. 하이드리히 피격의 보고를 받은 히틀러는 친위대 장관인 힘러를 프라하로 급파했다. 힘러는 우수한 친위대 의사들을 대동하고 프라하로 달려왔다. 하이드리히를 수술하기 위해 프라하 카를로바대학교의 홀바움Hollbaum 박사가 수술에 나서 별다른 문제없이 끝났다.

5월 29일부터 하이드리히는 점차 회복하는 듯했다. 사건 발생일로부터 일주일이 지나면서 하이드리히는 회복 기미를 보이다가 갑자기 의식을 잃고 사망했다. 의료진은 하이드리히의 사인을 '혈액 감

하이드리히 장례식 장면

염에 의한 패혈증'으로 진단했다. 그때 그의 나이 38세였다. 하이드리히의 유해는 관 속에 넣어 베를린으로 보내졌는데 6월 9일에 히틀러가 참석한 가운데 성대한 장례식이 이루어졌다. 친위대원들이 나치당의 갈고리 십자기(하켄크로이츠)가 덮인 관을 운송했는데 히틀러는 장례식장에서 다시 한 번 그를 '강철의 사나이'라고 부르면서 무척 애통해했다. 하이드리히의 관은 친위대원들에 의해 거창한 행진 형식으로 운구되어 총통 관저와 국가보안본부를 거쳐 인발리덴Invaliden 묘지에 묻혔다.

그토록 아끼던 하이드리히가 사망하자 화가 머리끝까지 난 히틀러는 힘러에게 철저한 복수를 지시했다. 하이드리히의 살인범을 찾을 때까지 프라하 일대에 사는 주민들을 처단하고 그들의 거주지를 황무지로 만들라고 거품을 물었다. 그러나 독일의 중요한 무기생산 기지인 체코의 상황을 고려하여 대량 학살보다는 본때를 보여주기 위하여 마을 하나를 골라 작살내는 것으로 결정했다.

나치는 1942년 6월 9일 프라하 북서쪽의 마을 리디체Lidice로 들이닥쳤다. 친위대 대원들은 남자 172명을 총살했다. 여자들은 현장에서 일부 총살당하거나 모두 라벤스브뤼크Ravensbrück 수용소로 이송되었다. 학살과 강제 수송이 끝나자 친위대는 리디체를 불사르고 남아 있는 모든 구조물을 깡그리 폭파했으며 잔해를 갈아 없앴다. 지구상에서 리디체란 이름을 아예 말살시키기로 작정한 것이다.

암살에 성공한 대원 일곱 명은 여기저기 헤매다가 성 키릴St. Kiril 교회에 모여 프라하 탈출을 궁리하고 있었다. 그러나 대원의 일원이었던 카렐 추르다Carel Curda 하사가 6월 16일 게슈타포에 자수하면서 암살작전에 대해서 미주알고주알 밀고해버렸다. 암살의 전모에 대해 깜깜했던 게슈타포는 추르다로 인해 암살의 자세한 내막을 알게 되었다. 그러나 정작 추르다는 대원들이 현재 어디에 은신하고 있는지는 몰랐다.

결국 게슈타포는 추르다의 밀고로 그동안 대원들을 보살펴 주던 모라베츠 집으로 들이닥쳤다. 게슈타포가 아파트를 급습하자, 부엌에 있던 모라베츠 부인인 마리 모바레츠Marie Moravec는 그 자리에서 청산가리 캡슐을 깨물고 자살했다. 모라베츠 부자는 게슈타포에 끌려갔다. 아들 아타모바베츠Ata Moravec는 혹독한 고문을 당했다. 혹독한 고문에도 완강히 입을 다물고 있던 아타에게 게슈타포는 그의 어머니의 목을 잘라 어항 안에 넣어서 보여주기까지 했다. 심신이 망가질 대로 망가진 아타는 결국 게슈타포에게 대원들의 은신처를 불고야 말았다.

6월 18일 새벽, 친위대 병력 700여 명이 성 키릴 교회로 출동해 교회를 철통같이 에워싸고 공격 준비를 마쳤다. 곧 게슈타포와 친위대는 교회 내부로 진입하기 시작했다. 예배당을 지키고 있던 대원 세 명은 치열하게 저항했다. 이들은 무려 두 시간에 걸쳐 치열하게 버티다가 사살당했다. 한편 나머지 대원 네 명은 교회 지하실에서 독일군의 공격에 직면했다. 친위대와 게슈타포 측은 이들의 치열한 저항으로 35명이 죽거나 다쳤다. 이들이 쉽사리 항복하지 않자 친위대는 처음에는 가스를 지하실로 뿜어넣었다. 그러나 이것도 여의치 않자 이후 소방차를 동원해 대량의 물을 쏟아 부었다. 결국 나머지 대원 전원은 모두 권총으로 자살했다. 배신자 추르다는 전쟁이 끝난 후 처형당했다.

처칠의 지시로 런던의 특수작전집행처가 수행한 이 작전의 결과, 리디체 마을 주민의 몰살이라는 혹독한 대가를 치르자 더 이상 이와 같은 작전은 전면 중지되었다. 체코는 하이드리히 암살 작전에 성공했지만 많은 희생자를 낳았다. 그러나 이 대가로 영국과 프랑스가 굴욕적으로 맺은 뮌헨 협정[5]을 폐기하고 전쟁이 연합군의 승리로 끝나면 빼앗겼던 '수데텐란트' 지역을 체코슬로바키아로 복귀시키기로 확약받았다.

1. 반제 회의

반제 회의는 1942년 1월 20일 베를린 교외 반제에서 개최된 나치 독일 차관급 수뇌부의 회합을 말한다. 회담을 소집한 것은 국가보안본부장 라인하르트 하이드리히였다. 그는 이 자리에서 유대인 문제의 최종 해결책을 실행에 옮기기 위해 각 행정부처장들에게 협력해줄 것을 요청했다. 이른바 최종 해결책이란 독일 점령지의 유대인들을 한 곳에 모아 모두 죽이는 것을 뜻했다.

2. 에리히 라에더

함부르크에서 출생했다. 제1차 세계대전에서는 독일 정찰 함대의 참모장으로서 유틀란트 앞바다 해전 등에 참가해 명성을 떨쳤다. 전후에는 베르사유조약 아래 독일 해군의 재건에 힘써 해군 참모총장이 되었다. 제2차 세계대전의 발발이 그에게는 예기치 못했던 것이었다. 당초의 작전은 순조롭지 않았고, 얼마 후 대형 군함의 사용과 관련해 히틀러와 충돌해 해임되었다. 국제군사재판에서 종신형을 선고받았다.

3. 하인리히 힘러

뮌헨에서 출생했다. 제1차 세계대전 당시 견습사관이었고 전쟁이 끝난 후 나치당에 입당했다. 1929년 히틀러는 그를 나치스의 친위대장에 임명했고 1933년 정치경찰 장관, 1934년 국가비밀경찰(게슈타포) 장관, 1936년 전 독일경찰 부문의 장관이 되었다. 제2차 세계대전 중에는 유대인 수용소를 설치하고 이들 유대인들을 깡그리 죽이는 데 혼신을 다했다. 전쟁 말기에는 연합국과의 강화를 도모하다가 히틀러에게서 모든 권력을 박탈당했다. 전후에 연합군에게 체포되자 자살했다.

4. 스텐기관단총

기관단총은 소총과 기관총에 비해 사정거리가 짧은 대신 구경이 비교적 크므로 근거리 사격에서 살상 효과가 크다. 스텐 기관단총은 제2차 세계대전 당시 영국군이 독일군의 유럽 침공에 맞설 때 급히 만든 것으로 값싸고 튼튼하고 위력도 강한 기관단총이다. 영화에서 보는 것처럼 고장이 나서 스타일을 구겼지만 실제 고장은 거의 없었다고 한다.

5. 뮌헨 협정

뮌헨 협정은 수데텐란트 영토 분쟁에 관련된 협정으로 1938년 9월 30일 독일 뮌헨에서 영국, 프랑스, 독일, 이탈리아가 체결했다. 히틀러는 체코슬로바키아에서 독일인 거주자 다수 지역인 수데텐란트 할양을 요구했다. 이에 양국 간 군사적 긴장이 커지고 또 다른 세계대전의 발발을 피하고자 했던 영국과 프랑스는 뮌헨 회담을 열어 히틀러의 요구대로 독일이 수데텐란트를 합병하도록 승인했다. 열강들이 나치 독일에 대한 유화 정책에 따라 정작 당사자인 체코슬로바키아는 이 회담에 끼지도 못했다. 오늘날에는 이 뮌헨협정을 '뮌헨 늑약'이라고도 부른다.

〈스팔타커스〉

로마 최대의 노예 반란 스파르타쿠스의 난

I. 영화 〈스팔타커스〉

원제: Spartacus
감독: 스탠리 큐브릭
제작: 에드워드 루이스, 커크 더글러스
원작: 하워드 패스트　　**각본:** 달톤 트럼보
편집: 로버트 로렌스　　**음악:** 알렉스 로렌스
출연: 커크 더글러스, 로렌스 올리비에, 진 시먼스, 토니 커티스, 찰스
　　로턴, 피터 유스티노프, 존 개빈
제작 연도: 1960년　　**상영 시간:** 188분
제작비: 1,200만 달러　　**수익:** 6,000만 달러
같은 소재의 영화: 〈스파르타쿠스〉(2004)

　　영화 〈스팔타커스〉가 만들어진 배경에는 윌리엄 와일러William Wyler 감독[1]의 걸작 영화 〈벤허〉가 있었다. 1959년 가을에 공개된 〈벤허〉는 대작 중의 대작이었다. 영화제작 초기 단계에서 벤허 역으로 거론된 배우는 커크 더글러스와 찰턴 헤스턴이었는데 당시만 해도 헤스턴은 그다지 유명한 배우가 아니었다. 반면에 커크 더글러스는 할리우드에서

내로라하는 명장들과 작업한 대스타였다. 그런 커크 더글러스가 벤허역을 탐내다가 그 역을 윌리엄 와일러의 〈빅 컨츄리The Big Country〉에출연한 찰턴 헤스턴에게 빼앗기자 기분이 몹시 상했다. 그래서 본때를보여주겠다고 자신이 직접 제작하고 지휘할 수 있는 영화를 만들고자생각했고 그렇게 나온 것이 바로 〈스팔타커스〉였다. 와일러 감독은 커크 더글러스에게 영화 〈벤허〉에서 벤허의 적수인 멧살라 역을 요청했는데 거절당했다. 주연 역을 탐낸 커크 더글러스에게 조연 역인 이런제안은 씨도 먹히지 않았다.

하워드 패스트Howard Fast의 소설이 원작인 이 영화는 할리우드의유명한 좌파 달턴 트럼보를 각본가로 영입해 제작되었다. 〈스팔타커스〉의 감독으로 처음에는 〈엘 시드El Cid〉, 〈로마 제국의 멸망The Fall Of The Roman Empire〉을 만든 안소니 만Anthony Mann이 고용되었지만 제작자인 커크 더글러스가 그를 해고했다. 더글러스는 나중에 만 감독이너무 유순해서 그랬다는데 그는 이 점을 항상 미안해했다. 그래서 4년후 영화 〈텔레마크의 요새The Heroes of Telemark〉에서 주연으로 발탁되었을 때 안소니 만이 감독을 맡는다는 조건으로 수락했다고 한다. 만

감독의 후임으로 과거 〈영광의 길 Paths Of Glory〉에서 한 번 호흡을맞춘 적이 있는 영국 출신 스탠리큐브릭Stanley Kubrick 감독[2]이 선택되었다. 그러나 스탠리 큐브릭 역

그물 검투사와 결투를 벌이는 스팔타커스

시 영화 촬영 내내 영화제작에 대한 권한을 행사한 실질 오너인 커크 더글러스와 심각한 갈등을 빚었고, 영화의 완성 이후에 "다시는 이런 핫바지 감독을 안 하겠다."라고 말하기까지에 이르렀다. 더글러스는 로맨스가 짙게 깔린 영웅의 일대기를 만들고 싶어 했고, 다소 냉소적인 큐브릭은 멜로 드라마적 감동을 자아내는 인위적인 설정들이 영 마음에 들지 않았다. 예를 들어 영화 마지막 부분에서 포로가 된 노예들이 너도 나도 일어나서 "I am Spartacus"라고 외치는 장면이 있는데 이건 정말 웃기는 일이라고 이죽거렸다. 작가주의 감독인 카리스마 있는 거장 큐브릭과 기세가 등등한 할리우드 거물인 더글러스와의 만남은 이렇게 불화가 있었으나 다행히 영화는 매우 훌륭한 작품이라는 평을 받았다.

〈스팔타커스〉는 스펙터클한 영상과 멋진 대사, 배우들의 완벽한 연기, 적절한 긴장감의 조율 등 어느 것 하나 〈벤허〉에 모자랄 것이 없었지만 큐브릭에겐 평생 동안 트라우마처럼 따라다니는 영화였다. 이후 공식 자리에서도 종종 〈스팔타커스〉는 자신의 영화가 아니라고 했던 큐브릭에게 이 영화의 촬영은 꽤나 힘든 일이었던 것 같다. 배우 캐스팅도 화려했다. 영국의 명배우 로렌스 올리비에Laurence Olivier[3]가 리키니우스 크라수스Licinius Crassus[4]를, 〈쿼바디스Quo Vadis〉에서 능글맞은 연기를 보였던 피터 유스티노프Peter Ustinov가 약삭빠른 검투사 양성소 소장으로, 준수한 용모의 존 개빈John Gavin이 줄리우스 시저 역할을 맡았다. 고혹적인 자태의 아름다운 여배우 진 시먼스Jean Simmons가 스팔타커스의 연인 바리니아를, 〈바이킹〉에서 커크 더글러스와 호흡을 맞췄던 토니 커티스는 크라수스의 노예였다가 혁명을 원해 스팔타커스에게로 향하는 영민한 청년 안토나이너스를 맡았다. 처음에는 여주인공 바리니아 역으로 더글러스는 잔 모로Jeane Moreau를, 큐브릭 감독은 오드리 헵번을 염두에 두었으나 각각 사정이 생겨 성사되지 못했다.

이 영화의 원작 소설을 쓴 하워드 패스트는 매카시즘(빨갱이 소탕 운동)의 광기가 미국을 강타할 무렵 반미 활동 조사위원회에 협조하지 않았다는 죄목으로 3개월간 투옥했다. 그는 감옥에서 〈스팔타커스〉의 이야기를 구상했고 출판사들이 거절해 결국 자비로 소설을 출간해야만 했다. 그리고 각색을 맡았던 달턴 트럼보 역시 매카시 선풍McCarthy 旋風[5]으로 쫓겨나 있었던 인물이었다. 커크 더글러스는 이런 당시 풍조에도 달턴 트럼보의 이름을 엔딩 크레디트에 올려놓으며 그에게 감사를 표시했다. 당시 트럼보는 가명으로 여러 영화의 각본을 숨어서 쓰고 있었다. 그러나 커크 더글러스는 이에 전혀 개의치 않고 그를 실명으로 공개했고 이는 할리우드에서 그가 진정한 용기와 의리 있는 진짜 상남

노예 포로들의 십자가 행렬

자라는 것을 다시 한 번 알리는 계기가 되기도 했다. 커크 더글러스는 이 영화를 한마디로 '사랑에 대한 영화'라고 정의했다. 스파르타쿠스와 바리니아의 사랑은 물론 민중에 대한 사랑, 자유에 대한 사랑을 담고 있다고 했다.

II. 로마 최대의 노예 반란 스파르타쿠스의 난

스파르타쿠스의 난(BC 73~71년)

BC 73년. 로마에서 남쪽, 나폴리 근처 카푸아 검투사 양성소에 트라키아 출신의 스파르타쿠스라는 검투사가 있었다. 그는 그리스 북부의 트라키아의 왕자라는 전설이 전해진다. 그러나 당시 트라키아는 수많은 부족이 난립한 야만 지역이었기 때문에 그는 고작해야 일개 부족장

스파르타쿠스 동상

의 아들 정도였을 것이다. 이 양성소의 주인인 바티아투스Batiatus는 무척 포악해서 검투사들에게 못되게 굴었다. 결국 BC 73년 어느 여름 날, 스파르타쿠스는 바티아투스의 잔혹한 대우에 반발해 74명의 동료 검투사들과 함께 반란을 일으켜 양성소를 탈출했다. 양성소를 탈주한 스파르타쿠스와 그의 동료들은 인근에 있는 베수비오산

의 산악 지대로 도망쳐 틀어박혔다. 이들은 일단 스파르타쿠스, 갈리아 출신의 크릭수스Crixus와 오이노마우스Oenomaus 세 사람을 지도자로 선출했다.

보통 화산 지역은 암석만 그득한 황폐한 지역이지만 베수비오산은 스파르타쿠스의 난으로부터 150년 후 화산이 폭발해 폼페이를 덮치기 전에는 포도밭이 산재해 있는 기름진 옥토였다. 이들은 이곳에서 진을 치고 지나가는 행인들의 짐을 터는 산적질을 하기 시작했다. 산적질이 점차 심해지자 마침내 카푸아 지방정부에서 이들을 토벌하기 위해 소규모의 진압대를 파견했으나 스파르타쿠스 일당은 이들을 제압하고 빼앗은 무기와 갑옷으로 무장한 뒤 점점 더 세력을 넓혀갔다. 이들의 명성이 널리 알려지면서 근처에서 노예, 불량배, 부랑자들이 모여들면서 카푸아 지방 정부로서는 도저히 손을 쓸 수가 없는 상황이 되었다. 마침내 로마 정부가 나서게 되었다.

그들이 일당백의 검술과 체력을 겸비하고 있었다는 사실을 로마 당국은 간과했다. 이 때문에 로마 정부는 소풍 가듯 가벼운 마음으로 정규 군단병이 아닌 시민군을 파견했다. 3천 명의 신병이 긴급히 징집되었고 이들은 법무관 가이우스 글라베르Gaius Glaber의 지휘 아래 소풍 가듯이 한가롭게 스파르타쿠스군을 토벌하러 갔다. 법무관 글라베르는 베수비오 화산으로 올라가는 유일한 길을 차단하고 차근차근 올라가며 노예군을 포위해 굶주리게 하면서 압박했다. 그리고 그들이 뛰쳐나오면 섬멸하겠다는 계획이었다. 하지만 노예군은 산포도 덩굴로 튼

튼한 줄사다리를 만들어 살그머니 글라베르 군대의 후방으로 내려왔다. 이들은 재빨리 로마군의 주둔지를 급습했다. 앞만 보고 있던 로마군은 전혀 예상 밖의 기습에 혼비백산하면서 혼란에 빠져 참패하고 말았다.

스파르타쿠스의 성공 소문이 연이어 퍼지자 노예, 탈영병, 목동들이 모여들었다. 특히 스파르타쿠스가 전리품을 공평하게 나누어준다는 소식에 자유민들도 합세하면서 노예군은 이제 1만 명을 넘어서게 되었다. 그러자 로마 정부는 2차로 법무관 푸블리우스 바리니우스Publius Varinius 지휘 아래 다시 시민군 4천 명을 편성해 보냈다. 이때 바리니우스는 그의 부관인 루키우스 코시니우스Lucius Cossinius에게 2천 명을 쪼개어 지휘하게 했다. 코시니우스는 별장에서 마음 푹 놓고 목욕을 하다가 스파르타쿠스군의 기습을 받고 간신히 가운만 걸치고 도주했다. 스파르타쿠스군은 계속 로마군을 쫓아 코시니우스와 그의 군대를 도륙했다. 한편 바리니우스는 스파르타쿠스 반란 도당을 포위하는 데 성공했지만 스파르타쿠스는 한밤중에 시체를 주둔지에 세워놓고 빠져나가는 속임수를 썼다. 이 사실을 알아낸 로마군은 곧바로 스파르타쿠스를 추격했지만 얼마 못 가 궤멸당했다. 두 차례에 걸쳐 로마 정부가 파견한 토벌대를 무찌르자 스파르타쿠스의 명성은 이제 로마 전역에 퍼졌고 그 소식을 들은 이탈리아 전역의 노예들이 속속 반란군으로 모여들었다. 이들 노예 외에도 그들과 처지가 별로 다를 것 없고 사회에 불만이 많은 하층민들도 반란에 합류했다. 스파르타쿠스 휘하의 노예군은 무려 4만 명으로 불어나게 됐다. 로마군이 참패한 것은 당시 로마는 노예군은 단지 강도떼에 불과하다고 우습게 생각해 대규모 군단병이 아니고 오합지졸들을 끌어 모아 찔끔찔끔 대처했기 때문이었다. 당시 로마는 소아시아와 스페인에서 전쟁을 하고 있어서 정규 군단병을 편성할 형편이 못되었다. 이 전투 중에 오이노마우스는 전사했다.

이제 스파르타쿠스의 탈주는 단순한 노예 탈주 사건이 아니라, 로마 역사상 유례가 없는 사상 최대의 노예 전쟁으로 번지게 된다. 스파르타쿠스 휘하의 노예군은 누케리아Nuceria, 메타폰툼Metapontum 등의 도시를 함락시켰으며, 그때마다 병력을 보충하고 많은 전리품을 획득했다. 아울러 로마에 대한 원한이 골수에 사무쳤던 노예군은 살인, 약탈, 강간 등을 일삼았다. 이런 와중에 스파르타쿠스는 야생마들을 잡아 길들여 기병대를 조직하고 억센 양치기들을 모아 군인으로 키우는 등 조직을 강화하면서 만반의 준비를 했다. 상황이 예사롭지 않게 진행되자 로마 정부에서는 신경을 조금 더 쓴답시고 법무관 휘하 두 개 군단(1만 5천 명)을 파견했다. 그러나 이 지역에 모여든 노예의 숫자는 예상보다 많아서 그들을 얕잡아 보았던 로마군은 스파르타쿠스의 게릴라 전술에 말려 또다시 패배하고 말았다. 이와 같은 연전연승으로 스파르타쿠스는 이탈리아 전역의 노예들 사이에서 최고의 영웅으로 떠올랐다. 약탈을 계속하며 남하하는 스파르타쿠스의 군대는 점점 불어나 거의 7만에 이르게 되었다. 영화와는 달리 여기에 참여한 자들은 육체노동을 주로 하는 하급 노예나 빈민들로서 노약자는 거의 없었다.

그러나 세력이 커지는 만큼 내부의 분열도 생겼다. 특히, 트라키아 출신으로 알프스를 넘어 고향에 돌아가는 것을 목적으로 하는 두목격인 스파르타쿠스와 갈리아 출신으로 먹거리 등 물산이 풍부한 이탈리아 남부의 약탈에만 목적을 두고 있던 부두목격인 크릭수스Crixus 사이에 갈등이 커져 갔다. 결국 크릭수스는 절반에 가까운 3만 명의 병력을 이끌고 진영에서 이탈했다. 한편, 다음 해인 BC 72년에 이르러 로마 정부는 그해 안으로 이 반란 사건을 반드시 해결하겠다는 결의를 굳힌다. 이번에는 집정관 두 명(겔리우스 Gellius, 렌툴루스Lentulus)이 투입된 본격적인 토벌군을 편성했다. 두 명의 집정관이 군단 지휘권을 가지고 네 개 군단의 정규군을 일개 산적 토벌에 투입한 것은 로마 역사상 전무후무한 일이었다. 그들은 각각 두 개 군단 1만 5천 명씩을 이끌고, 스파르타쿠스(4만 명)와 크릭수스(3만 명)에게 각각 맞섰다.

본래 약탈에 중점을 두고 활동하던 크릭수스의 군대는 가르가노Gargano 산에서 포위되었고 결국은 겔리우스군에게 패배하고 말았다. 그러나 고향으로 돌아가는 것을 목적으로 한 스파르타쿠스는 로마군의 예상과는 달리 진로를 북으로 돌려 알프스 방면으로 나아갔다. 이에 두 명의 집정관은 급하게 방향을 틀어 뒤를 쫓았다. 두 부대는 스파르타쿠스군을 피체노 부근에서 만나 양쪽에서 협공하는 모양세를 갖추었다. 이때 스파르타쿠스는 휘하의 기병대를 십분 활용했다. 먼저 겔리우스 군단을 깨트리고 이어서 렌툴루스가 이끄는 나머지 두 개 군단도 궤멸시켰다. 이 전투에서 로마군단은 파스케스fasces[6]와 군기를 모조리

스파르타쿠스군에게 빼앗겼다. 이것은 로마의 위신에 엄청난 상처를 입혔고, 망신은 망신대로 톡톡히 당했다.

그다음에 들어온 소식은 로마 고위층의 분노를 폭발시켰다. 스파르타쿠스는 포로로 붙잡은 로마 병사들에게 검투사 경기를 시켜 서로 죽이게 했던 것이다. 이래저래 로마는 화가 날 대로 나 있었다. 두 집정관을 패배시킨 뒤에도 스파르타쿠스군은 계속 알프스까지 행군했고 더 이상 로마군은 이들의 탈출을 막을 능력을 상실한 상태였다. 이들은 목적지를 트라키아로 잡은 듯했으나 무슨 까닭인지 갑자기 남쪽으로 도로 내려왔다.

역사가들은 이것이 스파르타쿠스 최대의 실책이라고 평가한다. 그냥 알프스를 넘어갔으면 자유를 얻을 수 있었는데 그것을 포기하고 이탈리아로 돌아갔기 때문이다. 스파르타쿠스 본인이 이탈리아에서 탈출해 자유를 찾는 것을 최종 목표로 삼았던 것이 분명한 만큼, 왜 이렇게 했는지에 대해서는 여러 의견이 분분하다. 가장 설득력이 있는 설은 트라키아 출신이 아닌 노예들이 야만족이 들끓는 트라키아로 향하는 것을 거부했다는 것이다.

또한 스파르타쿠스군의 상당수를 이뤘던 갈리아인, 게르만인들이 소위 2세대 노예였던 것을 지적한다. 즉, 그들에게 알프스 이북은 고향이 아니라 낯선 땅이나 다름없었다. 스파르타쿠스가 세력 확대를 위해 포섭했을 이탈리아 남부의 빈민과 양치기들도 마찬가지였을 것이다. 또한 평생 안온한 이탈리아 남부에서 살아왔을 그들에게 눈 덮인 알프스 거봉들이 주는 위압감도 무시할 수 없었을 것이다. 전투가 어렵기는 하겠으나 몇 번의 승리로 자신감도 생겼다. 승리와 함께 약탈이라는 달콤한 열매가 눈에 어른거렸을 것이다. 이들은 척박한 땅이 기다리는 불확실한 미래보다 현실에 안주했을 공산이 크다. 결국 스파르타쿠스는 홀로 고향으로 가는 것을 포기하고 그들과 함께 하기로 했다. 그들의 의견에 따라 남쪽으로 향해 메시나 해협을 건너 곡창지대인 시칠리아 섬으로 가기로 했다. 고대 시칠리아는 농산물이 풍부했다. 굶주린 반란군들은 붉게 물드는 바다 건너 시칠리아 섬을 바라보며 새로운 삶을 꿈꾸었을 것이다.

한편, 스파르타쿠스가 이탈리아로 돌아온다는 사실을 안 원로원은 로마 제일의 부자인 법무관 리키니우스 크라수스에게 스파르타쿠스군 토벌의 명을 내렸다. 그는 패주한 집정관의 군대와 자신의 사비를 털어 징집한 병사를 합친 여덟 개 군단으로 스파르타쿠스의 노예군과 맞서 싸우게 되었다. 집정관이 패배한 싸움에 등급이 낮은 법무관인 크라수

크라수스

스가 나선 것은 두 집정관들이 이미 산적 떼에게 패배했다는 망신을 당했으므로 더 이상 군단을 지휘할 수 없기 때문이었다. 크라수스는 여덟 명의 법무관 중에서도 수석 법무관이었고 따라서 두 집정관의 패배 뒤 그가 지휘할 차례였던 것이었다. 또한 원로원이 로마 제일의 부자였던 크라수스가 사비

를 털어 좀 더 많은 병력을 소집하기를 기대했다는 이야기도 있다.

크라수스는 군사적 경험도 거의 없고 특별한 군사적인 재능도 없는 인물이어서 여덟 개 군단의 대규모 부대를 지휘하는 부담감이 컸다. 더구나 정적이자 라이벌이기도 한 마그누스 폼페이우스Magnus Pompeius[7]가 에스파냐에서 승리했다는 소식과 함께 그가 곧 귀국한다는 얘기가 전해졌다. 그가 돌아오면 노예군의 토벌은 그가 맡을 것이 분명할 것이고 그러면 자기의 입지는 더욱 좁아질 것이 뻔했다. 그는 마음이 조급해졌다.

그는 먼저 토벌군의 군기를 잡기로 했다. 이전에 패배한 겔리우스와 렌툴루스 병사들에게 본때를 보여준다고 로마군의 가장 엄격한 형벌인 이른바 '10분의 1형decimatio'을 집행토록 했다. 이 형벌은 병사들 중 제비뽑기로 10분의 1을 가려내서 다른 병사들이 집단으로 때려서 처형하는 방식이었다. 본래 반기를 들었거나 도주한 병사들에 대해서만 행해지는 처벌이었다. 어찌 되었든 그 효과는 대단했다. 병사들 스스로 몽둥이, 돌멩이, 채찍, 곤봉을 들고 동료를 죽이면서 병사들의 눈에는 핏발이 서기 시작했다. 악이 바짝 오른 크라수스군은 스파르타쿠스군을 뒤쫓기 시작했다.

대규모 로마군단의 세에 밀린 스파르타쿠스군은 이탈리아반도의 남서부 끝자락인 레기움Regium까지 몰렸다. 스파르타쿠스는 인근의 칼리키아Calicia 해적들과 협상을 벌였다. 그들에게 반란군들을 시칠리아 섬으로 데려다주면 충분히 보상해줄 것을 약속하고 금화까지 건네주면서 먼저 2천 명을 실어 날라달라고 했다. 해적선은 크기도 작고 숫자도 작아 한꺼번에 많은 사람을 태울 수가 없었다. 스파르타쿠스는 먼저 선발대를 보내 시칠리아의 노예들을 부추겨 섬을 장악하도록 할 계획이었다. 물론 정예 병사들을 엄선했을 것이고 일단 이들이 섬을 제압하면 더 많은 사람들을 데려간다는 계획이었다. 그러나 실제로 그렇게 되지 않았다. 해적들은 돈만 떼어 먹고 달아나 버렸다. 한 마디로 사기를 당한 것이다. 영화에서는 해적들이 쿠라수스에게 매수를 당한 것으로 묘사되고 있다. 이렇게 되자 뗏목을 만들어 메시나해협을 건널 생각도 해보았지만 급물살 때문에 이것도 불가능했다. 또한 메시나 해협 건너편에서는 시칠리아 총독인 가이우스 베레스Gaius Verres 가 상륙지점에 진지를 구축해 놓고 있었다. 이래저래 노예군의 시칠리아 섬 침공은 물 건너 갔다.

이런 와중에 스파르타쿠스의 말을 안 듣는 노예들의 고질병이 또 터졌다. 카스투스Castus, 간니쿠스Gannicus가 이끄는 노예군 일부가 스파

스파르타쿠스 군의 이동 경로

르타쿠스와의 의견 차이로 갈라지고 떨어져 나갔지만 이들은 곧 로마군에게 섬멸당했다. 이제 노예군은 3만 명으로 줄어들었다. 스파르타쿠스는 그래도 어떻게 해서라도 동쪽으로 이동해 부룬디시움Brundisium 항으로 가서 이탈리아를 탈출해 보려고 움직였으나 크라수스군이 앞을 가로 막아섰

다. 스파르타쿠스군은 인근의 산악 지대로 도피했다. 바다를 옆에 끼고 있는 이 산악지대는 험한 산이란 뜻의 아스프로몬테Aspromonte였다. 그러나 스파르타쿠스를 중심으로 노예군은 산속에서 오래 버티지 못하고 산 밑으로 내려왔다. 아마도 식량문제 때문에 별 수 없이 내려왔을 것이다. 그들은 산 밑의 실라루스Silarus 계곡에서 포진하고 있던 로마군과 정면으로 부딪쳤다. 그동안 이리저리 쪼개지는 바람에 스파르타쿠스군은 크라수스 군단에 비해 중과부적으로 내몰렸다.

　수적으로 수세에 몰린 스파르타쿠스는 마지막 수단으로 돌격대를 편성해 크라수스를 향해 정면으로 돌진했다. 성공했다면 승리했겠지만 로마군은 전력을 다해 이를 저지했고, 스파르타쿠스는 그의 손으로 여러 명의 백인대장을 베어 쓰러뜨릴 정도로 분전했으나 결국 힘이 다해 쓰러지고 말았다. 스파르타쿠스의 죽음은 곧바로 노예군의 붕괴를 야기했고, 수많은 시체가 쌓이는 것으로 끝나버렸다. 이 처참한 현장 속에 스파르타쿠스는 없었다. 아마도 시체들 사이에 파묻혔을 것이다. 그가 무사히 도망쳐 살아났다는 전설이 없는 것도 아니지만 영화에서 보여주듯, 노예들이 너도나도 나서서 "내가 바로 스파르타쿠스요!"라며 그를 두둔하는 가슴 뭉클한 장면은 물론 없었다.

　포로로 잡힌 6천 명은 크라수스의 명에 따라 주인에게 반항한 노예에 대한 가장 무거운 형벌인 십자가형에 처해졌으며 아피아Appia 가도[8] 연변에 세워진 처형 행렬은 가히 수십 리에 이르렀다고 한다. 반란군 6천 명의 이 십자가형은 아마도 고대 세계에서 기록된 가장 대규모의 십자가형이었을 것이다. 이러한 극단적인 조치에서 크라수스의 손길이 느껴진다. 그는 출세를 위해서는 물불을 가리지 않는 사람이었다. 이렇게 잔인하고 요란한 제스처와 구경거리를 연출함으로써 로마인들에게 자신의 위상을 세우려 했을 것이다. 또한 로마의 노예들에게도 앞으로 이런 반란은 아예 꿈도 꾸지 말라고 본때를 보여준 것이다.

로마인들은 스파르타쿠스에 대한 기록을 조금밖에 남기지 않았다. 스파르타쿠스 전쟁은 사실 그 규모 면에서는 두 명의 집정관이 털리고, 이례적인 조치로 여덟 개 군단을 동원해서야 겨우 진압됐을 정도로 규모가 큰 전쟁이었다. 그러나 기록을 남기기 좋아하는 로마인들답지 않게 남은 기록이 별로 없는 편이다. 이 사건을 기록으로 남기기에는 비천한 노예들에게 로마가 몇 차례나 얻어터졌다는 사실이 너무나 창피스러운 사건이었을 것이다. 스파르타쿠스의 반란이 3년에 걸쳐 진압되지 못하고 질질 끈 것은 단순한 노예 반란으로 치부하는 바람에 초기에 진압할 기회를 놓쳐서 그렇게 된 것이다. 애초에 검투사 양성소를 뛰쳐나온 검투사들은 노예들이었기에 노예 반란이 맞다. 그러나 나중에는 로마 시민권자인 농업노동자들이나 농민들도 대거 합세했다. 이들은 상류층이 값싼 노예들을 이용해 농장을 경영하는 바람에 생산물의 경쟁력이 떨어지고 이 밖에 세금, 빚 등으로 막다른 골목으로 몰리자 스파르타쿠스군과 합세한 것이다. 그러니까 스파르타쿠스의 난은 단순한 노예 반란이라고 할 수 없는 것이다.

여하튼 로마인들은 절대로 스파르타쿠스를 잊지 않았다. 이후 마르쿠스 키케로Marcus Cicero[9]나 율리우스 카이사르Julius Caesar[10]도 스파르타쿠스를 언급한 바 있고, 반란 150여 년 후인 AD 79년에 화산 폭발로 멸망한 도시 폼페이 유적에서도 스파르타쿠스가 말을 타고 싸우는 모습을 그린 낙서가 발견되었다. 물론 그렇다고 이후 로마제국에서 노예 반란이 일어나지 않은 것은 절대 아니다. 기회만 있으면 로마에서는 노예들의 반란이 계속 일어났다. 심지어 로마제국의 번영기라는 5현제 시대에도 노예 반란이 끊임없이 일어났다. 로마제국이 막장이 되는 말기에 들어서는 이 노예 반란이 더욱 심각해졌다.

'스파르타쿠스의 난'은 이후 오랜 세월 그다지 주목받지 못했다. 하지만 근대로 접어들면서 자유, 평등을 부르짖는 인문 사상의 발달과 함께 점차 관심이 높아졌다. 인간의 자유와 관련해 많이 회자되는 역사적 대사건으로 살아난 것이다. 그만큼 호소력이 있는 사건이기에 지금도 할리우드에서 이 사건을 소재로 영화나 드라마를 자주 만들고 있다.

스파르타쿠스에 대한 다른 설

대작 『마스터스 오브 로마The First Man in Rome』를 쓴 오스트레일리아 여류 작가 콜린 매컬로Colleen McCullough는 스파르타쿠스가 트라키아[11] 출신의 노예가 아니라 원래 로마 시민 자격을 갖춘 장교였다고 한다. 일개 노예 출신이 대규모 병력을 통솔하면서 로마군단과 맞선다는 것이 어불성설이라는 것이다. 매컬로에 따르면 군단에서 많은 경험을 쌓았던 그는 반란 혐의로 누명을 뒤집어썼으며, 당시 로마법에서는 로마

국적의 병사일 경우에 추방이냐, 검투사냐 두 갈래 길 중에 하나를 선택할 수 있었는데, 재판에서 그는 검투사의 길을 택했다고 한다.

1. 윌리엄 와일러

윌리엄 와일러는 1902년 독일 알사스(현재는 프랑스)에서 출생했고, 1921년 미국으로 건너 갔다. 1928년 미국 시민권을 취득한 그는 〈하우스 디바이디드A House Divided〉, 〈컬버의 톰 브라운Tom Brown of Culver〉 등의 작품을 발표하며 유니버설 스튜디오 내의 실력파 감독으로 부상했다. 자신이 마음에 드는 장면이 나올 때까지 계속 촬영하는 그의 고집은 이때부터 소 문이 나기 시작했다.

1930년대 중반 유니버설 스튜디오를 떠나 MGM의 새뮤얼 골드윈Samuel Goldwyn과 새로이 영화작업을 시작했으며 1936년 〈이 세 사람These three〉을 첫 작품으로 해 벳 데이비스Bette Davis에게 아카데미 여우주연상을 안겨준 〈제저벨Jezebel〉, 에밀리 브론테Emily Bronte 원작인 〈폭풍의 언덕Wuthering Heights〉, 와일러의 첫 번째 오스카 감독상 수상작인 〈미니버 부인Mrs. Miniver〉, 그리고 감독상과 작품상을 비롯해 아카데미 일곱 개 부문을 석권한 〈우리 생애 최고의 해The Best Years Of Our Lives〉에 이르기까지 수많은 명작을 내놓았다. 1953년에는 영화사에 길이 남을 로맨스 무비의 금자탑으로 손꼽히는 오드리 헵번Audrey Hepburn, 그레고리 펙Gregory Peck 주연의 〈로마의 휴일〉을 감독했으며, 1956년에는 게리 쿠퍼 주연의 〈우정 어린 설복Friendly Persuasion〉으로 칸 영화제 그랑프리를 수상했다. 와일러는 1959년, 아카데미 최다 부문 수상이 라는 기록을 수립한 불멸의 걸작 〈벤허〉를 완성하고 "오! 신이시여, 정녕 제가 이 작품을 만들 었단 말입니까?"라는 너무나도 유명한 멘트를 남겼다. 1981년 LA에서 심장마비로 영면했다.

2. 스탠리 큐브릭

스탠리 큐브릭은 늘 새로운 기법과 기술을 선보이는 거장이었으며 새로운 작품을 내놓을 때마다 영화인들을 깜짝 놀라게 하는 놀라운 연출 솜씨를 보여주었다. 큐브릭은 제1차 세계대전 중 프랑스군이 범한 과오를 다룬 냉정한 반전 영화 〈영광의 길Paths Of Glory〉(1958)로 자기 세계를 굳혔다. 대작 〈스팔타커스〉는 제작자와 주연을 겸한 커크 더글러스와 이 영화에 대한 시각의 차이로 큐브릭 스스로 자신의 작품으로 인정하지 않는 작품이 됐지만 그럼에도 어떤 대형 사극 영화보다 뛰어난 역사적 통찰과 감상주의와 서정미를 조화시킨 걸작으로 유명하다.

또한 그의 작품인 〈2001 스페이스 오디세이2001: A Space Odyssey〉는 전통적인 시각적 형식과 구성을 무너뜨려 버렸다. 이 영화는 시간이 흘러도 예리한 과학적 상상력과 찬란한 영화 테크놀로지가 전혀 퇴색하지 않은 SF의 고전으로 남을 것이다. 큐브릭은 영화 〈아이즈 와이드 셧Eyes Wide Shut〉의 최종 편집을 눈앞에 두고 1999년 3월 7일 갑자기 저 세상으로 떠나버렸다.

3. 로렌스 올리비에

셰익스피어 해석의 대가이며 대배우인 로렌스 올리비에 경은 목사였던 아버지의 영향으로 엄격한 종교적인 교육을 받으며 성장했다. 주로 연극 무대에서 활동하던 그는 두 번째 아내인 비비안 리Vivien Leigh를 만났고 부부는 미국으로 진출했다. 이때 올리비에는 〈폭풍의 언덕〉으로 주연 영화배우로서의 입지를 굳히기 시작했다. 제2차 세계대전 직후에는 직접 주연을 맡고 각본을 쓰고 감독까지 해 아카데미 남우주연상과 최우수작품상을 수상하고 감독상 후보까지 올랐던 〈햄릿Hamlet〉(1948)을 만들었다. 아카데미상 후보에 11번 올라 두 번 수상하고 두 번의 공로상을 받았다.

4. 리키니우스 크라수스

리키니우스 크라수스는 로마공화정의 군인이자 정치가였다. 스파르타쿠스 전쟁을 진압하고 율리우스 카이사르, 폼페이우스와 함께 제1차 삼두정치를 이끌었다. 파르티아와 전쟁 중에 대패해 죽었다. 그는 로마 역사상 최대의 부호로 알려져 있다. 크라수스는 당시 로마의 1년치 국가 예산과 맞먹을 정도의 재산을 보유했지만 인망이 없었다. 워낙 물려받은 것이 많았지만 온갖 기묘한 방식으로 재산을 천문학적으로 불렸다. 우선 정적을 숙청해 거기서 나온 엄청난 몰수 자산을 챙겼다. 또한 사설 소방대를 조직해 화재 진압비를 선금으로 낸 사람의 불만 선별해 꺼줬다. 그리고 불탄 건물을 헐값에 사들여 재건축한 뒤 세를 놓았다. 이런 짓으로 로마 시민들에게 원성이 자자했다.

5. 매카시 선풍

1950년대 불어 닥친 반공산주의 열풍을 말한다. 이른바 빨갱이 색출이라는 대대적인 명목으로 많은 사회 저명인사들이 생매장을 당했다. 공화당의 매카시 의원이 1952년 당원 대회에서 숫자까지 거론하며 미국 국무부 내의 공산주의자들 명단이 있다고 폭탄 발언을 한 것을 시작으로 닥치는 대로 많은 사람들을 공산주의자로 몰아 탄압하는 상황이 벌어졌다. 공무원, 연예계 인사, 교육자, 노조원 등이 주요 희생자였고, 이들은 직위를 뺏기고 재기하지 못하는 등 극심한 탄압을 당했다. 여기서 유래한 매카시 선풍 혹은 매카시즘은 지나친 반공주의, 정적 제거를 위한 근거 없는 고발 등을 뜻하는 말이 되었다.

6. 파스케스

파스케스는 나무 뭉치에 묶인 도끼 모양을 하고 있다. 로마 집정관들의 경호원들이 들고 다녔다. 이는 집정관의 권력과 권위를 상징했다고 한다.

7. 마그누스 폼페이우스

BC 89년 콘술Consul이었던 아버지 스트라보 휘하의 장교로 아스쿨룸Asculum 전쟁에 참전해 무훈을 세웠다. 이베리아반도의 세르토리우스Sertorius를 토벌한 뒤 스파르타쿠스의 반란을 진압하고 크라수스와 함께 BC 70년에 콘술이 되었다. 지중해의 해적을 소탕해 버렸고 이집트를 제외한 동방의 대부분을 평정했다. BC 60년 크라수스, 카이사르와 함께 삼두정치를 실시했다. 그러나 폼페이우스는 원로원의 충동으로 카이사르와 대립하게 되었다. BC 48년 8월 9일 그리스 아테네 북쪽 파르사로스Pharsalus의 평원에서 카이사르에게 패배했다. 이후 이집트로 탈출했으나 암살당했다.

8. 아피아 가도

로마 제국의 가장 중요한 도로였다. 길이 563킬로미터로 로마의 감찰관 아피우스 카이쿠스Appius Caecus가 BC 312년에 건설을 시작했다. 도로명은 그의 이름을 따서 붙인 것이다.

9. 마르쿠스 키케로

키케로는 뜨거운 인간애와 훌륭한 성품을 지닌 도덕적 인간이었고 자기의 안위보다 시민의 자유를 더욱 귀하게 여겼던 정치가였으며, 플라톤이 꿈꾸었던 철인정치가 어떠한 것인지를 몸소 보여준 철학자였다. 철저한 공화주의자였다.

10. 율리우스 카이사르

영어로는 시저라고 읽는다. 서양사에서 큰 영향을 남긴 사람 중 한 명이다. 유서 깊은 집안 출신이었다. 민심 파악의 귀재로서 민중과 친근한 입장에 서서 대정치가로서의 기반을 구축했다.

BC 58년부터는 갈리아 전쟁을 수행했다. 라인강을 건너 게르만족의 땅으로 침공하기를 두 차례, 이어서 영국해협을 두 차례나 건너 브리튼섬을 침공했다. 그를 시기하던 원로원이 군대를 해산하고 로마로 돌아오라는 결의가 나오자 BC 49년 1월, 그 유명한 "주사위는 던져졌다."라는 말과 함께 루비콘강을 건너 로마를 향해 진격을 개시했다. 처절한 내전 끝에 오랫동안 공화정의 실권을 쥐고 있던 원로원 지배를 완전히 뒤집었다.

왕위를 탐내는 자로 의심받아 마르쿠스 브루투스Marcus Brutus와 카시우스 롱기누스 Kassios Longinos를 주모자로 하는 원로원의 공화정 옹호파에게 BC 44년 3월 15일 원로원 회의장에서 칼에 찔려 죽었다. 그가 저술한 『갈리아 전기Commentarii de Bello Gallico』, 『내란기 Civil War』는 라틴문학의 걸작이라고 일컬어진다.

11. 트라키아

발칸반도 동부지방을 말한다. 트라케Thrake라고도 한다. 그리스령嶺과 튀르키예령으로 나뉜다. BC 2000년경부터 도나우강, 흑해, 에게해로 둘러싸인 이 지방에 정착한 트라키아 인들은 호전적이었다. 고대 그리스인들에게 노예와 목재의 공급지였고 흑해 무역의 중계지로서 중요했다.

11장

〈씬 레드 라인〉

과달카날 전투, 연안 감시대, 설리번 5형제의 비극

I. 영화 〈씬 레드 라인〉

원제: The Thin Red Line
감독: 테렌스 맬릭
원작: 제임스 존스　　　**각본:** 테렌스 맬릭
음악: 존 파월
출연: 제임스 카비젤, 숀 펜, 닉 놀테, 존 쿠삭, 조지 클루니, 존 트라볼타
제작 연도: 1998년
상영 시간: 180분
제작비: 5,200만 달러
수익: 9,800만 달러
유사한 영화: 〈과달카날 다이어리〉(1943)

　1999년 2월 개봉한 테런스 맬릭Terrence Malick 감독의 영화 〈씬 레드 라인〉은 제2차 세계대전 중 남태평양에 있는 작은 섬 과달카날Guadal-canal에서 벌어진 미군과 일본군과의 치열했던 전투를 다룬 영화다. 이 영화는 전편에 걸쳐 철학적인 독백을 통해 인간과 전쟁에 관해서 시종일관 묻고 있다. 이를 통해 전쟁의 비참함과 무의미함을 고발하고 있는

것이다. 하여튼 〈씬 레드 라인〉은 유별나게 독백이 많은 특이한 영화다. 아마 그동안 나왔던 어느 영화보다 독백장면이 가장 많을 것 같

고지전을 벌이고 있는 병사들

다. 영화는 참혹한 전투를 벌이고 있는 각각의 병사들이 번갈아 나오면서 형이상학적인 질문을 영화 전편에 걸쳐 던지는 식으로 진행한다. 각각의 인물들의 독백을 통해 여러 인물들의 내면을 들려주고 있다. 이런 이유 때문에 극적이고 다양한 전투 장면이 등장하는 일반적인 전쟁 영화의 재미를 기대하였다간 큰 낭패를 보기 쉽다. 한마디로 난해한 영화다. 〈씬 레드 라인〉은 비슷한 시기에 개봉하여 대중적으로 큰 성공을 거둔 스티븐 스필버그 감독의 〈라이언 일병 구하기〉와 왕왕 비교된다. 두 영화는 제2차 세계대전의 손꼽히는 전투를 다루었다는 점에서는 같다. 하지만 〈라이언 일병 구하기〉가 전쟁의 참혹함을 시각적으로 리얼하게 잘 표현했다면 〈씬 레드 라인〉은 전쟁에 임한 병사들의 내면을 잘 묘사했다고 볼 수 있다. <라이언 일병 구하기>가 더 훌륭한 작품인지, 〈씬 레드 라인〉이 더 괜찮은지는 할리우드의 영화 비평가들 사이에서도 설왕설래했다는 후문이다. 사실 〈라이언 일병 구하기〉가 한 편의 소설이라고 한다면 〈씬 레드라인〉은 한 편의 시라고 볼 수 있기 때문에 두 작품을 단순한 기준에서 비교하는 게 조금 무리일 수가 있다. 관객들의 영화를 보는 관점이 각각 다르기 때문일 것이다. 〈씬 레드 라인〉에서 나오는 고지에서의 전투장면은 어떤 전쟁 영화와 비교해도 뛰

어나다. 만약 이 영화가 이 전투장면에 보다 집중했더라면 대중들로부터 훨씬 더 많은 지지를 받았을지도 모른다. 한편 이 영화는 제임스 존스James Jones가 쓴 1962년작 동명의 전쟁 소설이 원작이다. 존스는 실제 과달카날 전투에 참전했었다. 이 소설은 1942년의 과달카날 전투 당시 해병대와 교대해 상륙한 미국 제25 보병사단 병사들의 각각의 이야기를 다루고 있다. 사실 '씬 레드 라인'이라는 제목의 의미는 적이 쏘아대는 빗발치는 포화 속에서 병사들이 각자의 위치를 결사적으로 지켜야 하는 가느다란 방어선을 말한다. 당시 그곳에서 미군 병사들이 전개하고 있었던 작전명이기도 하다. 한편으로는 '정상과 비정상의 경계The border between the sane and the mad'라는 미국 서부개척시대로부터 구전되어 오는 속담이기도 하다. 영화는 출연진이 쟁쟁하다. 숀 펜Sean Penn, 제임스 카비젤JamesCaviezel, 애드리언 브로디Adrien Brody, 존 쿠삭 John Cusack, 우디 해럴슨Woody Harrelson, 닉 놀테Nick Nolte 등 유명한 배우들이 여럿 출연한다. 조지 클루니George Clooney와 존 트라볼타John Travolta가 단역으로 잠깐씩 출연하는 것도 이채롭다. 이 영화는 과달카날 전투를 다루고 있으나 정작 과달카날섬에서 찍은 장면은 하나도 없다. 당시 과달카날은 열대병이 창궐하고 있었기 때문이다. 대부분의 장면을 과달카날과 환경이 비슷한 호주 퀸즐랜드Queensland 북부와 인근 솔로몬제도Solomon Islands에서 찍었다.

II. 과달카날 전투, 연안 감시대, 설리번 5형제의 비극

일본 제국 파멸의 서곡, 과달카날 전투

호주 북쪽에는 수백 개의 섬으로 연결된 솔로몬제도가 있는데 이 제도는 서북 방향에서 남동쪽으로 1,500킬로미터에 걸쳐 뻗어 있다. 이 제도에서 가장 큰 섬이 부건빌Bougainville섬이고 두 번째 큰 섬이 과달카날Guadalcanal섬이다.

1942년 6월, 이 과달카날섬을 점령한 일본이 이곳에 비행장을 건설하기 시작했다는 것을 미군이 눈치 채면서 문제가 심각하게 대두되었다. 이 비행장은 미군 항로에 대한 위협뿐 아니라 호주 본토를 침공할 수 있는 비수와도 같은 기지가 될 수 있었다. 미국은 치열했던 미드웨이 해전Battle of Midway[1] 이후 태평양 전선에서 일단 숨을 고르는 시간을 갖고자 했다. 그러나 일본군이 과달카날섬에 비행장을 건설한다는 정보를 입수하자 얘기는 확 달라졌다.

당시 미군은 훈련된 병력과 보급 역량, 항공 전력 가운데 어느 하나도 충분하지 않았다. 하지만 루스벨트 대통령과 조지 마셜George Marshall[2] 육군 참모총장은 과달카날섬에 일본군이 탄탄하게 기지를 구축하기 전에 공격을 감행하자고 의견을 모았다. 8월 7일, 미 해병 제1사단이 툴라기와 주변의 작은 섬

잠시 휴식중인 미 병사들

들, 그리고 과달카날 북쪽 해안에 상륙했다. 그리고 그곳에서 일본군이 공사 중인 비행장을 점령했다. 이 비행장은 미드웨이 해전 당시 전사한 로프턴 헨더슨Lofton Henderson 소령을 기리면서 '헨더슨 비행장'이라고 명명되었다. 미 해병대가 과달카날 비행장을 점령하자 일본군 남방군 사령부도 극도로 긴장했다. 그들은 과달카날을 뺏기는 경우 외곽 방위선이 와르르 무너지지 않을까 걱정하고 있었다. 아무튼 일본군은 과달카날을 재탈환하려고 악귀처럼 이를 악물고 덤벼들었다.

헨더슨 비행장은 일본의 예상대로 미군 작전의 핵심 기지가 되었으며 일본군은 이곳을 점령한 미 해병대를 상대로 수개월에 걸쳐 탈환을 시도했다. 8월 초순, 다섯 척의 미군 중순양함과 한 척의 호주 순양함이 격침되었다. 미 해군 역사상 최악의 패전 중의 하나인 이 해전으로 상륙한 미 해병대는 고립되었다. 하지만 곧 수송선들이 조금씩 물자와 병력을 수송했고 헨더슨 비행장으로도 항공기들이 도착하기 시작했다. 일본 해군도 병력과 물자를 과달카날로 계속 투입하면서 동시에 헨더슨 비행장에도 공습과 함포사격을 계속했다.

비행장을 사이에 두고 상륙한 일본군도 밤이면 밤마다 끊임없이 '반자이'를 외치며 무모한 만세 돌격[3]을 시도했다. 미 해병대는 최악의 환경에서도 일본군과 싸우는 방법을 배우며 전황을 점점 유리하게 이끌다가 점차 육군 병력으로 대체되었다. 이 대체된 육군이 일본군과 전투하는 얘기를 담은 영화가 바로 〈씬 레드 라인〉이다. 10월 이후의 전황은 점차 미군에 유리하게 전개되기 시작했다.

미군은 일본의 통신 암호를 해독하고 있었다. 그리고 호주군 장교들이 지휘하는 솔로몬제도의 원주민들로 구성된 '연안 감시단'의 보고까지 받아서 일본군의 항공기나 선박의 접근을 낱낱이 알 수 있었

일본군을 찾아 강을 건너는 병사들

다. '도쿄 특급열차Tokyo Express'라는 별명이 붙은 일본의 야간 구축함 호송선단은 과달카날로 접근할 때마다 미군의 암호해독과 연안 감시단의 정보에 의해 잠수함이나 항공기, 그리고 함정들로부터 줄기차게 얻어 터졌다. 증원군과 보급품을 받지 못한 일본군의 공격은 나날이 약화되어 갔다.

일본군은 이와 같이 거듭되는 함정과 항공기 손실을 감수하면서 전투를 계속해야 하는지 회의를 품기 시작했다. 일본 육군과 해군의 항공기 손실은 보충하기 힘든 수준에 도달했다. 1942년 12월 끝 무렵에 일본군 최고사령부는 과달카날에 남은 병력을 철수하기로 결정했다. 일본은 전투 기간 중 투입된 총병력 4만 명 중 3만 명을 희생하고 1만 명의 잔존 병력을 빼내면서 과달카날 전투는 종료했다.

이 전투는 생존자들에게 끔찍한 악몽으로 기억되었다. 양측은 학질모기와 거머리 등으로 인한 질병, 이질, 열대성 궤양으로 인한 피부괴사 등에 시달리면서 끔찍한 전투를 벌였다. 때때로 퍼붓는 비가 가득 찬 참호에서 밤이면 밤마다 만세돌격을 해오는 일본군들을 막기 위해

미군 병사들은 오들오들 떨면서 지내야 했다. 지독하게 시달린 미 해병 1사단 병사들은 전투에 다시 복귀하기까지 무려 1년 정도의 휴식이 필요했다. 미군은 이 전투를 통해 일본군이 용맹하지만 천하무적은 결코 아니라는 사실을 깨닫기 시작했다. 충분한 전력과 유능한 지휘관이 결합하면 아무리 일본군이 무적처럼 보여도 능히 무찌를 수 있었다. 그러나 앞으로도 일본과의 싸움은 길고 힘들 것이 분명했다. 일본군 역시 미군이 결코 말랑말랑하지 않다고 깨닫기 시작했다. 일본군은 병력을 찔끔찔끔 보내는, 이른바 축차逐次 공격[4]으로 일관한 것도 패배의 한 요인이 되었다.

일본군은 미 병사들을 붙잡으면 이루 말할 수 없이 참혹하게 죽였다. 손톱을 빼고 혀를 자르고 눈알을 파내고 목을 베고 그리고 시신을 난도질해 나무에 매달았다. 과달카날 전투 이후 벌어진 펠렐리우Peleliu섬에서의 전투에서는 난도질한 시신을 동굴 천장에 너덜너덜 걸어놓기도 했다. 아마 겁먹으라고 그랬겠지만 이를 본 미군들은 눈이 뒤집혔고 악에 치받치면서 격렬한 증오심이 끓어올랐다. 이런 소문은 태평양 전쟁에 참전한 병사들에게 널리 퍼지면서 일본군에 대한 증오감을 부채질했다. 이런 식의 일본군의 잔인성은 역사적으로 한국과 중국 등 주변 국가들에게 행하여 온 면면히 이어오는 전통일 터였다. 그들의

미군과 일본군의 접근 경로

잔인한 만행은 과달카날에서 조짐을 보이다가 점차 심해지면서 모든 태평양 섬들의 전투에서 지속적으로 벌어졌다. 해병대원들을 비롯한 많은 미군 병사들은 이를 보고 사기가 꺾이기는커녕 더욱 적개심을 불태웠다. 일부 병사들은 죽은 일본군의 짐을 뒤지고 금니를 뽑기도 했지만 일본군처럼 적의 시신을 그렇게 엽기적이고 잔혹하게 훼손하지는 않았다.

과달카날 전투는 정신과 물질의 싸움이기도 했다. 러일 전쟁부터 시작된 오로지 이 정신력을 앞세우는 일본군의 무모한 돌격 전술은 과달카날에서도 지속되었다. 특히 미군을 무기와 보급은 뛰어나나 정신력은 약하다고 얕보고 계속 반자이萬歲를 부르며 악귀처럼 자살 돌격을 일삼았고 결국 미군의 압도적인 화력에 떼죽음을 당하면서 끝나곤 했다. 일본군의 이런 무지막지한 돌격은 태평양 전쟁 동안 시종일관 지속되었다.

과달카날 전투 이후 일본은 감히 태평양 전선 어디에서도 공격할 생각은 꿈도 꾸지 못했다. 과달카날은 일본군의 전력을 지속적으로 빨아들이는 거대한 블랙홀과 같았다. 병사들의 소모뿐만 아니라 선박이나 항공기의 손실만 해도 엄청났다. 과달카날 전투는 일본 군부가 유한한 국력으로 무한하게 전선을 확대하는 팽창주의의 풍선이 빵 터지는 계기가 되었다는 데에 있다. 호주 점령 같은 발상은 근본적으로 일본의 국력을 과신했기 때문에 나온 허튼소리였다.

과달카날 전투는 무엇보다도 일본 육군의 손실보다는 공군의 심대한 붕괴에 큰 의미가 있다. 일본군은 1942년 8월 미 해병 1사단이 과달카날에 상륙해 헨더슨 비행장을 장악한 이후 1943년 2월 일본군이 철수할 때까지 매일 벌어지는 공중전에서 수많은 숙련 파일럿들과 항공기를 상실했다. 폭격기와 전투기를 포함해 약 600대를 잃었고 사망한 파일럿들은 약 2,300명에 이르렀는데 이 수치는 미드웨이 해전에서 잃은 항공 승무원들의 숫자를 몇 배나 상회하는 규모다. 이 수치는 일본군이 정예 파일럿들의 태반을 잃어버린 것을 말해준다. 일본군은 비교적 공중전에서 성능이 떨어지는 미군 와일드캣Wildcat 전투기에 혼쭐이 났는데, 격추된 미군기는 약 120대, 전사한 승무원수는 약 100명으로 일본군과 큰 대조를 이루었다. 이는 사전 정보를 입수한 미 전투기들이 요충지에서 기다렸다가 일본기들을 바로바로 요격했기 때문이었다. 과달카날 공방전에서 괴멸된 일본 항공 전력은 이후 태평양 전역을 수행하는 데 시종일관 일본군의 아킬레스건으로 작용했다. 결국 과달카날 전투는 미군이 태평양 전쟁에서 주도권을 잡게 되는 큰 분수령이 되는 전투였다.

전쟁의 조력자, 호주의 연안 감시대

인구에 비해 덩치가 너무 큰 호주는 국경선을 지키기에는 버거웠다. 그래서 그 대안으로 세운 것이 바로 조기 감시 체제의 확립이었다. 호주는 동북부 해안, 뉴기니 솔로몬 군도 등에서 현지 원주민을 동원하여 호주군 장교의 지휘하에 촘촘한 정보 감시망을 구축했다. 이 치밀한 감시망이 바로 연안 감시대였다.

태평양 전쟁에서 일본군은 파죽지세로 밀고 내려오면서 호주 북부의 다윈Darwin까지 위협할 정도로 압도적이었다. 하지만 일본군 배후에서 일본군의 움직임을 상세히 감지해 본국으로 송신하는 이 연안 감시대원들 때문에 번번이 작전마다 큰 낭패를 보았다. 가장 대표적인 예가 미군과 일본군의 태평양 전쟁의 향배를 갈랐다는 과달카날 전투였다. 당시만 해도 무적을 자랑하던 라바울의 일본 해군 항공대는 출격 즉시 솔로몬제도 곳곳에 있던 호주 연안 감시대의 감시에 걸려 단 한 번도 과달카날의 미군을 기습하지 못했다.

할 수 없이 일본 항공대는 항로를 요리조리 바꾸어보는 등 별 짓 다 해보았지만 그때마다 연안 감시대는 일본 항공기들의 움직임을 낱낱이 미군에 알려주었다. 감시 대원들은 적기의 공격 루트 파악은 물론 일본 함대의 움직임과 섬에 상륙한 일본 육군의 동향도 정보망과 연락망을 활용해 연합군에 보고했다. 뒤늦게 이를 알아챈 일본군은 솔로몬제도의 곳곳을 뒤져 이들 연안 감시대를 찾아내려 했다. 하지만 해당 지역에서 수십 년을 거주해 자기 집 안방과도 같았던 이들 연안 감시대를 색출하는 일은 바닷가 모래사장에서 바늘을 찾는 것만큼이나 어려운 일이었다.

이뿐만 아니라 연안 감시대원들은 현지 원주민 첩보원들을 곁에 두고 있었다. 이들이 보내오는 생생한 정보는 매일같이 브리즈번Brisbane의 맥아더 대장과 하와이의 니미츠 제독에게 속속들이 전달되고 있었다. 그러니 태평양 전쟁 초반에 장비와 병력의 열세에도 불구하고 연합군이 역전을 이뤄낸 배경에는 이러한 연안 감시대가 있었기에 가능한 일이었다. 대표적인 예를 들면 솔로몬제도의 부건빌섬에 있던 잭 리드 Jack Reed라는 감시원이 타전한 통보를 받고 방어에 임하던 미군 전투기들이 과달카날에 날아온 일본 비행기를 44대 가운데 36대까지 격추하기도 했다.

연안 감시대원 보우자

정보 수집뿐만 아니라 감시대원들은 격추된 연합군 비행기의 조종사나 격침된 함정의 생존자들을 수백 명이나 구출하기도 했다. 그 가운데는 존 케네디 중위를 정장艇長으로 하는 어뢰정의 승무원들도 포함되어 있었다. 이 정찰망의 큰 성과는 많은 현지 주민의 선의와 때로는 그 놀라운 용기에 힘입은 바가 컸다. 그들 가운데는 생명의 위험을 무릅쓰고 정찰원, 길 안내원, 인부, 혹은 스파이로서 연합군에 협력하기도 했다. 정찰원의 한사람인 제이컵 보우자Jacob Vouza[5]는 전설적인 인물이 되었다. 뒷날 남태평양 관구 사령관 윌리엄 홀시William Halsey 제독은 이렇게 말했다.

"연안 감시대가 과달카날을 구했다. 그리고 과달카날이 태평양을 구했다".

설리번 5형제의 비극

12월 7일을 기억하라! 이 날은 일본의 진주만 기습일이다. 미국인들은 이 구호를 외치며, 전의를 불태우며 태평양 전쟁을 수행해 나갔다. 이 미국인들 중에는 아이오와주 워털루Waterloo 출신의 설리번Sullivan 5형제가 있었다. 설리번 형제들에게 진주만 피습은 더욱 가슴 아픈 사건이었다. 이들의 유일한 누이인 쥬느비에브Genevieve의 약혼자 윌리엄 볼William Ball이 진주만에서 격침당한 전함 아이오와호에 타고 있었기 때문이었다. 이미 해군에서 복무한 전력이 있는 맏형 조지George(당시 28세)와 차남 프랜시스Francis(당시 26세)와 삼남 조지프Joseph(당시 23세), 사남 매디슨Madison(당시 22세), 그리고 막내인 앨버트Albert(당시 20세)까지 모두 해군에 자원입대를 신청했다. 그런데 당시 미 해군 규정에는 가족은 같은 배에 탈 수 없다는 조항이 있었다.

맏형 조지는 해군 장관 앞으로 편지를 썼다. "우리 형제는 어릴 때부터 무슨 일이나 함께 했었고 이번 전쟁에서도 함께하면서 승리 할 것입니다." 그래서 설리번 5형제는 같이 근무한다는 조건으로 해군에 지원했다. 편지를 받은 워싱턴의 해군성에서는 설리번 형제의 동반 입대가 큰 홍보 효과를 거둘 수 있겠다고 판단했다. "다섯 형제도 함께 입대했으니 다른 젊은이들도 겁먹지 말고 입대하라."라는 메시지였을 것이다. 그러나 이런 단순한 생각이 씻을 수 없는 안타까운 비극을 낳았다.

이듬해인 1942년 1월, 설리번 5형제는 훈련을 마치고 새로 취역한 경순양함 주노Juneau호에 함께 승선했다. 남태평양으로 이동 명령을 받은 주노는 1942년 9월 미군의 대반격이 시작되던 솔로몬제도의 과달카날에 투입되었다. 그리고 두 달 후 설리번 형제는 그들의 첫 번째이자 마지막 전투를 치렀다. 이 해전은 앞으로 몇 달 동안 계속될 과달카날 전투의 첫 번째 전투였다. 11월 13일 새벽, 미국과 일본 양국 해군의 수많은 함정들이 침몰해 훗날 "철선鐵船들의 바닥(아이언 바텀Iron Bottom)"이라고 이름 붙여진 해역에서 난전이 벌어졌다. 칠흑 같은 어둠 속에서 적과 아군이 뒤섞인 가운데 벌어진 치열한 해전이었다.

겨우 30분간 벌어진 이 전투에서 미 해군 일곱 척, 일본 해군 다섯 척의 전투함이 침몰하고 쌍방 1,000여 명의 사상자가 발생했다. 전투 시작 10분 만에 주노의 앞머리에 일본 구축함이 발사한 어뢰가 명중했다. 수십 명이 즉사했고 주노는 수리를 위해 뒤뚱거리면서 에스피리토 산토Espiritu Santo로 뱃머리를 돌렸다. 이 최초의 피격에서 프랜시스, 조지프, 매디슨이 전사했다.

오전 11시, 일본 잠수함 이伊26이 발사한 어뢰가 느릿느릿 함대의 끄트머리를 따라가던 주노의 탄약고에 직통으로 명중하면서 주노는 대폭발을 일으켰다. 이 폭발로 600여 명의 승무원이 배와 함께 바다 속으로 수장되었다. 이어서 시커먼 기름과 불길로 뒤덮인 바다 위는 수십 명의 부상자들이 질러대는 비명으로 아비규환을 이루었다.

살아남은 80명의 부상자 중에는 맏형인 조지도 있었다. 막내 앨버트는 행방불명이 되었다. 아마 물고기 밥이 되었을 것이다. 조지는 물위에 떠 있는 생존자들의 얼굴에 묻은 기름을 일일이 닦으면서 혹시 동생들이 아닌지 확인하면서 헤엄쳐 다녔다. "프랭크? 조지프? 매디슨? 앨?" 조지는 동생들의 이름을 목이 터져라 불렀지만 아무도 없었다. 함대를 이끌던 길버트 후버Gil-bert Hoover 중령은 일본 잠수함의

몰살당한 설리번 5형제

위협 때문에 주노의 생존자들을 구조하는 것은 위험하다고 판단했다. 그는 매정하게도 휘하 전 함정에 에스피리토 산토로 직행할 것을 명령했다. 나중에 설리번 5형제의 비극이야기가 나라 안에서 떠들썩해지자 당시 과달카날 전투를 지휘했던 홀시 제독은 노발대발 화를 내면서 후버 중령의 옷을 벗겼다.

기름과 불길 속에서 허우적대는 생존자들의 심정은 멀어져 가는 아군 함정들을 망연자실 바라보면서 찢어질 듯이 아팠을 것이다. 응급처치를 받지 못한 중상자들은 곧 숨을 거두었고, 온몸에 온통 검은 기름을 뒤집어쓴 생존자들의 머리 위에는 남태평양의 작열하는 햇빛이 사정없이 쏟아져 내렸다. 마침 그때 머리 위로 B-17 폭격기가 날아가고 있어 그들은 애타게 손을 흔들고 몸부림을 쳤으나 허사에 그쳤다. 탈진한 생존자들은 하나둘씩 죽어나갔다. 나흘째 되던 날, 심한 부상을 당한 데다 동생들의 죽음에 충격을 받은 맏형 조지는 정신착란증을 일으키면서 완전히 미쳐버렸다.

그는 간신히 올라앉아 있던 구명보트 위에서 목욕을 하겠다며 옷을

벗고 상어떼가 득실거리는 바다로 뛰어들었고 곧 그의 모습은 사라졌다. 주노의 침몰에서 살아남았던 생존자들 중 구조된 숫자는 겨우 10여 명에 불과했다. 이들의 구조도 일주일이 지난 뒤였다. 다섯 형제가 남태평양에서 불귀의 객이 된지 두 달이 지났건만 정작 고향의 부모들에겐 아무런 기별도 없었다. 이듬해 1943년 1월 형제들의 부모는 아들들에 대해 동네에 떠돌던 흉흉한 소문을 들었다.

걱정이 된 어머니는 해군 장관 앞으로 아이들 소식을 알고 싶다는 편지를 썼다. 그러나 해군성에서 돌아온 답신은 설리번 형제가 "작전 중 실종되었다."라는 간단한 내용이었을 뿐, 주노함의 침몰에 대해선 일체 함구했다. 과달카날 전투가 끝나지 않았기 때문에 전황에 대해서는 일체 노코멘트였다. 과달카날 전투가 완전히 끝난 8월에야 미 해군은 공식적으로 주노의 침몰 사실과 사상자를 발표했다. 설리번 형제가 목숨을 잃은 지 9개월 만이었다. 루스벨트 대통령이 위로의 편지를 보냈다.

설리번 형제의 고향집으로 몰려온 기자들이 이 가족의 참담한 비극을 전 미국에 알리자 국민들은 놀라움을 금치 못했다. 설리번 부부는 1944년 1월까지 70여 곳의 도시를 돌며 100만 명 이상의 사람들과 만났다. 해군의 요청으로 전국을 순회하며 전시공채를 팔고, 청년들의 군 입대를 격려했으며 군수산업에 종사하는 근로자들의 사기를 독려했다. 그러나 집으로 돌아온 후에도 설리번 형제 부모의 슬픔은 지워지지 않았다. 설리번 형제의 부모는 만년에 쓸쓸한 나날을 보냈다. 가슴에 지울 수 없는 상처를 안고 지내야 했던 참으로 힘든 시간이었다. 아버지는 자식들 이야기만 나오면 눈물을 흘리며 술에 빠져 살다가 1965년 생을 마감했다. 어머니는 병마에 시달리다가 남편을 떠나보낸 지 7년 후에 세상을 떠났다. 이미 군에서 복무했던 장남 조지라도 군에 안 가고 남았더라면 하는 안타까움이 남는 한 가족의 비극사다.

설리번 형제의 사건 이후 미군은 같은 부대나 함정에 형제들이 함께 근무하는 것을 엄격하게 금지했다. 스티븐 스필버그의 영화 〈라이언 일병 구하기〉는 이 설리번 형제의 비극에서 모티브를 가져와 만들어졌다.

1. 미드웨이 해전

태평양 전쟁 초기인 1942년 6월 5일에서 7일에 걸쳐 하와이 북서쪽 미드웨이 앞바다에서 있었던 미·일 양군 사이의 해전을 말한다. 6월 5일 일본군은 야마모토 해군 대장이 지휘하는 연합함대 주력과 나구모 중장 지휘하의 기동부대를 합친 350척의 대병력을 동원해 미드웨이섬의 미군 기지 공격과 미 해군 기동부대를 유인해 격멸하기 위한 작전을 펼쳤다. 그러나 정찰 활동을 게을리한 것과 암호가 미국 측에 해독된 탓으로 대기 중이던 미군 폭격기대의 급습을 받고 나구모 함대는 주력 항공모함 4척과 병력 3,500명, 항공기 300대를 상실하는 참패를 당했다. 태평양 전쟁 개전 이래 태평양에서 우위를 지켜온 일본의 해군은 이 해전의 패배 이후 전쟁의 주도권을 미군 측에 내어주면서 태평양 전쟁의 중대한 전환점이 되었다.

2. 조지 마셜

마셜은 1901년 버지니아 군사대학교를 졸업한 후, 제1차 세계대전 때는 미국 파견군 참모장으로 참전했다. 이후 1939년 육군 참모총장이 되었다. 제2차 세계대전 때는 워싱턴에서 미·영 합동 참모 본부의 최고 수뇌가 되어 전쟁을 지휘했다. 1947년 국무 장관에 취임해 마셜 플랜을 입안했고 서유럽의 경제 회복에 큰 역할을 수행했다. 1953년 노벨 평화상을 받았다.

3. 만세 돌격

일어로 '반자이 돌격'은 태평양 전쟁 당시 미군이 일본군 보병들의 자살 공격을 칭하던 용어다. 이 용어는 일본군이 돌격을 감행하면서 "덴노 헤이까 반자이(천황 폐하 만세)"를 외치던 것에서 유래했다.

4. 축차 공격

축차 투입이라고도 한다. 부대를 쪼개어 투입 가능한 부대를 먼저 투입하고 나머지 부대는 준비가 완료되는 대로 찔끔찔끔 투입하는 것으로, 적군에 의해 각개격파당하는 상황이 발생하기 쉽다.

5. 제이컵 보우자

솔로몬 군도의 원주민이자 정찰대원인 제이컵 보우자는 1942년 가을, 과달카날에서 정찰 행동을 마치고 돌아오다가 일본군 정찰대에게 붙잡혔다. 일본군은 그가 미군 해병대원에게서 받은 작은 성조기를 갖고 있는 것을 발견했다. 보우자가 일본군의 심문에 대답하기를 거부하자 일본군은 그를 나무에 묶어놓고 총대로 개 패듯 마구 팼다. 그래도 입을 열지 않자 일본군은 총검으로 그의 가슴을 다섯 번이나 찌르고 칼로 그의 목을 그었다. 그리고 그가 죽은 것으로 생각하고 그곳을 떠났다. 그러나 보우자는 포승줄을 이빨로 끊고 5킬로미터나 되는 길을 기어서 해병대 진지까지 찾아갔다. 그 진지에서 다량의 출혈 때문에 졸도할 때까지 그는 과달카날에 있는 일본군 병력에 관해 지금까지 몰랐던 새로운 정보를 제공했다.

〈아버지의 깃발〉

이오지마 전투, 스리바치산 성조기 게양

I. 영화 〈아버지의 깃발〉

원제: Flags of Our Fathers
감독: 클린트 이스트우드
제작: 클린트 이스트우드, 스티븐 스필버그, 로버트 로런츠
원작: 제임스 브래들리, 론 파워스
각본: 폴 해기스
음악: 클린트 이스트우드
출연: 라이언 필리프, 매리 페퍼, 조지프 크로스, 제스 브래드포드, 존
벤자민 힉키
상영 시간: 135분
제작 연도: 2006년
유사한 소재의 영화: 〈유황도의 모래〉(1949)

영화 〈아버지의 깃발Flags of Our Fathers〉은 제임스 브래들리James Brad-
ley와 론 파워스Ron Powers가 이오지마 전투에 참가한 미군들과의 인터
뷰를 바탕으로 쓴 동명의 책을 원작으로 하고 있다. 제임스 브래들리는
영화에 등장하는 사진 속 주인공이자 위생병인 존 닥 브래들리의 아들
이다. 원작 『아버지의 깃발』은 2000년도에 출간되어 6주간 베스트셀

러 1위를 차지하고 46주간 '뉴욕 타임스The New York Time' 베스트셀러 대열에 올랐다.

스티븐 스필버그가 제작하고 클린트 이스트우드Clint Eastwood[1] 감독이 메가폰을 잡은 〈아버지의 깃발〉은 처음부터 여러 면에서 화제를 불러 모았다. 이런 가운데 스필버그와 이스트우드가 함께 할 수밖에 없었던 이색적인 사연이 화제였다. 클린트 이스트우드는 조 로젠탈Joe Rosenthal의 사진 속 깃발을 세웠던 군인 중 한 명이 이오지마 전투를 회고하는 형식으로 쓰인 이 베스트셀러를 읽자마자 영화로 제작하고픈 충동을 느꼈다. 그러나 〈아버지의 깃발〉의 판권은 이미 누군가 한발 앞서 소유하고 있었다. 그 누군가가 바로 스티븐 스필버그였다. 그런데 아쉬움을 달래던 이스트우드에게 이 작품의 감독을 맡아달라며 바로 그 스필버그에게서 연락이 왔다. 이스트우드는 예전 사석에서 스필버그에게 〈아버지의 깃발〉을 꼭 영화로 만들어보고 싶다고 피력했던 기억을 떠올렸다.

우연찮게도 한 편의 책을 두고 두 사람이 똑같이 영화화를 생각하고 있었고, 이를 완성시키기 위해 서로가 적격이라고 생각했던 것이다. 이미 제2차 세계대전을 배경으로 한 〈라이언 일병 구하기〉로 아카데미상을 받은 바 있는 스필버그는 이스트우드의 감독으로서의 탄탄한 경력을 고려해 볼 때

상륙하는 해병대

분명 좋은 작품이 나올 것을 확신했다. 영화를 본 후에는 이스트우드에게 극찬을 아끼지 않았다고 한다.

이오지마섬 스리바치산에 성조기가 게양되자
환호성을 지르는 미군 병사들

원제는 〈아버지들의 깃발들〉이지만 영화 제목은 〈아버지의 깃발〉로 개봉했다. 마치 깃발을 게양한 사람이 한 사람으로 오인하게 만드는 제목이었다. 영화는 제2차 세계대전 격전지 중 하나였던 이오지마 전투 당시 미합중국 해병대가 스리바치摺鉢산 정상에 성조기를 꽂는 장면을 찍은 사진에 관한 이야기다. 이 사진은 포즈가 너무나도 멋진 데다 태평양 전쟁의 승리를 확신하게 해주는 메시지를 전달할 수 있었기에 정치적인 의도로 많이 이용되었다. 당연히 사진 속의 주인공들은 영웅이 되었고, 미국 본토로 소환되어 이후 전쟁이 끝날 때까지 전국을 돌며 국민들의 성원과 자발적인 모금을 독려하는 역할을 했다.

영화는 브래들리가 인터뷰를 진행하는 현재와 이오지마섬에서의 전투, 그리고 스리바치산 정상에 깃발을 꽂고 나서 미국 순회공연에 나선 세 병사들의 이야기, 이렇게 세 시점을 교차하면서 진행한다. 과거에 대한 현재의 기억이 영화의 중요한 골격이 되고 있다. 이 영화는 단순한 전쟁 영화와는 차원이 다르다. 이오지마 전투 이후, 깃발을 꽂았던 병사들 중 살아남은 세 사람의 삶과 기억에 초점을 두는 이 영화는 여러 가지 깊이 있는 질문들을 던진다. 영웅은 어떻게 만들어지고 잊혀가는가, 매스미디어와 국가 권력은 영웅 탄생을 위해 어떻게 짝짜꿍하는가 등등이 그것이다.

깃발이 세워진 그곳에서 살아남아 선전에 동원된 병사들은 영웅 대접을 받지만 내면으로는 심각한 PTSD[2]에 시달린다. 이 영화는 전쟁터에 나가서 죽을 고비를 넘기고 살아 돌아와서는 PTSD에 시달리면서, 한편으로는 전쟁의 참상을 미화하는 교묘한 홍보 활동에 동원되는 청년들의 이야기다. 반전 메시지가 짙게 깔린 영화라고 볼 수 있다.

> 위대한 사람은 없다. 다만 우연한 기회에 주위 환경에 떠밀려 위대한 도전에 응한 평범한 사람들이 있을 뿐이다.
>
> – 윌리엄 홀시William Halsey 제독

II. 이오지마 전투, 스리바치산 성조기 계양

이오지마 전투

제2차 세계대전 중 최대 해전 중의 하나인 1944년 6월 18일의 마리아나Mariana 해전[3]에서 미군은 일본 연합함대를 거의 궤멸시키면서 태평양 전쟁에서 확실한 주도권을 장악한다. 이 해전과 거의 동시에 이루어진 미 해병대의 사이판 상륙은 미국의 전략적 의도에 딱 맞아떨어졌다. 결국 7월에 사이판과 티니안Tinian 등 마리아나제도 일대가 모두 미군의 수중에 들어갔다. 이로써 일본 대본영이 설정한 절대 국방권의 태평양 중심축이 단번에 붕괴된다. 그리고 마침내 전쟁 발발 3년 8개월여 만에 미국은 일본 본토로 가는 출구를 활짝 열어젖혔다. 이어서 11월 24일부터 드디어 B-29⁴의 일본 본토 폭격이 개시되었다. 물론 그 이전에도 중국 서부에서 이륙한 B-29의 일본 본토 폭격 등이 간간이 있었지만 여러 방공망을 헤치고 중국에서 발진하는 것과는 천양지차였다. 사이판, 티니안, 괌 등 마리아나제도의 모든 섬들에 비행장이 들어서고 B-29 폭격기들이 새카맣게 날아가 도쿄를 강타한 것이다. 그런 미군 입장에서 이오지마는 매우 골칫거리였다. 몇 대 되지도 않는 일본기들이 이곳에서 날아와 사이판 등을 기습 폭격하는 일이 수시로 있었던 것이다. 더군다나 도쿄 폭격을 위해 발진한 B-29 폭격기들의 이동 경로 안에 이 섬이 들어 있다는 것도 큰 문제였다. 반대로 생각하자면 이오지마를 미군이 점령한다면 사이판 등의 기지에 대한 일본의 위협이 완전히 사라질뿐더러, 이오지마라는 기막힌 전진기지를 확보하게 되는 것이다. 일본 공습 도중에 손상을 입은 B-29 폭격기들의 임시 활주로로 사용할 수 있다는 장점도 있었다. 그러나 그 무엇보다도 이오지마는 일본 제국의 본토였다. 사실 이오지마는 19세기 말엽에 일본 영토가 된 무인도였다. 그러나 그 이후 열대작물 재배나 어업 등으로 생활하는 이주민들이 유입되면서 전쟁 기간 동안에는 약 1,000명 내외의 일본 민간인들이 거주했다.

이 섬은 행정적으로도 일본 제국 도쿄도지사의 관할구역이었다. 일본 제국의 본토라는 상징적 의미는 매우 컸다. 개전 이래 최초로 미군 병력이 일본 제국의 본토에 상륙하는 것이었다. 이는 곧 일본 본토도 본격적으로 전화戰火에 휩싸인다는 것을 의미했다. 실제 일본은 개전 이래 전쟁의 참상을 본토에서는 직접 느끼지 못하고 있었다. 1942년의 둘리틀 공습 폭격대의 공습 이후로는 폭격을 받은 적이 없었다. 본토에 대한 폭격이 재개된 것은 1944년 6월 15일의 일이었다. 그것도 규슈九州에 한정되었으며 그다지 심한 수준도 아니었다.

그런데 이제 절대 국방권이 무너지고 사이판에서 B-29가 도쿄 등을 공습하는 위기 상황에서 미 지상군이 아주 작지만 일본 제국 본토에 대한 상륙까지 이루어진다는 것은 일본으로서는 상상하기에도 끔찍한 일이 아닐 수 없었다. 이와 같이 이런저런 현실적이고 상징적 이유가 겹쳐지면서 미군은 이오지마를 공격하기로 결정했다. 그리고 일본도 이미 이오지마에 대한 미군의 공격이 이른 시일 내에 있을 것임을 예상하고 방어 준비에 들어갔다.

일본의 구리바야시 다다미치栗林 忠道 중장은 태평양 전쟁이 발발하면서 참모로 홍콩 공격에 참전했고, 이어서 일본 제국 육군 2사단장을 역임했다. 그리고 1944년 5월, 그는 도조 수상의 간곡한 부탁과 함께 109사단장으로 임명된다. 109사단이야말로 바로 이오지마 방어전을 위한 사단이었던 것이다. 그가 이오지마로 떠나기 전 천황에게 하직 인사를 할 때 천황도 명예로운 일이라며 그를 격려했다. 보내는 사람이나 떠나는 사람이나 앞으로의 사태에 대해서 너무나 잘 알고 있었을 것이다.

구리바야시는 미군을 완전히 격퇴하겠다는 계획 따위는 아예 생각을 않고 있었다. 냉철한 현실주의자인 그는 엄청난 물량과 화력을 가진 미국을 상대로 맞서 싸워봤자 이길 수 없다는 것을 너무나 잘 알고 있었던 것이다. 그렇다면 차라리 의미 있게 싸우다 죽자는 방향으로 생각을 고쳐먹고 있었다. 의미 있는 죽음이란 바로 너 죽고 나 죽자는 가능한 한 많은 미군을 동반 자살자로 삼는 것이었다. 기존 일본군의 전투 패턴은 패배가 분명해지면 그 유명한 자살 돌격을 감행하다가 집중 사격을 받고 몰살당하기 일쑤였다. 그런데 구리바야시는 이런 무자비한 자살 돌격 패턴을 아예 배제하고 이오지마 전체를 요새화하는 데 집중했다.

우선 이오지마에 거주하던 1,000명가량의 민간인들의 전면적인 철수가 시작되었다. 이후 이오지마 각 곳에 그 악명 높은 땅굴을 파 참호를 건설했고 곳곳에 엄폐호를 만들었다. 땅굴로 이어진 이 거대한 요새는 웬만한 포격과 폭격에도 끄떡없을 정도로 탄탄했다. 그리고 일본군은 이 미로 같은 땅굴을 따라 후방이나 적 배후로 요리조리 쉽사리 이동할 수 있었다.

이오지마섬 상륙도

공세로 나선 미군의 물량은 그야말로 어마어마했다. 우선 지상군은 해병 제3, 4, 5사단 세 개로 구성된 해병대 제5수륙양용군단이었고 군단 총병력은 거의 7만 명을 웃돌았다. 이것만으로도 이미 미군은 수비를 맡고 있는 일본군 병력의 세 배 수준이었다. 지상군만 이 정도에다가 해군은 그야말로 가공할 만한 규모였다. 전함 여덟 척과 순양함 19척, 구축함 44척이 선단 호위와 함포 지원을 위해 동행했고 항공 지원을 위한 호위 항공모함도 12척에 육박했다. 이오지마섬 앞바다가 함선으로 새카맣게 뒤덮였다. 1945년 2월 16일부터, 전함 6척, 중순양함 5척, 경순양함 1척, 구축함 16척으로 구성된 대함대가 이오지마에 대한 대대적인 함포사격에 나섰다. 17일에 수비대 해안포대의 포격을 받고 순양함 펜서콜라Pensacola가 격침됐지만 이 해안포대는 즉각 박살 났다.

이오지마섬의 미 해병대 상륙 장면
(멀리 스리바치산이 보인다)

　2월 19일 새벽 2시. 전함들의 함포사격을 신호탄으로 다시 한번 대규모 함포사격이 퍼부어졌다. 그 어느 때보다도 강력한 포격이 섬 구석구석을 누비면서 샅샅이 강타했다. 그러나 대부분의 일본 진지는 지하에 있던 탓에 무사했다. 그래서 실제로 포격에 노출되어 날아간 진지는 얼마 되지 않았다. 8시 59분, 해병 제5사단이 섬의 남쪽 해안으로 상륙을 개시했다. 그러나 일본군은 구리바야시의 명령대로 일단 미군의 상륙을 그대로 놔두고 별다른 저항을 하지 않았다. 미군이 상륙해 안으로 들어오는 순간에 끝장을 보겠다는 생각이었다. 그렇지만 일본군의 이런 술책을 몰랐던 미군은 해군이 하도 두들겨대는 바람에 자기들이 전공을 세울 기회가 날아갔다고 투덜거리는 웃지 못할 일도 벌어졌다.

그러나 이오지마에는 포와 수비대가 동굴 속에 빽빽하게 자리 잡고 있었다. 해안은 화산모래로 뒤덮여 있어 차량들이 바퀴가 빠져 도대체 움직일 수가 없었다. 보병들도 푹푹 빠지는 화산모래 속에서 발을 제대로 디디고 설 수가 없을 정도였다. 초기 상륙은 그야말로 혼란의 도가니였다. 파도에 떠밀리고 파괴된 상륙정들이 서로가 부딪치는 등 북새통을 이루고 있었다. 또한 해변에서 바퀴가 헛돌아 움직이지 못하는 수륙양용장갑차들이 사흘 동안의 전함 함포사격으로도 부서지지 않은 일본군의 근거리포의 일제 사격에 속수무책으로 얻어맞았다. 소총수들이 엄폐가 될 만큼 참호를 파내려고 하면 곧바로 무너져 내렸다. 부상병들은 후송되기를 기다리면서 해변에 가지런히 누워 있다가 날아오는 포탄에 또다시 날벼락을 맞았다.

미 해병대는 처음에 일본군의 전형적인 공격패턴인 반자이 공격(자살공격)을 기다렸으나 그들은 동굴 안에서 꿈쩍도 하지 않았다. 전투 방식을 바꾼 것이다. 해병들은 직접 전진을 해야 했다. 해병들이 가까스로 어느 정도 전진하면 기다리고 있던 일본군의 집중사격이 기다리고 있었다. 철저하게 엄폐된 진지들에서 기관총을 비롯한 여러 화기들이 일제히 불을 뿜었다. 해병 5군단의 선두 부대는 초장에 그야말로 끔찍하게 당했다. 이 위기를 타개한 것은 사격과 포격보다는 화염방사기와 수류탄으로 동굴 진지를 하나씩 불태워 버리는 것이었다.

상륙한 미 해병대의 첫 번째 목표는 섬에서 가장 높은 고지이자 최남단에 위치한 스리바치산 공략이었다. 스리바치산의 일본군 수비대는 비교적 병력이 적었는데도 산 곳곳에 파놓은 굴속 통로들을 교묘히 이용하며 필사적인 방어전을 벌였다. 그러나 해병대의 공격도 이에 못지않게 매우 치열했다. 스리바치산은 특히 바다에 바로 접해 있어 해군 함포사격의 직격이 가능했다는 것은 일본군에게는 불행이었다. 먼저 가공할 함포사격으로 일본군의 스리바치산 방어 진지를 묵사발로 만들었다. 그리고 해병대는 화염방사기로 진지를 태우고, TNT로 바위를 통째로 가루를 만들며 진지 안의 일본군을 섬멸하면서 한발 한발 정상에 가까워지고 있었다. 방어가 어려워지자 굴속에 남아 있던 300명의 일본군 생존자들은 본대에 합류하기 위해 북쪽으로 탈출했으나 살아남은 자는 겨우 20여 명뿐이었다.

2월 23일 10시 20분, 해병대는 스리바치산 정상을 확보했다. 그런데 산 밑에서 보니 뭔가 불만이 있었다. 산 정상에 꽂았던 성조기가 초라하고 작았던 것이다. 그래서 즉시 원래 것보다 훨씬 크고 깨끗한 성조기를 새롭게 정상으로 올려 보내 게양했는데 마침 이 모습을 AP의 종군기자가 촬영했다. 이것이 바로 그 유명한 해병대의 국기 게양 사진이었다.

그러나 정작 전투는 지금부터였다. 스리바치산을 중심으로 한 이오지마 남단은 미군이 점령했으나 일본군의 주 방어선은 섬 북쪽에 집중되어 있었다. 이오지마를 완전히 점령하기 위해서는 미군은 섬 북부에 대한 대대적인 공세에 나서지 않을 수 없었다. 일본군은 사전에 구리바야시 중장의 지휘 아래 철저하게 준비한 상태였고 이제 최후의 일전을 기다리고 있었다. 이미 미군은 스리바치산을 공략하면서 혹독한 교훈을 얻었다. 일본군은 매우 튼튼한 동굴 진지로 도배를 하고 미군에 상당한 피해를 입혔다. 미군은 이 골치 아픈 진지들을 하나하나 점령하는 대신 보이는 입구마다 화염방사기로 불덩어리들을 쏟아 넣었다. 안에 있던 일본군은 그대로 통구이로 구워졌다. 그것도 모자라 수류탄을 까 넣고 다시 또 폭약을 터트리기를 무한정 반복했다. 일본군 방어선은 이제 하나씩 빠르게 무너져 갔다. 특히 6대의 셔먼 전차에 장착된 화염방사포는 엄청난 위력을 발휘했다. 야간에는 일부 영어를 할 줄 아는 일본군은 부상자 구조를 요청하면서 해병대원을 유인해서 사살하는 교활한 술책을 쓰기도 했다. 끊임없이 쏘아대는 조명탄이 작전 기간 내내 섬의 하늘을 밝혔다.

살아남은 나머지 일본군은 섬의 최북단으로 퇴각하며 포위망이 좁혀졌다. 미군은 늘 하던 방식대로 화염방사기, 수류탄, TNT를 있는 대로 쏟아 부으며 일본군을 막다른 골목으로 몰아붙였다. 결국 일본군은 3월 26일 잔존 병력 전원은 그들이 전매특허인 이른바 '반자이 공격'인 자살 돌격을 감행했다. 구리바야시 중장이 그때까지 살았는지 죽었는지는 알려지지 않았다. 최후의 만세 공격에서 모두가 죽어버렸기 때문이다. 어쩌면 이 돌격에 참여하지 않고 다른 곳에서 죽었을 지도 모른다.

미 해병대는 이오지마섬 탈환전에서 무려 6,821명의 전사자와 1만 9,189명의 부상자를 냈다. 앞장에 섰던 소부대들 중에는 아예 대규모 재편성이 필요한 부대들이 속출했다. 일본은 제국 육군 109사단이 말 그대로 완전히 몰살당했다. 미군으로서는 이전까지의 전투 중 가장 끔찍했던 1943년의 타라와Tarawa 전투를 훨씬 넘어서는 대규모 인명 피해에 놀라지 않을 수 없었다.

그러나 이오지마 전투는 충분히 그 값어치가 있었다. B-29의 발진기지인 사이판은 더 이상 공격받지 않았다. B-29 폭격기에 의한 일본 본토 대공습이 본격화되면서 그 가치는 더욱 커졌다. 공습 도중 피탄당한 폭격기들이 이오지마의 비상활주로에 무사히 착륙하면서 상당수의 B-29 폭격기들과 파일럿들의 생명을 건질 수 있었다. 그리고 일본은 절대 국방권 붕괴에 뒤이어 제국 본토가 드디어 미국의 손에 넘어갔다는 절망적인 사실에 부딪치게 되었다. 이제 일본은 상상조차 하기 싫었던 본토 대결전을 준비해야 하는 막다른 골목에 이르렀다.

스리바치산 성조기 게양 사진

태평양 전쟁의 상징 같은 이 사진의 모습은 미국 알링턴 국립묘지 부근에 동상으로 만들어져 사람들의 시선을 모으고 있다. 여섯 명의 미군 해병대원이 이오지마섬의 최고봉 스리바치산에 성조기를 세우는 이 역사적인 사진은 1945년 2월 23일 촬영됐다. 2월 23일 이오지마 상륙을 개시한 지 나흘 후 미군은 이오지마의 가장 높은 곳 스리바치산을 점령했다. 상륙 첫날 해안가에서 막대한 피해를 입은 것을 고려하면 스리바치산 정상은 어렵지 않게 미군의 손에 넘어왔다. 그도 그럴 것이 스리바치산을 지키던 일본 수비대는 자결하거나 20여 명만이 북쪽 지하 동굴로 도주했기 때문이었다.

성조기를 게양하는 장면

전투를 지휘하던 챈들러 존슨 Chandler Johnson 대대장이 40명의 정찰대를 구성해 스리바치산 정상을 정복하라는 명령을 내렸다. 그리고 그는 정찰대를 지휘하는 해럴드 슈라이어 Harold Schrier 중위에게 상자에서 뭔가를 꺼내 건네주었다. "만약 정상을 정복하면 이걸 세워주게." 가로 1.1미터, 세로 0.7미터의 조그만 성조기였다. 이 정찰대에는 해병대 '레더넥 Leatherneck 매거진'의 루이스 라워리 Lewis Lowery 하사가 동행했다. 정찰대는 오전 10시경, 일본군의 별 저항 없이 산 정상에 무사히 도착했다. 슈라이어 중위는 곧 국기를 게양하기 위해 작업할 것을 지시했다. 병사 하나가 철제 파이프 하나를 주어왔다. 병사들은 파이프에 깃발을 매달고 땅에 꽂았다. 슈라이어 중위와 몇 명의 병사들이 깃대를 잡았고 라워리 하사가 카메라 셔터를 눌렀다.

그때 이오지마에서 전투를 하던 수천 명의 해병들과 앞바다에 닻을 내린 군함들 위의 수병들은 이 광경을 보았다. 이들은 정찰대가 산을 오르는 것을 내내 지켜보고 있었다. 깃대가 꽂히는 순간, 잠시나마 이오지마 전장은 12월 31일 밤의 뉴욕 타임스스퀘어 광장으로 변했다. 해병들은 환호성을 지르며 휘파람을 불고 철모를 벗어 미친 듯이 흔들어댔다. 해군 함정들에서도 너도나도 사이렌을 울려댔다. 그때 마침 제임스 포레스털James Forrestal 해군 장관도 해안에서 그 장면을 바라보고 있었다. 그리고 옆에서 상륙작전을 지휘하던 울부짖는 미치광이라는 별명의 홀랜드 스미스Holland Smith 장군에게 그 게양된 성조기를 갖고 싶다고 말했다. 이 말을 전해 들은 성격이 괄괄하며 해병대 기질이 다분한 존슨 대대장은 "무슨 개 풀 뜯어먹는 소리를 하는 거야!"라고 버럭 소리를 질렀다. 그는 깃발이 당연히 대대 소유물이라고 생각했고 그 깃발을 장관이 가져가는 것은 말이 안 된다고 생각했다. 그래서 다른 성조기를 찾아 게양하고 그 깃발을 가져오라고 부관에게 지시했다. "이왕이면 지금 것보다 더 큰 걸 찾아서 세워!" 이렇게 해서 그 유명한 국기 게양 사진이 등장하게 된다.

존슨 중령의 지시를 받은 부관 테드 터틀Ted Tuttle 중위는 해안 수륙양용 함정에서 가로 2.4미터, 세로 1.4미터의 성조기를 찾아냈다. 진주만 피습 당시 격침된 함선에 있던 것이다. 존슨 대대장은 터틀 중위에게 이렇게 말했다. "자네는 졸병들을 시켜 당장 정상에 올라가 슈라이어 중위에게 이 깃발을 다시 게양하라고 전하라. 그리고 지금 걸려 있는 작은 깃발은 세상 없는 누가 달래도 절대 주지 말고 나에게 직접 가져와(제임스 브래들리·론 파워스, 『아버지의 깃발』, p329)." 그들과 함께 작달막한 키에 안경을 걸치고 콧수염을 기른 AP통신 사진기자 조 로젠탈이 동행했다. 병사들은 정오경에 산 정상에 올랐다. 그리고 그 깃발을 슈라이어 중위에게 전했다. "존슨 대대장님이 이 큰 성조기가 높이 휘날리기를 원하십니다. 지옥 같은 이 섬에 있는 모든 개자식들이 다 볼 수 있도록 말이죠!(제이스 브래들리·론 파워스, 『아버지의 깃발』, p329)"라는 말을 덧붙였다. 병사들은 깃대용으로 45킬로그램이 넘는 무게의 기다란 파이프를 발견했다. 이 파이프에 깃발을 매단 해병대원들은 거센 바람 속에 깃대를 세우느라고 여섯 명의 해병대원들이 끙끙거렸다.

바로 그때 로젠탈이 4초간의 동작에서 단 한 장의, 400분의 1초짜리 컷을 잡아내었다. 역사에 길이 남을 사진이었다. 깃대는 벌떡 섰다. 잠시 후 몇 명의 해병대원들은 깃대를 지지할 만한 돌을 찾아 깃대를 지탱했다. 첫 번째 깃발은 존슨 대대장에게 전해졌고, 그는 그 깃발을 장관에게 전하지 않고 대대 금고에 보관했다. 두 번째로 게양된 성조기는 3주 동안 펄럭이다가 세찬 바람에 찢겨버렸다. 로젠탈은 산에서 내려와 그날 찍은 열두 장의 사진과 그 이전에 찍었던 필름을 미국 AP통신사로 보냈다. 로젠탈이 보낸 필름은 라워리 하사가 보낸 사진보다 더 빨리 본국에 도착했다.

2월 24일 AP통신사 본사의 사진기자 보드킨Bodkin은 로젠탈이 보낸 사진들을 현상하면서 전기에 감전된 듯 화들짝 놀랐다. "이거야말로 영원히 역사에 남을 사진이야!"라고 소리를 질렀다. 바로 스리바치산 두 번째 깃발 게양 장면이었다. 다음 날 일요일 전 미국인들의 눈은 신문 첫 면에 실린 사진에 얼어붙듯이 고정되었다. 출근하는 사람들도 거리에서 우연히 신문을 사서 들었다가 놀라운 사진을 보고 다시 되돌아서서 신문을 한 부씩 더 샀다.

국기 게양 사진은 미국 승리의 희망을 상징했으며 4년 전 비극적인 진주만 피습 당시의 절망과 두려움과 명확히 비교되는 사진이기도 했다. 사진이 몰고 온 충격파는 전국을 강타했다. 2월 25일 일요일, 《뉴욕 타임스》의 한 칼럼니스트는 이 사진을 가리켜 "역사상 가장 인상적인 전쟁 사진 중의 하나"라고 평했다. 뉴욕 《타임스 유니언Times Union》의 한 기자는 이 사진을 레오나르도 다 빈치Leonardo da Vinci의 「최후의 만찬The Last Supper」에 견줄 만한 걸작이라고 침을 튀겼다.

TIP!

1. 클린트 이스트우드

전형적인 늦깎이였던 이스트우드는 카우보이였고 무법자였으며 거친 형사였다. 이스트우드는 세르지오 레오네Sergio Leone와 돈 시겔Don Siegel의 영화에 출연하면서 영화를 배우기 시작했고, 1971년 이후로는 거의 매년 한 편씩 영화를 연출했다. 그는 나이 62세 때 영화 인생 40년을 앞두고 〈용서받지 못한 자Unforgiven〉를 만들었다. 이 영화는 그의 16번째 장편 연출작이었고 그해 전 세계 비평가들로부터 최고의 영화로 극찬을 받았다. 물론 1993년 제65회 미국 아카데미 감독상과 작품상을 수상하면서 공식적으로 이스트우드는 진정한 거장의 반열의 올랐다.

〈용서받지 못한 자〉 이전에 마카로니 서부극의 영웅이었던 이스트우드는 서부극이 쇠퇴하자 돈 시겔의 〈더티 해리Dirty Harry〉에서 강력 형사로 등장했다. 〈더티 해리〉는 그의 마초적 이미지를 더욱 강하게 각인시켰다. 이스트우드는 더티 해리 시리즈의 돈 시겔 감독에게서 감독이 되라는 권유를 받고 1971년 말파소Malpaso 프로덕션이라는 제작사를 차렸다. 말파소 프로덕션을 통해 그는 1973년 사이코 스릴러 〈어둠 속에 벨이 울릴 때Play Misty For Me〉로 감독 데뷔를 해 이후부터는 감독과 배우로 활동했다. 이후 그는 배우보다는 감독으로서의 명성을 쌓아나갔다. 최근 들어 〈밀리언달러 베이비Million Dollar Baby〉, 〈미스틱 리버Mystic River〉, 〈아버지의 깃발〉, 〈이오지마에서 온 편지Letters From Iwo Jima〉, 〈체인질링Changeling〉, 〈그랜 토리노Gran Torino〉, 〈우리가 꿈꾸는 기적: 인빅터스Invictus〉, 〈내 인생의 마지막 변화구Trouble With the Curve〉, 〈설리: 허드슨강의 기적SULLY〉, 〈라스트 미션The Mule〉과 같은 걸작들을 연달아 발표하면서 노익장을 과시하고 있다.

2. PTSD Post Traumatic Stress Disorder

PTSD(외상 후 스트레스 장애)는 사람이 전쟁, 고문, 자연재해, 사고 등의 심각한 사건을 겪은 후 그 사건에 대한 공포감을 잊지 못하고 느끼는 정신적인 질환이다. 정상적인 사회생활을 영위할 수 없을 정도로 심각한 증상을 나타낸다.

3. 마리아나 해전

마리아나 해전은 1944년 6월 19일부터 21일까지, 사흘 동안 미·일 양국 해군 항모 부대 사이에 있었던 해전이다. 이 해전은 태평양 전쟁 기간에 미국과 일본 해군의 항모 부대가 격돌한 마지막 해전이다. 이 해전에서 오자와 지사부로小澤 治三郎 중장이 지휘하던 일본 항모 부대는 항모 세 척과 다량의 해군기를 잃고 대패했다. 일본 해군 항모 부대는 사실상 이 해전으로 완전히 소멸되었다.

4. B-29 폭격기

하늘의 요새라 불렸다. 최대 항속거리 9,650킬로미터, 실용 상승한도 1만 2,500미터, 최대 시속 576킬로미터의 성능을 내며 9톤의 폭탄을 탑재할 수 있다. 기관포 6문과 기관총 16문이 장착되었다. 일본 본토 폭격에 동원되었고 한국전에서도 위용을 떨쳤다.

〈알라모〉

알라모 및 샌 하신토 전투, 텍사스주 독립

I. 영화 〈알라모〉

원제: The Alamo
감독: 존 웨인
제작: 존 웨인, 제임스 에드워드 그랜트
각본: 제임스 에드워드 그랜트
음악: 드미트리 티옴킨
출연: 존 웨인, 리처드 위드마크, 로렌스 하비
제작 연도: 1960년
상영 시간: 161분
같은 소재의 영화: 〈최후의 사투〉(1955), 〈알라모 전투〉(2004)

    알라모 요새Fort Alamo의 전투는 미국 역사에서 특히 텍사스 독립 운동사에서 빼놓을 수 없는 신화적인 이야기다. 이 전투는 텍사스의 샌안토니오San Antonio 지역의 알라모 요새에서 민병대 187명이 멕시코의 산타 아나Santa Anna 장군이 이끄는 수천 명의 병력과 맞서 13일간의 사투를 벌이고 전원 전사했던 역사적인 사건이다. 그리고 이 전투를 지휘한 윌리엄 트래비스William Travis 대령, 민병대장 짐 보위Jim Bowie, 그리고 테네시주에서 달려와 합류한 데이비 크로켓Davy Crockett 등 3인은 신화적 인물이 된다.

당연히 이들의 이야기가 영화로 여러 편 만들어졌고 무성영화 시절부터 영화화되어 왔는데 정작 거물급 감독이나 배우가 만든 메이저급 영화는 없었다. 서부극의 대스타인 존 웨인John Wayne[1]은 10여 년간 공을 들이면서 이 알라모 전투의 영화화에 대단한 집착을 보였다. 이후 자신이 직접 제작, 감독, 주연까지 맡으면서 1960년에야 비로소 대작 영화 〈알라모The Alamo〉가 탄

알라모 전투 삼인방
오른편부터 크로켓, 트래비스, 짐 보위

생되었다. 알라모 소재 영화는 이보다 5년 일찍 1955년 〈최후의 사투 The Last Moment〉라는 영화가 우리나라에 먼저 개봉되었는데 스털링 헤이든Sterling Hayden과 어니스트 보그나인Ernest Borgnine이 출연했다.

앞에서 열거한 알라모의 3대 영웅 데이비 크로켓, 짐 보위, 트래비스 중에서 존 웨인은 크로켓 역으로 출연했다. 짐 보위 역에는 찰턴 헤스턴에게 출연 제안을 했지만 결국은 리처드 위드마크Richard Widmark에게 돌아갔다. 당시 찰턴 헤스턴은 영화 〈벤허〉의 촬영이 막 끝났던(1959년) 참이라 기진맥진해서 사양했다는 후문이었다. 트래비스 대령은 좀

의외의 캐스팅이라고 여겨졌는데, 서부극과는 인연이 없던 셰익스피어 연극 〈로미오와 줄리엣Romeo And Juliet〉의 영국 배우 로렌스 하비Laurence Harvey에게 돌아갔다. 존 웨인, 리처드 위드마크 등 이미 서부극에서 잔뼈가 굵은 베테랑 배우들과 비교할 때 너무 젊은 영국 배우인 것이 의외였다. 그러나 나름대로 트래비스 대령 역할을 무난하게 소화했다는 평이었다.

2시간 40분이 넘는 대작인 이 영화는 존 웨인이 제작비조차 미처 확보하지 못한 채 어렵사리 촬영을 시작했다. 처음에는 멕시코를 촬영지로 모색하다가 영화의 상징성 때문에 결국 텍사스의 어느 목장 근처에 세트를 짓고 촬영했다. 스튜디오 촬영이 전혀 없이 현지 세트에서만 촬영이 이루어졌다. 역사적인 알라모 전투가 벌어지는 장면은 2시간이 지난 후에나 나타나고, 존 웨인도 영화가 시작되고 20분이나 지나서야 등장한다. 전투 이전까지는 트래비스 대령, 짐 보위, 데이비 크로켓 등 알라모 영웅인 세 명의 인물들 위주로 이야기가 전개된다.

전투가 벌어지기 전에는 짐 보위와 크로켓 일행들이 게릴라처럼 공을 세우는 내용과 트래비스와 짐 보위 간에 사사건건 대립하는 내용이 그려진다. 나름 본격적인 전투 장면 이전에 흥미로울 만한 이야기를 다양하게 삽입하고는 있지만 좀 지루한 면이 없지 않다. 후반부에 가면서 영화는 점차 스케일이 커진다. 민병대에게 지원군이 오는 것이 불

멕시코군을 기다리고 있는 알라모 민병대원들

투명하다는 것을 숨기던 트래비스 대령은 결국 아무도 오지 않는다는 것과 이 병력으로는 전투에서 승리할 수 없다는 것을 솔직히 이야기하며 떠날 사람은 떠나라고 한다. 이 장면은 참으로 비장하다. 부하들을 데리고 떠날 듯 싶었던 짐 보위가 말에서 내려 트래비스 대령의 병력에 합류하고 이어서 차례차례 민병대들이 말에서 내려 합류하는 장면은 극적이면서도 인상적이다. 영화는 미국 내에서는 어느 정도 흥행에 성공했으나 해외에서의 흥행 실패 때문에 적자를 면치 못했다. 그래서 제작자인 존 웨인은 재정적으로 상당한 어려움을 겪었다. 이후 TV 방영으로 어느 정도 적자를 회복했다. 아카데미 후보 일곱 개 부문에 올랐지만 딱 한 개만 수상했다. 그해 〈스팔타커스〉, 〈엘머 갠트리Elmer Gantry〉, 〈아파트의 열쇠를 빌려드립니다The Apartment〉 등 수작 영화들과 맞서기에는 다소 역부족했던 영화였다.

한편 존 웨인과 특별한 인연을 가진 존 포드John Ford 감독이 촬영 현장에 자주 찾아왔다. 존 웨인은 대선배이자 자신의 은인인 존 포드를 많이 어려워했다고 한다. 그래서 촬영장에 찾아와 태연하게 감독석에 떡하니 앉아 있어도 뭐라 하지 못했다고 하고, 실제로 존 포드가 몇 장면을 직접 촬영하며 지휘하기도 했다.

기대만큼의 흥행 성공이나 호평을 받지는 못했지만 〈알라모〉가 존 웨인의 대표작이 된 것은 분명하다. 존 웨인은 평생 출연한 영화 중에서 특히 〈알라모〉에 공을 들였다고 한다. 서부 영화음악의 거장인 디미트리 티옴킨Dimitri Tiomkin[2]이 음악을 담당했다. 기마병 장면에서는

2,000마리가 넘는 말이 등장했고, 전투 장면 외에도 소떼의 이동 장면 등 여러 가지 볼거리를 제공한다. 찰턴 헤스턴이 연기할 뻔했던 짐 보위 역의 리처드 위드마크는 특유의 거칠고 힘 있는 연기로 꽤 적역이었다는 느낌을 주었다. 세 명의 영웅 중 그가 제일 나중에 전사하는 역할을 맡았다. 존 웨인의 아들인 패트릭 웨인Patrick Wayne도 출연하는데, 지원군이 못 오게 되었다는 안타까운 소식을 알리는 장교 역할을 맡았다.

II. 알라모 및 샌 하신토 전투, 텍사스주 독립

알라모 전투

알라모 전투는 미국 민병대와 멕시코 정규군과의 싸움이었다. 이야기는 1812년으로 거슬러 올라간다. 스페인 군대가 텍사스를 떠난 뒤 대신 독립국가가 된 멕시코가 텍사스를 차지한다. 이 광대한 땅을 발견

한 미국인들이 이게 웬 떡이냐고 하면서 몰려들기 시작했다. 최초의 개척자는 모제스 오스틴Moses Austin이었다. 그는 텍사스에 미국인 정착촌을 만들겠다고 왔지만 꿈을 못 이루고 이른 나이에 죽고 말았다. 그의 꿈은 아들 스티븐 오스틴Stephen Austin[3]에 의해 이

스티븐 오스틴

루어졌다. 그는 갖은 난관을 뚫고 미국인들의 텍사스 이주를 도왔다. 현재 텍사스의 주도州都인 오스틴은 바로 이 오스틴 부자의 이름을 딴 것이다.

오스틴이 1821년 300가구의 미국인들을 텍사스로 이주시킨 것을 계기로 미국인들이 몰려오기 시작했다. 사실 미국은 오랫동안 멕시코 땅인 텍사스에 눈독을 들여왔다. 일찍이 존 애덤스John Adams와 앤드루 잭슨Andrew Jackson 대통령은 멕시코에 텍사스 매수를 제안하기까지 했지만 거절당했다. 멕시코는 한심하게도 이런 미국의 속셈을 알았으면 미국인들이 아예 텍사스에 발을 못 붙이게 했어야 하는데, 거꾸로 미국인들의 이주를 허용하고 장려하는 정책을 폈다. 멕시코는 텍사스의 경제를 키워 세금을 더 많이 거두어들일 속셈이었던 것이다. 문제는 이때부터 잉태되기 시작했다. 처음엔 300여 가족이었지만 1830년경에는 백인 2만여 명, 흑인 노예 2천여 명으로 불어났다. 곧 미국인들의 수가 멕시코인들을 앞지르기 시작했다. 자연히 미국 사람들과 멕시코 정부 사이에 여러 충돌이 빚어지기 시작했다.

특히 멕시코는 노예제도를 금지하고 있었다. 그러나 텍사스인들은 흑인 노예 없이는 농장을 경영할 수 없다면서 대놓고 멕시코 정부에 반기를 들었다. 이 무렵인 1834년 멕시코에선 산타 아나 장군이 쿠데타를 일으켜 정권을 잡았다. 텍사스인들은 이 기회를

산타 아나

놓치지 않았다. 독재자 밑에서 살 수 없다며 독립을 선언했다. 이때 오스틴은 체포 구금을 당하면서까지 멕시코 당국에 텍사스를 분리해 달라고 요구했다. 독립 추진자들은 "텍사스 독립 운동에 참여하라! 승리하면 땅을 주겠다."라고 선언하자 미국 각처에서 이민 희망자들이 몰려왔다. 이에 산타 아나는 텍사스를 도저히 이대로 놔두어선 안 되겠다고 결심하고 군대를 끌고 텍사스를 정벌하기에 이르렀다. 최초의 충돌은 알라모 요새였다.

원래 알라모는 전체가 두꺼운 성벽으로 둘러싸인 예배당, 수도원, 수녀원으로 구성된 일종의 전도소였다. 1718년 샌안토니오에 건설되었다. 19세기 초반 스페인군 기병대가 주둔하며 이 요새를 스페인어로 미루나무라는 뜻인 알라모라고 불렀다. 독립선언서를 발표하기 전 1835년 12월에 이미 텍사스 의용군 부대는 알라모를 점령했다. 이에 산타 아나가 군을 이끌고 리오그란데Río Grande강을 건너왔다. 그러자 샘 휴스턴[4]을 위시해 텍사스군을 지도하는 몇 사람은 전투 경험이 전혀 없는 소수의 초보 민병대만 이끌고는 멕시코군을 이기기가 불가능하다는 판단으로 샌안토니오를 포기하기로 결정했다.

그러나 이미 알라모에 진을 치고 있던 의용군들은 후퇴하기를 거부하고 산타 아나가 이끄는 멕시코군을 기다렸다. 리오그란데강을 건너 남측에서 접근해 요새 알라모를 포위하고 공격하기 시작한 멕시코군은 6,000명이었으나 알라모 요새를 지키는 텍사스 의용군은 소수 부대인 데다가 텍사스 주민과 나중에 보강된 증원군 약간을 합해봐야 불과 187명이었다. 제임스 보위와 윌리엄 트래비스 대령이 텍사스 의용군을 지도했고 변경邊境 개척자로 유명한 데이비 크로켓도 멀리 테네시주에서 의용군을 이끌고 참여했다.

오늘날의 알라모 요새

제임스 보위는 당시 40세였으며 칼싸움의 명수였다. 그의 이름을 딴 '보위의 칼(길이 23.5cm, 너비 3.8cm)'은 지금도 샌안토니오에서 유명한 관광 상품일 정도로 그는 텍사스 개척의 전설적인 인물 중의 하나다. 아무튼 보위의 칼이 유명해진 계기가 있었다. 1827년 9월 19일, 보위는 미시시피주 나체즈Natchez에서 노리스 라이트Norris Wright라는 결투 상대방한테서 총을 맞고 칼로 가슴을 찔렸으나 곧 바로 허리춤의 나이프로 상대를 썰어버리는 사건이 있었다. 그 후 이 보위 나이프는 전설이 되었다. 이 덕분에 나이프 유행이 들불처럼 번져, 카우보이들은 물론 미국 남부의 신사들은 보위 나이프를 허리에 차지 않으면 복장이 적절하지 못하다고까지 생각했다.

데이비 크로켓은 알라모 전투 당시 50세였다. 테네시주 출신으로 사냥꾼, 개척자, 하원 의원을 지냈다. 당시 그는 미국에서 가장 인기 있는 정치인이기도 했다. 그는 1835년 하원에 재선되기 위해 출마했다가 낙선했는데, 무엇보다도 무식하다는 것이 주요 원인이었다. 그가 백 마리 이상의 곰을 쏴 죽였다고 말했을 때 친구들은 낄낄거리며 절대 그럴

리 없다고 믿질 않았다고 한다. 이는 크로켓이 그 정도까지 많은 수를 셀 수가 없었을 거라는 이유에서였다.

알라모의 비장한 신화는 트래비스에 의해 더욱 보태졌다. 전투에 임박해 트래비스는 모든 사람들을 집합시켰다. 이제 탈출을 시도하든지, 여기에 남아 싸우든지 양자택일을 해야 했다. 그러면서 칼로 모래 위에 선을 그었다. 죽기를 각오하고 싸울 사람은 줄을 넘으라고 말했다. 그 당시 단 한 사람만 빼고는 모두가 줄을 넘어서서 알라모 사수를 결의했다고 한다. 그러나 이 신화는 20세기에 들어와 조작됐다는 시비가 끊이지 않았다. 알라모에 남은 사람들은 1836년 3월 6일까지 13일에 걸쳐 멕시코군에 대항했고 막바지에는 탄약이 떨어져 총을 막대기처럼 쓰면서까지 저항했다. 그러나 1836년 3월 6일 멕시코군은 마침내 안마당 외벽의 무너진 틈으로 물밀듯 쳐들어왔다. 그리고 텍사스 의용군 187명은 전멸당했다. 이들 의용군들의 시체는 모두 기름에 적셔 불태워졌다. 멕시코군도 1,000여 명이 전사했다. 이 알라모 전투는 13일간의 포위 끝에 3월 6일 끝났다. 병사들은 전멸했지만 한 병사의 아내 수재나 디킨슨Susanna Dickinson, 그녀의 15개월 된 아기, 지휘관 윌리엄 트래비스 대령의 노예인 조까지 세 명만 살아남았다. 오늘날 미국인 대부분은 알라모 전투에서 미군 전원이 장렬하게 전사했다고 믿지만, 일부 병사는 붙잡혀 처형됐다고 한다.

산 하신토 전투Battle of San Jacinto

알라모 전투 후, 즉시 산타 아나는 텍사스 동쪽 깊숙이 군대를 이끌고 진격해 갔다. 그 목적은 샘 휴스턴 장군이 이끄는 텍사스 의용군과 결정적인 전투를 하는 것이었다. 이들 반란군들의 뿌리를 아예 뽑아버리겠다는 심산이었다. 멕시코군의 동향을 보고받은 휴스턴은 열세인 자기편 군대가 산타 아나와 싸워 이길 준비가 되어 있지 않다는 것을 재빨리 깨달았다. 경험이 풍부하고 훈련된 멕시코 기병대를 텍사스 의용군이 쉽게 물리칠 수 있는 사안이 아니었다.

그의 유일한 선택은 좋은 입지를 찾아 유리한 위치에서 싸울 수 있을 때까지 기다리는 것이라고 생각했다. 그래서 휴스턴은 미국과의 경계까지 철수를 명령했고 많은 정착민들도 함께 이동했다. 산타 아나는 반란자들을 하루 빨리 붙잡아 전쟁을 빨리 끝내고 싶었다. 그러나 산타 아나는 자만했다. 본대와 떨어져 선봉 부대를 이끌고 있었다. 알라모 전투 6주 후 휴스턴에게 결정적인 기회가 왔다.

산타 아나가 본대와 떨어져 이동을 하고 있다는 정보가 입수됐다. 게다가 산타 아나의 선두 부대는 달랑 750명으로 휴스턴 군대 820명보다도 적었다. 텍사스 민병대를 너무 얕잡아봤다. 4월 20일 양군은 오늘날의 휴스턴 인근에 있는 산 하신토San Jacinto강의 지류인 버펄로바이유Buffalo Bayou에서 대치

샘 휴스턴

했다. 휴스턴은 드디어 기회를 포착했다. 이때 멕시코군은 긴장의 끈을 늦추고 있었고 방비도 허술했다. 다음 날 멕시코 군대는 보초도 안 세 워놓고 느긋하게 시에스타(낮잠)를 즐기고 있었고 일부는 음식을 먹고 있었다. 텍사스 의용군은 "알라모를 기억하라!Remember the Alamo!"라고 외치며 득달같이 공격에 나섰다. 제2차 세계대전 발발 시 "진주만을 기억하라!"라는 구호를 떠오르게 하는 대목이다.

멕시코군은 속절없이 무너졌고 단 20분간의 전투 끝에 멕시코군은 수백 명이 죽거나 사로잡혔다. 반면에 텍사스 의용군의 사망자 수는 아홉 명에 불과할 정도로 전투는 일방적으로 싱겁게 끝나버렸다. 산타 아나는 입고 있던 울긋불긋한 화려한 군복을 병사에게 입히고 자기는 사병 복장으로 갈아입고 탈출했다. 그러나 곧바로 발각이 되면서 포로로 잡혔다. 산타 아나는 멕시코 본대에게 명령을 내려 리오그란데Rio Grande 강 너머로 철수시켰다.

휴스턴 장군은 산타 아나에게 텍사스의 독립을 승인하면 살려주겠다고 제안했다. 이 제안을 기꺼이 받아들인 산타 아나는 워싱턴으로 보내졌다. 앤드류 잭슨Andrew Jackson대통령[5]은 텍사스 독립을 약속받은 뒤 그를 멕시코로 돌려보내 주었다. 이후 5월 14일 텍사스 임시 대통령인 데이비드 버넷David Burnet과 체결한 벨라스코Velasco 조약으로 텍사스는 독립 공화국이 된다.

독립 직후 텍사스인들은 미합중국에 합병되고자 하는 그들의 갈망을 표시하기 위해 텍사스 깃발에 큰 별 하나를 그려 넣었다. 이래서 오늘날에도 텍사스는 론스타 공화국Lone Star Republic으로 불리고 있다. 텍사스 주민들은 곧바로 자신들의 헌법을 제정하고, 휴스턴을 텍사스 공화국의 대통령으로 선출한다. 휴스턴은 앤드류 잭슨 대통령의 오랜 친구였으며 사람들이 열광적으로 추종할 만한 훌륭한 인품을 지니고 있었다.

이후 텍사스는 10년간 독립 공화국으로 유지되다가 이후 미합중국에 합병된다. 지금도 텍사스인들은 짧은 기간이었지만 자기네들이 미국에서 유일하게 독립 공화국이었다는 것을 자랑스럽게 생각하고 있다. 그러나 사실 텍사스 독립 공화국이 10년간 유지된 것은 고질적인 노예제 때문이었다. 노예제를 지지하는 텍사스가 미합중국에 편입되면 초미의 중대사인 노예 문제에 대한 격론이 비등해지기 때문에 워싱턴 정치인들이 텍사스와의 병합을 망설였기 때문이다.

이렇게 알라모 전투는 미국의 영웅담을 담은 신화가 되었다. "지금도 샌안토니오 중심에 있는 알라모 유적지에는 관광객들이라기보다는 참배객이라는 말이 더 어울릴 듯한 사람들이 줄을 잇고 있다."라고 어느 프랑스의 역사학자는 말하고 있다. 알라모를 찾은 대다수 미국 관광객들은 열광한다. 어떤 미국인은 이렇게 말한다. "알라모의 영웅담은 일부 부풀려 가공되었겠지만 그들은 악조건 속에서 승산이 없는 싸움을 벌였고 희생적으로 처절하게 저항을 했다. 그 사실만은 외면할 수 없다(박보균, 『살아 숨 쉬는 미국역사』, p203)." 샌안토니오에 살고 있는 어느 멕시코인은 이렇게 말한다. "텍사스 독립의 당위성을 강조한 나머지 산타 아나의 멕시코군을 너무 폄하하고 있다. 멕시코 정부가 자기 땅에서 벌어진 반란을 막기 위해 군대를 보내는 것은 너무나 당연한 것 아니냐(박보균, 『살아 숨 쉬는 미국역사』, p203)."

텍사스에서 불법으로 체류하고 있는 적지 않은 멕시코인들은 단지 도큐멘테이션Documentation(문서화)만 안 되었다 뿐이지 결코 불법체류자들이 아니라는 정서를 가지고 있다. 원래부터 그곳은 자기네 땅이라는 것이다. 지금도 불법적으로 국경선을 넘고 있는 멕시코인들은 내심으로는 자기네 땅으로 들어가고 있다고 생각할는지 모른다.

1. 존 웨인

가장 미국적인 배우로 알려져 있다. 실제로 대부분의 출연 영화에서 미국인들이 선호하는 마초성 강한 서부의 사나이였다. 존 웨인의 상징이나 다름없는 서부극이 당시 미국인들이 가장 선호하던 전통적인 장르이기도 했다. 배우로서의 종합적인 업적을 떠나 미국인들 머릿속에 가장 깊게 자리 잡은 고전 배우임에는 틀림없다. 한편 그는 194센티미터의 큰 키로 미식축구 선수 출신이었다. 20세기 폭스 영화사의 소품 담당으로 일하며 B급 영화 전문 배우로 활약하다가 존 포드 감독의 눈에 띄면서 미국의 대배우로 자리 잡았다.

2. 디미트리 티옴킨

미국의 전설적인 영화음악가다. 러시아 상트페테르부르크 출생이다. 1921년부터 러시아에서 연주 활동을 시작하고 1927년에 도미渡美했다. 1930년에 뮤지컬 영화의 작곡을 의뢰받은 이래 할리우드에서 작곡 활동을 해왔다. 1952년의 영화 〈백주의 결투Duel In The Sun〉의 작곡 등으로 아카데미 작곡상을 세 번이나 받았다. 〈알라모〉, 〈리오 브라보Rio Bravo〉, 〈OK 목장의 결투Gunfight At The O.K. Corral〉, 〈자이언트Giant〉, 〈로하이드Rawhide〉, 〈붉은 강 Red River〉, 〈나바론 요새The Guns Of Navarone〉, 〈하이눈High Noon〉 등 뛰어난 서부 영화 음악들을 작곡했다.

3. 스티븐 오스틴

스티븐 오스틴은 흔히 '텍사스의 아버지'로 알려져 있다. 1800년대 초, 텍사스에 미국 이주민들 300가구가 처음으로 정착할 수 있도록 도왔고, 나중에 더 많은 이주민들이 모이자 이들과 함께 텍사스 독립의 기초를 닦은 사람이다. 텍사스의 주도 이름인 오스틴도 이 사람에게서 딴 것이다.

4. 샘 휴스턴

스코틀랜드 이민자의 후손으로 1793년 버지니아주 처치 힐Church Hill에서 태어났다. 테네시로 이주해 영미전쟁에 참전했다. 이후 정치에 뜻을 품고 1827년 테네시 주지사로 당선되었다. 2년 후 주지사 자리를 사임하고 당시 멕시코에 속해 있던 코아우일라Coahuila 지역으로 이주했다. 이후 텍사스 독립 운동의 지도자가 되어 1836년 '산 하신토' 전투에서 멕시코에 승리해 독립을 달성하고 텍사스 공화국을 탄생시켰다. 그는 텍사스 초대 대통령과 3대 대통령을 역임했다.

1845년 미합중국과 합병 후 그는 미국 상원 위원을 지냈고 1859년에는 텍사스 주지사를 역임했다. 1861년 미국 남북 전쟁이 발발하면서 노예제 폐지를 반대했던 남부의 여러 주들이 미합중국을 탈퇴해 남부 연맹에 가입하자, 이를 반대하다가 주지사 자리에서 물러났다. 이후 텍사스 헌츠빌Huntsville에 살다가 1863년 7월 26일 70세로 사망했다. 그의 이름을 붙인 도시 휴스턴은 미국에서 네 번째로 큰 도시로 성장했다.

5. 앤드류 잭슨

사우스캐롤라이나주 왁스호Waxhaw에서 출생했다. 1797년 테네시주에서 연방 하원 의원에 당선되었으며 1798년 테네시주 최고재판소 판사가 되었다. 1812년 영미 전쟁 때는 민병대를 인솔해 1815년 1월 뉴올리언스의 교외에서 영국군을 대파하여 일약 전쟁 영웅이 되었다. 1828년 미국 제7대 대통령에 당선되었다. 서부의 농민, 동부와 북부의 노동자, 남부의 농업 경영자 등의 광범위한 지지를 얻어 1832년 재선되었다.

〈엘 시드〉

엘 시드의 일생, 스페인 국토수복운동

I. 영화 〈엘 시드〉

원제: El Cid
감독: 안소니 만
원작: 피에르 코르넬리유
각본: 프레데릭 프랭크, 필립 요르단, 디에고 파브리
음악: 미클로스 로자
출연: 찰턴 헤스턴, 소피아 로렌, 라프 바로네, 주느비에브 파지, 존 프
레이저, 게리 레이몬드
제작 연도: 1961년
상영 시간: 184분

복합상영관이 일반화된 오늘날에는 구시대의 유물처럼 되었지만 텔레비전이 등장하자 영화가 TV와 경쟁하는 한 방식으로 찾은 것이 70밀리미터 와이드 스크린을 활용한 스펙터클 영화였다. 이런 70밀리미터 와이드 스크린에 가장 잘 어울리는 영화는 역시 대형 사극물이었

다. 〈벤허〉의 전차 경기 장면, 〈아라비아의 로렌스〉의 장쾌한 사막 신, 〈엘 시드〉의 발렌시아Valencia 공성 장면은 이런 영화의 전투 장면 중 단연 백미 중의 하나로 꼽을 만했다. 실제 스페인 현지에서 촬영된 발렌시아 전투 장면에서는 수천 개의 화살이 하늘을 가득 메우며 날아가는 장대한 스펙터클이 미클로스 로자Miklos Rozsa[1]의 웅장한 음악과 어우러져 깊이 기억될 만한 명장면을 보여주었다.

영화 〈엘 시드〉는 무려 세 시간의 러닝타임을 가진 대작이다. 이 영화의 주인공 역을 맡은 찰턴 헤스턴Charlton Heston[2]은 진지해 보이는 고전적인 외모 탓인지 〈벤허〉를 비롯한 할리우드의 여러 서사 장르 영화에서 주연을 맡았다. 찰턴 헤스턴이 스페인의 영웅 엘 시드El Cid(본명: 로드리고 디아즈 데 비바르)로, 소피아 로렌Sophia Loren[3]은 그의 전설의 사

로드리고 디아스 데 비바르
(엘 시드)

랑 시멘으로 분해 불꽃 튀는 연기를 보여주었다. 찰턴 헤스턴은 이 영화를 〈벤허〉의 윌리엄 와일러 감독이 연출했더라면 고전의 반열에 오를 수 있었으리라 말했다. 하지만 몇 가지 스토리 문제를 제외한다면 〈엘 시드〉의 감독 안소니 만 역시 그리 호락호락하게 볼 감독은 아니었다. 안소니 만 역시 1965년에도 대형 역사물인 〈로마제국의 멸망The Fall Of The Roman Empire〉을 연출했다. 이전의 〈엘 시드〉만 한 호평이나 흥행 성적은 올리지 못했지만 역시 서사극 장르에 강한 면모를 보인 감독이었다. 앞서

스토리 문제가 있었다는 것은 이 영화가 전체적으로 '엘 시드'라는 한 인물의 서사와 국토 재수복운동이라는 레콩키스타Reconquista⁴의 주요한 국면들을 모두 잡아내겠다는 욕심을 부렸다는 데 있을 것이다. 명감독 마틴 스코세이지Martin Scorsese는 이 영화가 개봉된 뒤 최고의 작품으로 극찬했다. 영화 〈대장 부리바〉에 출연했던 미인 여배우 크리스틴 카우프만Christine Kaufmann과 숀 커네리는 각각 여주인공 시멘 역과 시멘을 짝사랑하는 오르도네즈 백작 역을 의뢰받았으나 개인적인 사정으로 사양했다고 한다.

실제로 엘 시드는 레콩키스타와는 직접적인 연관이 없었다. 그는 이슬람군과 싸우기도 했지만 가톨릭군과도 싸운 인물이었다. 당시는 후세에 나타난 종교적인 광신은 없었던 시대였다. 어떻게 보면 엘 시드는 자기의 생존을 위해 싸웠던 인물이라고 볼 수 있다.

II. 엘 시드의 일생, 스페인 국토수복운동

영화와는 많이 다른 엘 시드의 일생

엘 시드는 11세기 스페인의 무장 로드리고 디아스 데 비바르Rodrigo Díaz de Vivar를 말한다. 스페인에서 그는 우리나라의 이순신 장군처럼 이슬람으로부터 나라를 구한 영웅으로 회자되어 왔다. 엘 시드의 '엘El'은 스페인어의 관사이고 '시드Cid'는 아랍어로 주군Lord이라는 뜻이다.

엘 시드는 1043년경 부르고스Burgos의 귀족가문으로 태어났다. 그의 아버지는 카스티야 왕국의 페르디난도 1세의 총애를 받던 경호대장이 었다. 그래서 엘 시드는 어린 시절부터 나중에 산초 2세가 되는 왕자와 왕궁에서 같이 뛰어 놀면서 절친 관계를 맺었다. 이 두 사람은 청년기 에 접어들면서 함께 처음으로 전투에 나가 승리를 거두었다. 이 전투는 가톨릭 왕국들 사이에 벌어진 싸움이었다. 아라곤Aragon 왕인 라미로 Ramiro 1세는 카스티야Castile 왕국에 일종의 보호비인 파리아parias[5]를 내고 있는 사라고사Zaragoza 타이파taifa[6]를 공격했다. 페르디난도 1세는 자기가 보호하는 사라고사 타이파를 돕고자 이 둘을 보낸 것이다. 이 때 엘 시드는 무인으로서 뛰어난 자질을 나타냈다. 이 전투는 이슬람 교도를 돕기 위해 가톨릭 국가가 같은 가톨릭 국가와 전투를 벌인 것 이었는데 당시 이런 일은 흔히 있는 일이었다.

페르디난도 1세는 죽을 때 산초 2세에게 왕국을 물려줬다. 이후 1072 년 산초 2세가 암살당하는 사건이 벌어졌다(바로 밑의 동생 알폰소의 소행 이라는 설이 있다). 이때 산초 2세의 총애를 받았던 엘 시드는 미묘한 처 지에 놓이게 된다. 형 산초 2세의 박해를 피해 톨레도Toledo에 숨어 있

부르고스에 있는 엘 시드 동상

던 알폰소가 왕으로 등극했기 때 문이다. 이때 엘 시드가 카스티야 의 왕이 된 알폰소 6세에게 그가 형 산초 2세를 죽이지 않았다고 공 개적으로 선언해야만 그를 섬기겠

다고 했다. 알폰소는 형 산초와 가까웠던 엘 시드가 껄끄럽고 싫었다. 그러나 카스티야를 원만하게 다스리기 위해서는 그의 지지가 꼭 필요했다. 엘 시드는 귀족들과 백성들에게서 전폭적인 존경과 지지를 받고 있었기 때문이었다. 알폰소는 영 마음이 내키지 않았으나 엘 시드의 말대로 자신이 산초 2세가 죽는 데 가담하지 않았다고 공개적인 맹세를 하고 간신히 엘 시드의 지지를 끌어냈다. 1074년 엘 시드는 귀족 출신의 히메나Jimena와 결혼했다. 알폰소는 엘 시드 대신 레온León 왕가의 핏줄이 흐르는 가르시아 오르도네스García Ordóñez를 중용했다. 영화에서는 오르도네스가 히메나를 짝사랑하는 것으로 묘사되고 있다.

1080년, 내심으로 꿍하고 있던 알폰소와 엘 시드 사이가 결정적으로 틀어진 사건이 일어난다. 다시 또 타이파 문제가 발생한 것이다. 엘 시

아스르 왕국의 그라나다 궁전

드가 허락 없이 알폰소 휘하의 톨레도의 타이파인 소리아를 약탈한 것이다. 당시에는 이런 일이 드물지 않았다. 톨레도의 소리아는 알폰소가 형으로부터 몸을 숨겨준 타이파이기도 했다. 알폰소는 그렇지 않아도 눈에 거슬리던 엘 시드를 이를 기회로 카스티야 왕국으로부터 쫓아버린다. 엘 시드는 그를 따르는 수백 명의 부하들과 정처 없는 방랑의 길을 떠난다. 이제 세력이 커진 알폰소의 눈치를 슬슬 보고 있던 여러 가톨릭 소왕국들도 엘 시드에게서 등을 돌린다. 엘 시드는 옛날

에 도와준 적이 있었던 사라고사의 타이파를 찾아간다. 사라고사의 타이파는 엘 시드를 받아들였다.

알폰소는 그동안 이슬람 소왕국들로부터 보호비인 파리아를 받아먹는 대가로 그들을 인정해 왔다. 그러나 힘이 세진 그는 이슬람 소왕국들인 타이파들을 쫓아버리고 이베리아반도 전체를 가톨릭 왕국으로 통일하려는 야심을 먹는다. 그래서 먼저 톨레도의 타이파를 삼켜버렸다. 세비야Sevilla의 알 무타미드Al Mutamid 왕은 알폰소가 톨레도를 점령하자 같은 이슬람교도인 북아프리카의 알모라비데Almorávide 족에게 도움을 청했다. 알모라비데족의 왕인 유수프Yusuf가 군대를 이끌고 이베리아반도로 건너왔다. 그리고 알폰소의 군대를 사그라하스Sagrajas에서 쳐부수고 북아프리카로 돌아갔다. 유수프의 아들이 위급하다는 연락이 왔기 때문이었다.

알모라비데족에게 혼쭐이 난 알폰소는 그들이 다시 돌아올 것이 걱정되어 사라고사에 있는 엘 시드를 부랴부랴 불렀다. 엘 시드를 불러들이는 등 진영을 재정비한 알폰소는 다시 이슬람 소왕국들을 압박하기 시작했다. 이렇게 되자 또다시 알모라비데족이 이베리아반도로 건너온다. 알폰소는 이를 막기 위해 출동하면서 다른 지역에 있던 엘 시드에게 속히 오라고 전갈을 보냈으나 엘 시드의 도착이 늦어졌다.

알폰소는 간신히 이슬람 군대를 물리쳤지만 늦게 도착한 엘 시드에게 단단히 뿔이 나 있었다. 알폰소는 엘 시드를 또다시 추방시켰다. 알폰소가 엘 시드를 이렇게 사사건건 못마땅하게 여긴 것은 엘 시드와 반목하고 있던 그의 측근 오르도네스가 옆에서 쏘삭거렸기 때문일 것이다. 엘 시드는 추방당한 뒤 치를 떨면서 이제 다시는 절대로 알폰소를 모시지 않겠다고 결심한다. 그는 사병들을 이끌고 스페인 동부 해안 발렌시아 근처로 가서 그곳 이슬람 소왕국들로부터 보호비를 받으며 자리를 잡았다. 그러면서 점차 그 지역을 평정해 나갔다.

발렌시아 지역은 비옥한 땅이었기 때문에 다른 왕국들도 침을 흘리는 곳이었다. 마침 발렌시아에서 내부 반란이 일어나자 엘 시드는 이를 제압하면서 완전히 자기 왕국으로 만들어버렸다. 발렌시아가 엘 시드에 넘어갔다는 소식을 접한 알모라비데족은 또다시 바다를 건너와 싸움을 걸었다. 이 전투에서 엘 시드가 승리하자 알모라비데족에 대하여 자신감이 생기기 시작했다. 바로 이때부터 본격적으로 엘 시드의 전설이 시작되었다. 엘 시드는 비록 자기를 여러 번 걷어차기는 했지만 애초에 충성을 맹세했던 알폰소 6세에게 발렌시아의 왕관을 바침으로써 끝까지 변함없는 충성심을 보였다. 중간에 여러 우여곡절이 있었지만 결국 '한 번 주군은 영원한 주군'이라는 것이 엘 시드의 신념이었다.

스페인의 국토회복운동(레콩키스타)

스페인어로 '레콩키스타'란 '재정복'이란 뜻이다. 이 말은 가톨릭교도들이 이베리아반도를 지배하고 있던 이슬람교도들을 축출하는 전쟁 전반을 의미한다. 이 전쟁은 정복이 아닌 재정복의 전쟁으로 1492년 이슬람 세력의 마지막 왕국인 그라나다의 나스르 왕국이 멸망할 때까지 계속되었다. 가톨릭교도들은 이슬람교도들에게서 빼앗긴 국토를 되찾기 위해 장장 800년 동안이나 많은 피와 땀을 흘렸다. 그러나 이 800년에 걸친 국토회복운동 기간은 가톨릭 세력과 이슬람 세력이 뚜렷한 국경도 없이 서로 마주하면서 때로는 싸우기도 하고 또 때로는 화해도 하던 시기이기도 했다.

스페인 중부에서 반도 북부 대서양 연안의 아스투리아스Asturias 산악 지대로 가려면 험준한 칸타브리아Cantabria 산맥을 넘어야 한다. 718년, 서고트 왕국의 귀족들이 이곳에서 서고트족의 장군인 펠라요Pelayo[7]를 중심으로 최초의 가톨릭 왕국인 아스투리아스 왕국을 세웠다. 그는 서고트족 3만 명이 몰살당하는 내륙 전투의 참극 속에서 간신히 목숨을 건지고 고향 마을 코바동가Covadonga에 둥지를 튼 것이다. 이 아스투리아스가 결국은 스페인의 '국토회복운동'의 불쏘시개가 된다.

이베리아 반도로 밀고 들어온 이슬람은 스페인 전 지역을 지배하지는 못했다. 샤를마뉴Chalemagne 대제[8]의 프랑크가 피레네산맥을 넘어온 이슬람군을 격파하자 이슬람은 물러가서 코르도바Cordoba를 중심으로 이슬람 국가를 건설했다. 이베리아반도 북부에는 이슬람에게 밀려난 스페인인들이 자리 잡고 있었다. 반도 북부만큼은 어떻게 해서든 지키려고 완강히 저항했기 때문이다. 그들은 위에서 말한 펠라요에 의해 반도 북쪽 끝의 산악 지대에 아스트리아스라는 조그만 왕국을 세웠다.

서유럽이 중세의 안정기 속에서 서서히 발전을 이루는 동안 이슬람은 서서히 퇴조하기 시작했고, 도처에서 빈틈이 보였다. 그러자 서고트

후예들은 하나둘씩 나라를 건설하기 시작했다. 우선 아스투리아스는 레온으로 확대 재편되었고, 레온에서는 새로이 카스티야가 분리되어 나왔다. 이미 그 동쪽에는 일찍이 샤를마뉴가 설치한 에스파냐 변경주가 10세기부터 나바라Navarra 왕국으로 독립해 있었다. 너도나도 독립을 외치기 시작했다. 카스티야가 생겨날 무렵, 나바라에서 갈라져 나온 바스크Basque인들은 그 동쪽에 아라곤 왕국을 세웠다. 또 그 동쪽의 바르셀로나 일대에는 백작령이 설치되었다. 이로써 11세기 무렵 이베리아반도 북부와 피레네산맥 남쪽에는 동쪽에서 서쪽으로 다섯 개의 왕국이 도토리 키재기 하듯이 어깨를 나란히 하고 올망졸망 터를 잡고 있었다. 때마침 코르도바의 이슬람 왕국에서 내란이 발생한 것을 계기로 이들은 이교도에게 잃어버린 영토를 되찾기 위해 일제히 일어섰다. 비록 나라는 다섯이지만 같은 그리스도교권의 형제들이었으므로 공동 전선을 펴는 것은 어렵지 않았다. 이렇게 해서 길고 먼 에스파냐의 국토 수복 운동이 일어났다. 이른바 레콩키스타가 시작된 것이다. 이후 10세기에서 14세기까지 산티아고 데 콤포스텔라Santiago de compostela[9]의 순례를 지원하는 프랑스의 클뤼니Cluny 수도원의 수도사들이 힘을 보태면서 카톨릭 국가들은 스페인의 대부분을 재정복하기에 이르렀다.

  드디어 1491년 말, 가톨릭 왕들의 군대가 그라나다 성 밑에 진을 치고 최후의 공격을 준비하고 있었다. 힘이 빠져 기진맥진한 이슬람 진영은 명예로운 항복을 원하는 쪽으로 의견을 모았다. 마침내 1492년 1월 2일, 나스르왕국의 마지막 왕이었던 보압딜Boabdil[10] 왕이 부부이기도

카스티야 이사벨 여왕

한 아라곤 왕 페르난도Fernando 2세와 카스티야의 이사벨Isabel[11] 여왕에게 그라나다의 알람브라 궁전 열쇠를 넘겨주었다. 장장 800년에 걸친 가톨릭교도들의 국토회복운동이 끝나는 날이었다. 1492년은 이사벨 여왕이 후원하는 콜럼버스가 아메리카 대륙을 발견하는 해이기도 하다. 이베리아반도에서 이슬람을 쫓아낸 이후에도 스페인은 여전히 카스티야, 아라곤으로 분리되어 있었다. 최후로 두 왕국이 합쳐져 스페인이 완전히 통일된 것은 페르난도와 이사벨의 외손자인 카를로스Carlos 1세 때에서였다. 카를로스 1세는 친가가 합스부르크 계통이었기 때문에 신성로마제국의 황제도 겸하고 있었다.

1. 미클로스 로자

미클로스 로자는 헝가리 태생으로 할리우드의 황금시대에 활동했다. 그는 모든 시대를 통해 가장 위대한 영화음악 작곡가 중 한 사람으로 꼽힌다. 그는 50년이 넘는 활동 기간 동안 100곡에 가까운 영화음악을 작곡했다. 대표작으로는 〈벤허Ben Hur〉, 〈쿼바디스Quo Vadis〉, 〈흑기사Ivanhoe〉, 〈원탁의 기사Knights Of The Round Table〉, 〈열정의 랩소디Lust For Life〉, 〈사랑할 때와 죽을 때A Time To Love And A Time To Die〉, 〈벤허〉, 〈왕중왕King Of Kings〉, 〈엘 시드〉, 〈소돔과 고모라The Last Days Of Sodom And Gomorrah〉 등이 있다. 오스카상을 세 번 수상했다.

2. 찰턴 헤스턴

1924년 일리노이주 에번스턴Evanston에서 태어났다. 1944년 미국 공군에 입대해 2년 동안 복무했으며, 이 기간에 같은 대학에 다니던 마리 클라크Marie Clark와 결혼했다. 1947년 〈안토니와 클레오파트라Antony and Cleopatra〉로 브로드웨이 무대에 데뷔했고, 1950년 〈줄리어스 시저Julius Caesar〉로 영화계에 데뷔했다. 그는 191센티미터의 건장한 체구에 윤곽이 뚜렷한 남성적 마스크를 바탕으로 주로 대형 영화의 주연을 맡았다.

1952년 〈지상 최대의 쇼The Greatest Show On Earth〉에 서커스 단장 브랜든 역으로 출연해 주목을 받았으며, 1956년 〈십계The Ten Commandments〉의 모세 역으로 전 세계 영화팬들에게 깊은 인상을 남겼다. 1959년 아카데미 11개 부문을 수상한 영화 〈벤허〉의 주인공 역을 맡아 아카데미 남우주연상을 받으며 세계적 스타의 자리를 굳혔다. 이후에도 〈엘 시드〉, 〈북경의 55일〉, SF영화의 고전 〈혹성 탈출〉 등에 출연하면서 1950~1960년대에 전성기를 누렸다. 1950년대에 민권운동에 참여했고 사생활 면에서도 존경받는 미국인이었다. 2008년 4

월 5일 84세를 일기로 사망했다.

3. 소피아 로렌

로마에서 출생한 소피아 로렌은 어릴 때 나폴리의 북쪽 포구인 포추올리Pozzuoli로 이사해 나폴리 토박이로 자랐다. 가난 속에 어린 시절을 보낸 그녀는 15세 때 지방의 미인 대회에 출전해 2등에 입상하면서 1952년에 영화계에 들어가 스타덤에 올랐다. 1956년 이후 미국 영화에도 출연했고, 1966년에는 제작자인 카를로 폰티Carlo Ponti와 우여곡절 끝에 결혼했다. 대표작으로 〈하녀La donna del flume〉, 〈열쇠The Key〉, 아카데미 여우주연상을 받은 〈두 여인La Ciociara, Two Women〉과 〈해바라기I Girasoli, Sunflower〉 등이 있다. 1991년 프랑스 정부로부터 레지옹 도뇌르 훈장을 받았다.

4. 레콩키스타

북아프리카 이슬람 세력이 이베리아반도를 침략하면서 스페인 귀족들은 북쪽의 칸타브리아산맥과 동쪽의 피레네산맥으로 쫓겨 갔다. 718년 펠라요라는 서고트족 귀족이 이슬람군을 격파한 이후 이 지역을 거점으로 스페인인들은 국토회복운동을 벌였다. 이를 레콩키스타라고 부른다. 1492년 페르난도 왕과 이사벨 여왕이 이슬람 최후의 거점인 그라나다를 함락시켜 국토회복운동을 완성했다.

5. 파리아

파리아는 이슬람 소왕국(타이파)들이 가톨릭 왕국에 내는 일종의 보호비를 말한다.

6. 타이파

이베리아 반도에서 이슬람의 통일 왕조가 사라지면서 이슬람 세력은 수십 명의 에미르(왕)가 통치하는 독자적인 소왕국들로 나뉘어졌는데 이를 '타이파'라고 한다. 이는 분파를 뜻하는 아랍어에서 유래했다.

7. 펠라요

8세기 초, 서고트족의 장군이었던 펠라요는 이베리아반도의 가장 북쪽 지방인 코바동가 지역에 기독교 왕국인 아스투리아스 왕국을 세워 기독교 문명의 명맥을 유지하면서 이후 레콩키스타의 효시가 되었다. 펠라요는 서고트족 출신으로 파란만장한 일생을 살았다. 그는 서고트족 3만 명이 몰살당하는 이슬람군과의 전투에서 간신히 살아남았다. 이후 그는 코바동가 근방의 고향으로 도주해 게릴라전을 펼쳤다. 게릴라전은 스페인 사람들의 전매특허이기도 하다. 게릴라라는 말은 '소小 전투'라는 뜻의 스페인어다.

펠라요는 게릴라전을 벌이며 잘 싸웠으나 동지의 밀고로 이슬람군에게 잡혔다. 이후 그는 천신만고 끝에 탈출에 성공했다. 717년에 다시 고향으로 돌아와 반란을 일으켰다. 이슬람교도인 무어인들의 추격 또한 거세었으나 매복 전술로 위기를 극복하고 아스트리아스라는 조그만 왕국을 세울 수 있었다.

8. 샤를마뉴 대제

오늘날의 서유럽 세계의 토대를 만든 것은 프랑크 왕국의 샤를마뉴였다. 서기 800년의 크리스마스 때 로마교황 레오 3세Leo III는 마침내 그에게 로마의 제관을 수여하고 교회를 보호해 줄 것을 부탁했다. 이후 로마 교회는 동로마제국과 완전히 인연을 끊으면서 서유럽 세계가 성립하게 된 것이다.

9. 산티아고 데 콤포스텔라

스페인 서북부 갈리시아Galicia 중심 도시의 하나다. 12사도의 한 사람인 성 야곱(스페인어로 산티아고)의 순교지로 알려져 있다. 알폰소 2세에 의해 이곳에 성당이 건설되었다. 이어서 산티아고 데 콤포스텔라시市가 형성되었다. 이후 예루살렘, 로마에 이은 유럽 3대 순례지의 하나로 번창했다. 서부 유럽의 메카라고도 불린다.

10. 보압딜 왕

10년간에 걸친 전쟁 끝에 니스르의 마지막 왕 보압딜은 스페인 군주들인 이사벨과 페르난도에게 항복하고 그라나다를 떠났다. 1492년 1월 2일이었다. 보압딜의 어머니는 아주 강단 있는 여성이었다. 그녀의 남편이자 보압딜의 아버지인 나스르의 왕은 성 밖의 가톨릭교도와 사랑에 빠졌다. 나라를 지켜야 할 왕이 적국의 여자와 놀아나고 있으니 이를 어찌하랴? 왕비인 보압딜의 어머니는 단칼에 남편을 쫓아내고 어린 아들을 왕위에 올렸다. 이미 지고 있는 석양을 그녀라고 어쩔 수가 없었을 것이다.

그녀는 아들 보압딜이 눈물을 흘리며 그라나다를 떠날 때 이렇게 말했다. "아들아! 네가 한 남자로서 감당해 내지 못한 일에 대해 어린애처럼 질질 짜지 마라. 꿋꿋하게 살아야 한다." 이슬람 왕가의 다른 어느 남자들보다 대찬 여걸이었다. 보압딜은 열쇠를 넘겨준 뒤 북아프리카로 망명했고 그곳에서 망향 속에 쓸쓸히 죽었다. 800년에 걸친 이슬람교도의 이베리아반도 지배는 그에 이르러 완전히 끝났다.

11. 여걸 이사벨 여왕

레콩키스타를 완성한 왕은 이사벨 여왕이었다. 그녀는 스페인 역사에서 가장 사랑받고 칭송받는 군주였다. 이사벨은 국토 회복 전쟁에서 승리했고, 콜럼버스가 아메리카를 발견하게 했고, 통일 왕국의 기초를 닦았다. 이사벨은 이와 같이 창업주의 역할도 충실히 했지만 수성자로서도 탁월한 실력을 발휘했다. 이사벨은 그녀의 치세를 통해 여러 차례 혼인 동맹을 맺고 탁월한 외교능력을 발휘하면서 여러 왕국으로 찢겨 있던 스페인을 한 나라로 만드는 데 성공했다.

이사벨은 카스티야 왕 후안Juan 2세의 외동딸이었다. 아버지가 죽은 후 왕권은 그녀의 이복 오빠인 엔리케Enrique 4세에게 돌아갔다. 그러나 오빠는 그녀를 제거하려고 여러 번 시도했으나 실패했다. 그녀는 아라곤 왕국의 계승자인 한 살 연하의 페르난도와 오빠의 갖은 방해를 무릅쓰고 우여곡절 끝에 간신히 결혼에 골인했다. 당시 스페인은 아라곤과 카스티야로 크게 양분되어 있었기에 두 사람의 결혼은 거대 왕국의 출현을 예고하는 것이었다. 결혼 후 엔리케 4세의 죽음으로 여왕이 된 이사벨의 카스티야와 남편 페르난도의 아라곤의 결합으로 명실상부한 스페인 왕국이 탄생되었다.

그 후 이사벨은 국가의 초석을 닦기 시작했다. 전형적인 무인 기질의 남편 페르난도는 신대륙에도, 통일 이후의 국가 기반 강화에도 별반 관심이 없었다. 통일국가의 살림은 여장부 이사벨이 도맡아 처리했다. 스페인의 융성은 그녀를 빼고는 생각할 수 없을 것이다.

〈워터 디바이너〉

연합군이 참패한 갈리폴리 전투

I. 영화 〈워터 디바이너〉

원제: The Water Diviner
감독: 러셀 크로우
각본: 앤드류 아나스타시오스, 앤드류 나이트
음악: 데비드 허쉬펠터
출연: 러셀 크로우, 올가 쿠릴렌코, 이사벨 루카스, 제이 커트너, 라이언 코르, 일마즈 에르도안
제작 연도: 2014년
상영 시간: 112분
제작비: 2,200만 달러
수익: 4,200만 달러
유사한 소재의 영화: 〈갈리폴리〉(1981), 〈갈리폴리, 최악의 상륙작전〉(2016)

　영화 제목인 〈워터 디바이너The Water Diviner〉란 '수맥을 찾는 사람'이란 뜻이다. 영화의 배경 중 하나인 오스트레일리아 내륙은 땅이 척박하기로 유명한 곳이어서 목장을 관리하려면 반드시 워터 디바이너가 필요하다. 이 영화의 주인공 코너(러셀 크로우Russell Crowe[1] 분)도 바로 워터 디바이너다. 〈글래디에이터〉부터 〈레미제라블Les Miserables〉까지 다양한

장르의 영화에서 제각기 다른 캐릭
터를 완벽히 소화해 내며 세계적인
배우로 우뚝 선 러셀 크로우가 자
신의 감독 데뷔작으로 〈워터 디바
이너〉를 선택했다. 아마도 그가 오
스트레일리아 출신이라는 점이 이

아들들을 찾아 이스탄불에 온 코너

작품을 선택하는 데 큰 요인이 됐을 것이다.

실화를 소재로 한 이 영화는 초짜 감독인 러셀 크로우의 연출력에 대해 호평이 쏟아졌다. "전쟁의 절망에서 헤쳐 나오려는 안타까운 부성애를 감동적으로 그려낸 영화"라는 찬탄과 함께 특히 서로 간에 피 터지는 전투를 벌였던 당사국들인 오스트레일리아와 뉴질랜드, 튀르키예에서는 엄청난 흥행 돌풍을 일으켰다.

영화 〈워터 디바이너〉는 갈리폴리 전투에서 전사한 군인들의 유해 수습을 담당하던 '대영 전쟁 묘지 위원회' 소속 시릴 휴즈Cyril Hughes 중령의 묘지에서 발견된 한 장의 편지를 바탕으로 제작되었다. 영화는 아들들의 시신을 찾아 나선 한 남자의 모험담에서 시작하지만 궁극적으로 영화는 갈리폴리 전투를 "타인과 자신에 대한 용서"라는 시각에서 바라본다. 크로우 감독은 이 영화를 통해 어느 한 쪽을 피해자거나 가해자로 보지 않고 모두가 희생자라는 모습으로 그린다. 아울러 전쟁은 양쪽 군인 모두에게 잊을 수 없는 트라우마를 남긴다는 것도 얘기하고 있다.

현재 할리우드 영화계에서 가장 인기 있는 배우 중의 한 사람인 러셀 크로우가 세 아들의 시신을 찾아 나서는 주인공인 코너 역으로 나온다. 그리고 〈007 퀀텀 오브 솔러스Quantum Of Solace〉에서 치명적인 매력의 본드 걸로 이름을 알렸으며, 〈오블리비언Oblivion〉, 〈노벰버 맨The November Man〉 등의 대작에서도 인상적인 연기로 주목받은 우크라이나 출신 여배우 올가 쿠릴렌코Olga Kurylenko가 출연한다. 러셀 크로우는 아들의 시신을 찾아 나선 아버지의 절절함을 완벽하게 연기했다는 평을 받았다. 올가 쿠릴렌코는 전쟁으로 사랑하는 남편을 잃은 아픔을 간직한 채 점차 코너를 사랑하게 되는 여주인공인 아이셰의 섬세한 내면을 가슴 시리게 표현했다.

여기에 코너를 돕고자 함께 전쟁터로 향하는 튀르키예군 소령 핫산은 튀르키예의 명배우 일마즈 에르도안Yilmaz Erdogan이 연기했다. 또한 희생 군인의 시신을 수습하기 위해 갈리폴리Gallipoli로 찾아온 냉철한 연합군 중령 시릴 휴즈 역은 〈잭 리처Jack Reacher〉, 〈다이하드: 굿 데이 투 다이A Good Day to Die Hard〉, 〈다이버전트Divergent〉 등에서 연기력을 과시했던 제이 코트니Jai Courtney가 맡아 활약했다.

아들을 찾아 튀르키예 반도 깊숙이 들어가고 있는 조슈어 코너와 핫산 소령

2013년 12월, 이 영화는 이스탄불의 호텔을 재현한 시드니의 스튜디오와 구시가지에서 촬영을 시작했다. 이듬해 1, 2월에는 약 5주에

걸쳐 오스트레일리아 남부에서 촬영을 이어갔는데, 오스트레일리아의 목장 풍경과 갈리폴리 반도의 전투, 그리고 해안가의 장면들이 이곳에서 주로 완성되었다. 특히 오스트레일리아 남부에서의 촬영은 뜨거운 여름 날씨와 예측할 수 없는 기상 변화로 배우들과 제작진에게 지독한 어려움을 가져다준 작업이었다. 어떤 때는 기온이 섭씨 50도 가까이까지 올랐었다는 후문이다.

핫산 소령으로 분한 튀르키예 배우 일마즈 에르도안은 사우스 오스트레일리아에서의 촬영은 더위와 태풍, 모래바람이 몰아닥치는 어려움과 도전의 연속이었다고 밝혔다. 제작자 앤드류 메이슨Andrew Mason은 "험난한 날씨 때문에 촬영이 중단되곤 했지만 그 덕분에 긴장의 끈을 늦추지 않고 촬영을 무사히 마칠 수 있었다."라며 가슴을 쓸어내렸다. 감독과 주연을 동시에 맡은 러셀 크로우는 험난한 날씨에 굴하지 않고 촬영에 임해준 출연진과 스태프들에게 고마움을 표시했다.

고난의 가시밭길이었던 오스트레일리아 촬영을 끝마친 후 제작진과 배우들은 튀르키예로 이동해 약 3주간의 로케이션 촬영을 진행했다. 이스탄불의 시가지와 소아시아 반도 깊숙한 유적도시 카야코이Kayakoy와 틀로스Tlos에서 촬영이 진행되었다. 튀르키예 정부에서도 영화 〈워터 디바이너〉를 위해 전폭적인 지원을 아끼지 않았다. 특히 '톱카프Topkapi² 궁전'과 이스탄불의 혼잡한 거리 촬영은 물론 유명한 블루 모스크Blue Mosque³의 촬영도 기꺼이 허가해 주었다. 특히 튀르키예인들에게 성소인 블루 모스크에 해외 영화촬영 팀이 들어간 것은 역사상 최초였다고 한다. 촬영용 장비운송을 위한 트럭은 못 들어가게 해서 일일이 손으로 들고 옮겨야 했다는 후문이다.

II. 연합군의 참패, 갈리폴리 전투

16세기 절정기 때의 오스만제국은 유럽, 아시아, 아프리카에 이르는 광대한 지역을 다스린 대제국으로 군림했다. 그러나 19세기에 접어들면서 유럽으로부터 '유럽의 병자'라고 모욕적으로 불릴 만큼 국력이 폭삭 짜부라진 상태였다. 19세기 말에 접어들면서 오스만제국은 자신들의 외곽인 중근동으로 세력을 넓히는 데 혈안이었던 영국, 프랑스, 러시아와 사이가 나빠졌다. 그리고 오스만제국은 제1차 세계대전 발발 후 얼마 안 있다가 동맹국에 가담했다. 오스만제국이 독일, 오스트리아-헝가리를 주축으로 하는 동맹국 편에 줄을 선 것은 그쪽 편에 붙는 것이 이문이 남는 장사라고 판단했기 때문이다.

갈리폴리반도 전투 지형도

한편 20세기 초 중근동으로 세력 확대를 노리던 독일은 베를린, 비잔틴(이스탄불), 바그다드를 연결하는 철도를 구상(이른바 3B 정책)하면서 오스만제국과의 관계에 신경을 많이 써왔다. 제1차 세계대전이 발발하자 서유럽의 영국, 프랑스와 흑해를 거쳐 러시아를 연결하는 길목에 위치한 오스만제국의 지정학적 중요성은 더욱 커졌다. 따라서 연합국 측에서도 오스만제국을 자기편으로 끌어들이기 위한 노력을 게을리 하지 않았다. 연합군 측은 여러 가지 회유책은 물론 군함을 파견하는 등 압박을 가하면서 다양한 방법으로 접근했다. 전쟁 이전부터 외교적·군사적으로 우호 관계를 다져놓았던 독일도 이에 맞서 당연히 영향력 확대에 심혈을 기울였다.

이런 상황에 발맞추어 오스만제국 내부에서는 중립을 지킬 것인지 전쟁에 참전할 것인지, 만일 전쟁에 뛰어든다면 어느 편에 붙을 것인지를 놓고 의견이 분분했다. 관망하자는 주장이 많아서 전쟁 초기에는 오스만 투르크는 일단 중립을 지켰다. 그러나 참전파는 바로 이 기회를 이용해 그동안 찔끔찔끔 잃어버린 땅을 되찾자고 적극적으로 주장했다. 그리고 누구 편에 붙을지에 대해 요리조리 저울질하기 시작했다.

무엇보다도 이 전쟁에 뛰어든다면 가장 위협적인 상대를 제거하는 데 초점이 맞추어질 수밖에 없었다. 크림 전쟁Crimean War⁴ 이후 지중해로의 진출을 위해 끊임없이 다다넬스Dardanelles 해협을 넘보는 러시아가 오스만제국에게는 가장 위

총지휘를 맡고 있는 젠더스(가운데) 독일 장군

협적인 존재였다. 이렇게 러시아의 위협을 제거해야겠다는 생각과 더불어 오스만제국이 동맹국에 전격 가담하게 된 가장 큰 이유는 독일의 역할이 컸다. 독일은 1871년에야 겨우 통일을 이루었기에 역사적으로 오스만제국과 직접적으로 부딪힐 일이 거의 없었다.

　뒤늦게 제국주의 팽창 대열에 동참한 독일은 3B 정책 등 전략적으로 오스만 투르크와 긴밀한 관계를 유지했다. 오스만 투르크 또한 그동안 수시로 적대적 관계를 유지하던 영국, 프랑스, 러시아에 비해 독일과의 교류가 상대적으로 마음이 편했다. 이때 마침 제1차 세계대전이 터진 바로 직후인 8월 10일, 지중해에서 작전을 벌이던 독일 전함 괴벤Goeben호와 브레슬라우Breslau호가 영국 함대에 황급히 쫓기면서 다다넬스해협을 통과해 콘스탄티노플에 덜커덕 들어왔다. 이렇게 우연히 전함 두 척을 오스만제국의 심장에 들여놓은 독일 해군이 실질적으로 오스만 투르크 해군을 이끌게 되었다. 바로 이 두 척이 오스만 투르크를 제1차 세계대전에 끌어들이는 결정적인 역할을 한 것이다.

　1914년 10월 28일, 독일 수숀Souchon 제독이 이끄는 두 척의 전함이 튀르키예 어뢰정을 대동하고 흑해로 살그머니 들어가 오데사Odessa, 세바스토폴Sevastopol에 포탄세례를 듬뿍 안겨 주었다. 두 전함은 민간인 희생자를 포함해 러시아 포함들을 격침시켜버렸다. 튀르키예의 이름으로 행해진 이 전쟁 행위에 대해 러시아가 즉각 선전포고를 했고 이어서 영국, 프랑스가 자동적으로 튀르키예에 선전포고를 했다. 튀르키예도 독일의 전함 궤벤의 함포가 바로 코앞에 있었고, 이미 독일의 영향력이 오스만제국을 깊숙이 지배했기 때문에 오스만제국도 자의 반 타의 반 어쩔 수 없이 이들 나라에 선전포고를 했다. 곧이어 오스만 제국과 러시아가 접한 카프카스에서 전투가 벌어졌다. 중동 일대에서 식민지 쟁탈에 힘쓰던 영국, 프랑스와 오래전부터 이곳을 지배하던 오 스만제국과의 충돌은 불가피했다. 이로써 전쟁의 붉은 물결이 중동 지 역까지 번졌다. 오스만제국은 동맹국 측에 가담하면서 제일 먼저 자기 앞마당이라 할 수 있는 다다넬스해협을 봉쇄했다. 아나톨리아(튀르키예 반도)와 갈리폴리반도 사이에 놓여 있는 다다넬스해협은 흑해와 지중 해를 연결하는 병목 지점이었다. 바로 이곳이 막히자 러시아와 영국을 바다로 연결해 주던 주요 통로 중 하나가 순식간에 차단되어 버렸다.

처칠의 오만이 낳은 갈리폴리 전투

당시 영국의 해군 장관이던 처칠은 서부전선의 지지부진한 교착상태 를 해결하기 위해서는 서부전선 이외에서 돌파구를 찾아야 한다는 이 른바 간접 접근 전략을 계속 주장했다. 즉 다다넬스 해협을 확보하고 이어서 오스만제국의 수도인 콘스탄티노플(이스탄불)로 쳐들어가 순식 간에 점령한다는 것이었다. 이렇게 해서 오스만제국을 전쟁에서 완전 히 손을 떼게 만들어 동맹국들의 전쟁의 판도 자체를 뒤흔들어 놓자 는 계획이었다. 그러나 당시 국방장

오스만제국 군대, 앞줄 흰색 복장이 케말 파샤

관인 호레이셔 키치너Horatio Kitchener가 서부전선이 급박한 마당에 육군 병력을 지원할 수 없다고 하자 처칠은 순전히 해군만으로도 오스만제국을 제압할 수 있다고 큰소리 쳤다. 이는 참으로 오만의 극치였다. 처칠은 마치 제국주의 전성기에 함포 몇 발만 쏘아도 아프리카와 아시아의 여러 나라를 벌벌 떨게 만들었던 빅토리아 여왕 시대에 집착했었던 것이다. '썩어도 준치'라는 말이 있듯이 비록 '유럽의 병자'라고 손가락질받고 있었지만 오스만제국을 깔보아도 너무 깔보았던 것이다. 다다넬스 해협은 그 폭이 아주 좁은 길목인데다 급류여서 해군 작전 수행이 매우 까다로운 곳이다. 또한 감시가 무척 삼엄했다. 튀르키예는 다다넬스 해협 양쪽 해안가에 독일의 지원을 받아 철통같은 요새들을 촘촘하게 구축해 놓았다. 총 65킬로미터에 걸친 다다넬스 해협에서 연합군의 함대가 튀르키예 요새들로부터 포격을 당하지 않을 만한 곳은 그 어디에도 없었다.

드디어 1915년 2월 19일 영·불 연합함대의 전함들이 대대적인 포격을 개시하면서 갈리폴리 전투의 막이 올랐다. 오스만제국은 적함을 향해 화력을 퍼부을 수 있는 만반의 준비를 완료한 상태였다. 지원 나온 독일 육군의 리만 폰 젠더스Liman von Sanders 장군의 지휘 아래 오스만군은 연합군 함대가 해안포 사정권 내로 진입하자 비 오듯 포탄을 퍼부었다. 뜻밖의 반격에 연합국 함대는 당황했지만 포격을 주고받으면서도 해안포 사정권 밖으로 물러나려고 하지 않았다. 하지만 이는 너무나 안이한 생각이었다. 연합군 함대는 육지의 해안포대와 마치 함대함 포격전 같은 방식으로 대결을 벌이는 어처구니없는 만용을 부렸다. 해안포대는 파괴되어도 쉽사리 복구할 수가 있지만 전함은 침몰하면 그것으로 끝이었다. 일주일간의 포격전 끝에 양측의 손실은 커져만 갔다. 연합군 함대의 피해는 감당할 수 없는 수준까지 이르렀다. 이어서 3월 18일에 있었던 영국-프랑스 연합함대의 두 번째 다다넬스 해협 돌파 작전도 실패로 끝났다. 그 과정에서 연합함대는 세 척의 전함이 침몰되고 세 척이 대파되는 큰 손실을 입었다. 더구나 오스만 투르크군은 연합함대가 장악하던 해협 입구까지 몰래 잠입해 많은 기뢰들을 부설해 놓았다. 연합군 함선 여러 척이 이 기뢰들을 건드리는 바람에 대파되었다. 이렇게 저렇게 상처투성이가 된 연합함대는 기진맥진해졌다.

이제 지상군이 상륙해 갈리폴리반도 요소요소에 구축된 튀르키예군의 방어진지들을 깨끗이 청소해 주지 않으면 영국-프랑스 연합함대만으로는 도저히 해협을 뚫을 수가 없었다. 사실 그 당시가 오스만제국에도 큰 위기의 순간이었다. 연합군 함대의 피해도 컸지만 이들로부터 엄청난 포격을 당한 튀르키예군도 큰 피해를 입은 상태였다. 만일 이때 연합군이 일거에 상륙했다면 튀르키예군의 방어는 완전히 무너졌을 것이다. 하지만 연합군은 해군만 단독으로 다다넬스에 투입하는 작전을 시도했다. 육군의 지원을 기

갈리폴리반도의 산등성이로 돌진하고 있는
연합군 병사들

대할 수가 없어 상륙작전은 아예 꿈도 꾸지 않았다. 결국 이것이 돌이킬 수 없는 비극의 씨앗이 되었다. 초전에 참담한 피해를 맞본 연합군 해군은 3월 12일에서야 영국 중동 원정군 사령관 이언 해밀턴Ian Hamilton에게 부랴부랴 해군을 도와 갈리폴리에 포진한 튀르키예군을 제압하도록 명령을 내렸다.

육해군의 합동작전은 당연히 옳은 선택이었으나 때는 이미 많이 늦어버렸다. 주변에 당장 동원할 병력이 없었고 시간이 갈수록 승리의 기회가 점차 사라지고 있었다. 이렇게 6주의 시차를 두고 이루어진 연합군의 지상군 공격은 탄약과 병력 부족으로 허덕이던 튀르키예군에게 원기를 회복할 수 있는 충분한 시간을 주었다. 초전에 갈리폴리를 방어한 튀르키예군은 즉시 10만 명의 병력과 장비를 충원해서 요새와 진지를 오히려 이전보다 더욱 강화했다. 어떤 희생을 무릅쓰고라도 침략자를 격퇴하겠다는 튀르키예군의 임전무퇴의 의지도 날로 굳어졌다. 영국은 전략을 원점에서 재검토해야 했으나 임기응변적인 처방으로 즉시 육상 공격을 개시하기로 결정했다. 영국이 상륙군으로 동원한 주력부대는 저 멀리 호주와 뉴질랜드에서 파견된 안작ANZAC[5]군단이었다. 이들은 이집트 알렉산드리아에 집결해 유럽 전선으로 이동할 계획이었다. 이 병사들은 그리스 섬인 렘노스Lemnos에서 영국군과 합류하여 허겁지겁 상륙 훈련을 몇 번 하는 둥 마는 둥 하고 갈리폴리 전선에 투입되었다.

굴욕적인 참패, 철수

안작군, 영국군, 프랑스군으로 급하게 꾸려진 연합군은 해밀턴 장군의 지휘 아래 드디어 1915년 4월 25일, 먼저 갈리폴리 반도 남쪽의 헬레스Helles 지역과 에게해에 면한 가바 테페Gaba Tepe(안자크 만) 지역에 상륙을 개시하기로 했다. 그러나 이 상륙작전은 너무나 허술했다. 상륙 이후 그들은 언덕 위의 튀르키예군 진지를 쉽게 제압할 수 있을 것으로 자신하고 있었다. 그러면 오합지졸인 튀르키예군은 즉시 내뺄 것이고 그 이후는 해군과 함께 이스탄불까지 일사천리로 쳐들어갈 일만 남았다고 자만했다. 이런 오만함은 이후 다다넬스 앞바다를 피로 물들게 하는 참극의 원인이 되었다.

오스만 투르크군은 적의 상륙을 해안가에서 막을 생각이 애초부터 없었다. 가파른 고지 위에 참호를 구축한 오스만 투르크군은 연합군이 허덕거리며 간신히 고지 위로 올라오면 그때서야 싹쓸이하겠다는 옹골찬 계획이었다. 1915년 4월 25일 6시, 갈리폴리반도 인근에 집결한 연합군 해군의 대대적인 포격이 개시되면서 튀르키예군 요새 주변은 곧 엄청난 화염에 휩싸였다. 바로 이 순간 연합군은 탄막을 이용해 튀르키예군 진지까지 순식간에 올라가야만 했다. 그런데 바로 여기서 어설픈 작전과 실수가 엄청난 비극을 낳았다.

상륙작전이란 함포사격에 이어 보병의 상륙이 지체 없이 이루어져야 하는 것이 기본이다. 포격의 효과가 사라질 만큼 충분한 시간이 경과한 이후에 상륙한다면 작전이 실패할 가능성이 크다. 수비군이 포격으로 허둥지둥하고 정신 못 차릴 때 바로 상륙하는 것이 상식이다. 어처구니없는 일이지만 연합군은 상륙작전 전에 육군과 해군은 포격 시간과 상륙 시간을 정밀하게 조율하지도 않았다. 결국 바다에서 화력을 지원할 해군과 상륙을 책임질 육군이 시간적으로 간격이 커져버렸다. 이야말로 상륙작전의 실패를 예고하는 것이었다. 이 틈을 타 튀르키예군은 포격으로 파괴되었던 진지를 신속히 보강했다. 포격이 끝난 후 꾸물대면서 시간을 보낸 후 진지를 향해 기어오르는 연합군 병사들을 재정비한 튀르키예군이 기다리고 있었다. 허겁지겁 고지 위로 올라간 수많은 병사들은 처절한 비명소리와 함께 추풍낙엽처럼 쓰러져 갔다.

거기에다가 일부 함선은 상륙할 해안을 찾지 못하고 우왕좌왕하면서 절벽 밑에 배를 갖다 대었다가 두들겨 맞기도 했다. 어떤 함정은 바닷물이 빠져 갯벌에서 오도 가도 못하는 지경에 이르기도 했다. 총체적 난국이었다. 일선 장교들은 작전이 잘못되고 있다는 것을 직감했으나 후방의 지휘관들은 책상에 앉아서 오로지 돌격 명령만 남발했다. 연합군은 비록 해안에 상륙은 했지만 그것으로 끝이었다. 연합군은 한 치도 앞으로 나아가지 못하고 비탈진 언덕에서 웅크리고 있어야만 했다. 반면 튀르키예군은 영리하게 오로지 방어에만 임하고 있었다. 그들은 엄청난 포격이 있기도 했지만 참호에서 한 발자국도 밖으로 나오지 않았다. 그리고 고지를 향해 가까스로 기진맥진 기어 올라오는 연합군을 향해 무자비하게 기관총탄을 갈겨댔다. 연합군은 8월 6일 다시 수불라Suvla 만에 상륙해서 튀르키예군을 압박하고자 했지만 그동안 튀르키예군은 팔레스타인과 코카서스 지역에서 병사들을 충원하여 만반의 대비를 하고 있었다. 연합군의 세 번째 회심의 공격도 허사로 돌아갔다.

사실 튀르키예군도 연합군 못지않은 막대한 인명 피해를 보고 있었지만 인내심은 더 강했다. 그들은 필사적으로 버티면서 갈리폴리해안을 연합군의 묘지로 만들었다. 결국 더 이상 피해를 감당할 수 없던 영국은 패배를 인정해야만 했다. 하지만 무려 8개월간 계속된 전투가 똑같은 모양으로 지속되었다는 것은 어쩌면 튀르키예군이 잘 싸웠다기보다는 연합군이 시종일관 무모하고 무능했다는 것이 더 맞을 것 같다. 연합군 측은 애초부터 튀르키예군을 너무나 만만하게 보았다. 튀르키예인들은 게으르며, 겁쟁이들이고 전투가 벌어지면 바로 꽁무니를 뺄 것이라고 생각했다. 이러한 고정관념은 전투가 계속되면서 점차 사라져 갔다. 튀르키예 병사들의 강인한 투혼은 점차 연합군들을 감동시키기까지 했다.

이제 영국에서 5,000킬로미터나 떨어진 곳에서 연합군은 식량과 보급품이 바닥나기 시작했다. 더구나 이 전투는 연합군 국민들에게서 잊혀져 가고 있었다. 연합군 측의 관심은 온통 유럽의 서부전선에만 쏠려 있었다. 한편으로는 영국의 전쟁성 관료들은 갈리폴리 전황에 관해 내가 옳으니 네가 틀리니 서로 삿대질하고 티격태격했다. 마침내 갈리폴리 작전 기획자인 처칠이 책임을 지고 사임했다. 갈리폴리 패배로 끔찍한 수모를 겪은 처칠은 그 후 30년이 지난 1945년 제2차 세계대전을 승리로 이끈 다음에야 이 치욕을 딛고 최고의 영웅으로 등극할 터였다. 1915년 11월, 갈리폴리 전선을 방문한 키치너 경은 철수를 지시했다. 이제야 갈리폴리반도를 적시던 피의 행진이 멈추었다. 결과는 너무 참혹해 작전에 투입된 총 40만 명의 연합군 중 무려 25만 명의 사상자(전사 4만 6천)가 발생했다. 이는 그때(제1차 세계대전 초반)까지 연합군이 입은 최대의 사상자였다.

그래도 연합군이 제대로 완수한 작전이 딱 하나 있었다. 철수 작전이었다. 1915년 12월 19일과 1916년 1월 8일 밤, 연합군은 도둑고양이처럼 살그머니 한 명의 희생자도 없이 10만여 명의 병사들 철수에 성공했다. 튀르키예군은 바로 코앞에서 연합군이 대규모 철수 작전을 벌이는데도 이를 감쪽같이 몰랐다. 연합군이 갈리폴리 전투에서 유일하고도 깔끔하게 완수한 작전이었다.

반면 승리를 거둔 오스만 투르크군의 희생도 만만치 않아 연합국과 같은 25만 명의 사상자(전사 6만 5천)가 발생했다. 갈리폴리 지역은 완전히 쑥대밭이 되었을 만큼 엄청난 피해를 보았다. 하지만 오스만 투르크군은 갈리폴리를 방어하는 데 최고 지휘관부터 말단의 병사까지 일치단결했다. 그들은 무서운 투혼을 보여주었다. 특히 지휘관 중 무스타파 케말Mustafa Kemal[6] 장군은 군계일학이었다. 그는 전투 초기에 튀르키예군 19사단에서 중령 계급의 무명이었으나 총지휘관인 독일 샌더스 장군이 그의 능력을 알아보고 수백 명의 동기들과 상급자를 제쳐놓고 단박에 그를 사단장에 임명했다. 갈리폴리 전투 내내 최고의 지략과 용맹을 떨쳤다.

이렇게 갈리폴리 전투에서 오스만 투르크군은 승리했다. 그러나 중동 전역에서 참패하고 이어서 동맹국들이 항복함에 따라 오스만 투르크 제국은 와해되었다. 결국은 동맹국에 가담한 것이 큰 패착이었다는 것을 역사는 말해주고 있다.

1. 러셀 크로우

크로우는 십대 시절에 호주 TV 연속극과 영화에 출연하면서 연기생활을 시작했다. 이후 할리우드에 진출해서 〈LA 컨피덴셜〉의 거칠지만 의협심 있는 경찰로 두각을 나타냈다. 이후 아카데미 남우주연상을 안겨준 〈글래디에이터〉의 복수심에 불타는 막시무스 역할, 〈뷰티풀 마인드〉의 정신분열증에 걸린 수학 천재 존 내쉬, 〈마스터 앤드 커맨더: 위대한 정복자〉의 잭 오브리 함장 그리고 〈신데렐라 맨〉의 가난한 복서 짐 브래덕 역까지 놀라울 정도로 다양한 역할들을 연기했다.

그에게 아카데미상을 안겨준 〈글래디에이터〉와 〈뷰티풀 마인드〉에서도 놀라운 연기력을 보여주었다. 스크린 밖에서는 주먹싸움을 곧잘 벌이는 터프한 성격의 소유자이기도 하다. 몇 년 전에는 〈워터 디바이너〉를 감독하고 주연을 맡았고 비평가들로부터 호평을 받았다. 그는 록 가수가 되고자 했던 어릴 때 꿈을 버리지 않고 지금도 한 록 밴드에서 기타를 치고 노래를 하고 있다. 그는 호주에 가정을 꾸렸고 거기서 오랜 연인인 호주 출신의 가수이자 배우 다니엘 스펜서와 결혼하여 두 자녀를 두고 있다.

2. 톱카프 궁전

톱카프 궁전은 15세기 중순부터 19세기 중순까지 약 400년 동안 오스만제국의 술탄이 거주한 궁전이다. 이스탄불 구시가지가 있는 반도, 보스포루스Bosporus해협과 마르마라Marmara해, 금각만이 합류하는 지점이 내려다보이는 언덕 위에 세워져 있다. 현재는 박물관으로 이용되고 있다. 대제국의 왕궁인 톱카프 궁전은 유럽의 다른 궁전과는 달리 규모도 작고 화려한 편도 아니다. 유목민족인 튀르키예 민족은 왕궁을 단지 일종의 유목민들의 대형 천막으로 생각했기 때문일 것이다.

3. 블루 모스크

블루 모스크는 오스만제국이 세운 가장 장려한 건축물 중 하나다. 이 건물은 내부 모자이크의 색채 때문에 블루 모스크라고 알려지게 되었지만, 사실 정식 이름은 '술탄 아메드 모스크Sultan Ahmet Mosque'다. 이는 당시 건축을 명한 술탄 아메드 1세의 이름을 딴 것이다. 블루 모스크는 이스탄불에 있으며 수백 명의 무슬림들이 여전히 이 장소에서 하루 다섯 차례씩 매일 기도를 올린다. 관광객들은 북쪽 현관으로 들어가야 하는데 서쪽 현관이 가장 화려하게 장식되어 있다.

4. 크림 전쟁

러시아의 남진 정책을 봉쇄하기 위한 전쟁으로, 1853~1856년 러시아와 오스만 투르크, 영국·프랑스·사르데냐 연합군이 크림반도, 흑해를 둘러싸고 벌였다. '백의의 천사' 플로런스 나이팅게일Florence Nightingale이 야전병원에서 활동했다.

5. 안작군단ANZAC: Australian and New Zealand Army Corps

1914년 제1차 세계대전 발발 후 창설된 호주와 뉴질랜드 연합 군단을 말한다. 1914년 12월 이집트에서 창설되어 갈리폴리 전투와 서부전선에서 작전을 수행했다. 갈리폴리 전투에서 안작군은 고지대 위에 주둔한 오스만 투르크군에 의해 큰 피해를 입자, 안전해질 때까지 땅을 계속 파라는 사령관 해밀턴의 지시에 따라 참호를 계속 팠고, 그 결과 '광부Digger'라는 별명이 붙었다.

이후 안작군은 제2차 세계대전 중인 1941년에 다시 편성되어 그리스 전투에 참전했으며, 이후 한국 전쟁, 베트남 전쟁 등의 전투에 참전했다. 호주와 뉴질랜드에서는 매년 4월 25일, '안작 데이'라는 이름의 국경일 행사를 벌인다. 양국은 이날 갈리폴리 전투, 한국 전쟁, 베트남 전쟁 등에 참전한 안작 군인들을 기린다.

6. 무스타파 케말

튀르키예공화국의 초대 대통령을 지냈다. 튀르키예의 국부라는 의미로 '케말 아타튀르크Kemal Ataturk'라고 불린다. 원래 이름은 무스타파 케말 파샤였다. 파샤는 군사령관이나 고급 관료에게 붙이는 칭호다. 제1차 세계대전 후 수도 이스탄불 등이 연합군에게 점령당하자 조국의 구원에 나섰다. 앙카라에서 대국민 회의를 개설하고 의장으로 선출되었다. 술탄 정부가 연합국으로부터 세브르 조약Treaty of Sèvres을 강요당하고 그리스군이 튀르키예 깊숙이 침입해 오자 민족 독립 전쟁을 일으켜 그리스군을 쫓아냈다. 그는 정치와 종교의 분리, 문자의 통일, 민족 산업의 육성 등 과감한 근대화 정책을 실시했다.

케말은 갈리폴리 전투에 임하면서 부하들에게 다음과 같이 말했다.

"우리가 무너지면 오스만제국이 무너지고, 우리에게는 오로지 노예가 되는 운명만이 기다리고 있다. 이제 우리는 살아남기 위해 싸우는 게 아니라 죽기 위해 싸워야 한다. 그러나 이것은 결코 개죽음이 아니다. 오늘 우리들의 죽음이 조국의 밑거름이 될 것이며 그대들 이름은 역사에 영원히 남을 것이다. 나 역시 여기에서 무너지면 제군들과 같이 시체로 뒹굴고 있을 것이다."

〈전쟁과 평화〉

나폴레옹의 러시아 침공과 퇴각

I. 영화 〈전쟁과 평화〉

원제: War and Peace
감독: 킹 비더
제작: 디노 디 로렌티스, 카를로 폰티
원작: 레프 톨스토이
각본: 어윈 쇼, 엔니오 드 콘치니, 킹 비더
음악: 니노 로타
출연: 오드리 헵번, 헨리 폰다, 멜 파라, 비토리오 가스만
제작 연도: 1956년
상영 시간: 208분
같은 소재의 영화: 〈전쟁과 평화〉(1968년 러시아 제작)

이 영화는 파라마운트사社가 러시아의 대문호 레프 톨스토이Lev Tol-stoi의 대하소설 『전쟁과 평화Voina i mir』를 원작으로 삼아 자사의 역작을 남기겠다는 단단한 각오로 만든 작품이다. 1958년도 개봉 당시로써는 초대형 블록버스터였다. 19세기 나폴레옹의 러시아 침공을 배경으로 인간과 전쟁, 그리고 사랑을 그린 대하드라마이며, 개봉 당시 엄청

난 규모의 제작비로 화제를 모았던 작품이다. 처음에는 두 시간으로 줄여 상영했던 것을 1977년에 다시 3시간 15분으로 원상 복구해 재개봉하기도 했다.

출연 배우들의 명연기와 당시 러시아를 되살린 배경, 장대하고도 압도적인 전투 장면, 모스크바의 대화재, 오드리 헵번Audrey Hepburn[1]이 분한 여주인공 나타샤의 상큼한 매력이 잘 어우러져 있다는 평도 있었지만 한편으로는 다소 지루하고 따분하다는 평도 뒤따랐다. 〈전쟁과 평화〉는 나폴레옹이 유럽을 정복하고 러시아를 침공하기까지의 러시아 사람들이 어떻게 생활했는지, 그 가운데서도 특히 귀족들이 어떤 삶을 살았는지 등 당시의 생활상과 풍속도를 자세하게 묘사하고 있다.

나타샤와 안드레이 공작

남자 주인공인 안드레이(멜 파라Mel Ferrer 분)와 피에르(헨리 폰다Henry Fonda 분), 나타샤(오드리 헵번 분)를 중심으로 전쟁 시작부터 종료까지, 이들이 우여곡절을 겪으면서 인간적으로 어떻게 성숙해 가는지를 보여준다. 전쟁의 참상과 여러 끔찍한 상황을 겪으면서 인생의 의미란 무엇인지를 다시 성찰할 수 있는 계기를 제공해 주기도 한다. 난리 통에 겪는 여러 경험과 나타샤의 천진난만함과 무모한 열정, 그리고 젊음의 성장통을 겪으면서 내적으로 성숙해져 가는 모습을 보는 재미도 빼놓을 수 없다.

사실 헨리 폰다가 남자 주인공 피에르로 캐스팅 될 당시, 자신의 나이가 너무 많은 것이 문제라는 건 스스로 인지하고 있었다. 20대의 피에르를 50대의 폰다가 연기 해야 했으니 그럴 만도 했다. 그가

왈츠를 추고 있는 나타샤

처음에 받았던 시나리오는 작가 어윈 쇼Irwin Shaw가 쓴 것이었는데, 이 것에 감명받아 출연을 결정했다고 한다. 그러나 나중에 시나리오는 다 른 여러 사람의 수정을 걸쳐 완성되었고, 폰다는 이를 보고 매우 불편 한 심기를 드러냈다. 그래서 나중에 촬영이 끝나고 이렇게 말했다. "출 연료를 많이 주어서 출연했지요. 뭐."

피에르 역 후보에는 말론 브란도, 몽고메리 클리프트 등의 명배우들 이 물망에 오르내렸다. 브란도는 헵번과 같이 일하기 싫다고 거절했고 클리프트는 별 뚜렷한 이유 없이 거절했다고 한다. 킹 비더감독은 이에 대해 "피에르 역에는 여러 후보를 고려했지만, 나타샤 역에는 헵번 이 외에는 어느 누구도 고려해 본 적이 없다."라고 말했다. 이 영화로 헵번 은 350만 달러의 출연료를 받았다. 이 금액은 그때까지 어느 여배우도 받아본 적이 없는 거액이었다. 나중에 헵번은 그녀의 에이전트에게 "저 는 그런 출연료를 받을 만한 여배우는 못 돼요. 다른 사람들에게 알리 지 말아주세요."라고 말했다고 한다.

이 작품은 구소련에서도 여러 번 영화로 제작되었다. 전설적인 영화

음악가 니노 로타Nino Rota[2]의 경쾌하면서도 감미로운 「나타샤 왈츠 Natasha's Waltz」가 전편에 흐르면서 관객의 마음을 촉촉이 적셔준다.

II. 나폴레옹의 러시아 침공과 퇴각

나폴레옹의 러시아 원정과 퇴각, 그리고 몰락의 시작

나폴레옹 체제가 지배하고 있던 유럽대륙은 거인이었지만 외양과는 달리 내부는 불안정했다. 그 불안정의 첫 징후가 스페인에서 발생했는데, 이제 결정적인 사건이 러시아에서 일어나려 하고 있었다. 나폴레옹의 힘이 절정에 달했을 때는 부득이 러시아도 그를 따르지 않을 수 없었으나 이제는 사정이 달라지고 있었다. 그동안 프랑스가 영국을 견제하느라고 유럽 대륙 전역에 걸쳐 내린 대륙봉쇄령으로 가장 큰 피해를 보고 있는 것이 러시아의 지주계급이었다. 영국은 러시아의 밀, 목재, 대마, 수지의 가장 큰 시장이었다.

알렉산드르 1세

그 큰 시장이 대륙봉쇄로 막히자 러시아는 산업뿐만 아니라 재정적으로도 어렵게 되었다. 그러자 지주들의 항의가 계속되면서 알렉산드르Aleksandr 황제[3]는 나폴레옹과 결전을 약속하게 되었다. 그리고 러시아는 대륙봉쇄의 그물을 찢고 거기에서 나와야만

했다. 나폴레옹과 러시아의 군사적 충돌은 시간 문제였다. 문제는 어느 쪽이 먼저 칼을 빼느냐였는데, 나폴레옹이 먼저 빼들었다. 당시 모스크바 주재 프랑스 대사였던 알렉상드르 콜랭쿠르Alexandre Caulaincourt[4]는 나폴레옹에게 광대한 러시아 땅에서 러시아군과 싸우면 안 된다고 수차례 경고를 보냈다. 콜랭쿠르는 러시아의 겨울이 얼마나 무서운지도 거듭 역설했다. 그는 러시아가 단기적으로는 패하겠지만 장기적으로는 승리할 것으로 예측했다.

그리고 초원 지대의 병사들을 굴복시키는 데에는 최소 2년이라는 시간이 필요하다는 점도 강조했다. 그러나 나폴레옹은 이런 조언을 들은 척도 안 했다. 하도 성가시게 굴어 콜랭쿠르를 아예 소환해 버렸다. 이밖에 밀정들도 러시아와 전쟁하면 패한다고 수차례 정보들을 보내왔으나 콧방귀도 안 뀌었다. 나폴레옹은 점점 더 자기만의 아집 속에 빠져 들어 가고 있었다. 나폴레옹의 생각으로는 러시아를 이번 기회에 확실하게 제압해 버리면 대륙 운영은 안정적으로 운영될 터였다. 나폴레옹의 러시아 원정 대군은 총 60만 명이었다. 그중 20만이 후미군으로 독일에 남고 40만이 네만Neman강을 건넜다.

아군의 중핵을 구성한 프랑스군은 20만도 못 되고 나머지는 모두 나폴레옹 지배 아래에 있던 다른 나라 병사들이었다. 프로이센, 오스트리아와 라인 연방의 독일인, 스페인인, 이탈리아인, 네덜란드인, 크로티아인, 폴란드인 등 가히 총천연색으로 인종 전람회를 방불케 했다. 1914년 제1차 세계대전이 일어나기 전까지 그런 전람회 같은 혼성군은 없었다. 여기에 맞서 최일선의 러시아군을 이끄는 표트르 바그라티온 Pyotr Bagration[5] 장군은 프랑스군의 동정을 슬슬 살피면서 프랑스군이 전진하면 전진한 만큼 후퇴하는 작전을 구사했다.

러시아의 끝없는 대평원에 발을 내디딘 프랑스군의 고난은 초기부터 시작되었다. 군마의 먹이인 건초가 부족해 농가의 지붕을 벗겨다가 먹이자 며칠 만에 2만여 마리의 말이 죽어버렸다. 또한 식수가 부족해 노천수를 먹은 병사들은 발진티푸스에 걸려 첫 2주 만에 13만여 명의 병력이 전투도 없이 증발해 버렸다.

8월에 접어들어 스몰렌스크Smolensk에서 첫 번째 전투가 벌어졌다. 몇 번 접전을 벌이다가 러시아군 총사령관 바클라이 드 톨리Barclay de Tolly가 스몰렌스크를 불바다로 만들고서 내빼버렸다. 러시아 황제 알렉산드르 1세는 스몰렌스크를 지켜내라는 명령을 어기고 도시를 완전

히 태워먹은 드 톨리를 경질했다. 그 대신 초토화 전술에 부정적이었던 미하일 쿠투조프 Mikhail Kutuzov[6]를 총사령관으로 지명했다. 알렉산드르가 애초에 쿠투조프를 총사령관으로 기용하지 않은 것은 만만한 드 톨리를 세워놓으면 일일이 전투에 간섭을 하기 편하기 때문이었다. 쿠투조프는 취임 조건으로 통수권자인 황제한테 대놓고 간섭 말라는 말은 할 수 없었다. 그래서 황태자인 콘스탄틴

쿠투조프 장군

Konstantin 대공을 통해 명령권을 간섭하지 말 것을 차르에게 요구했고, 이에 대해 황제는 속으로는 부아가 치밀었지만 수락할 수밖에 없었다.

쿠투조프는 막상 실무를 떠맡고 보니 그동안 열심히 씹어댔던 드 톨리의 초토화 전술이 그런대로 써먹을 만했다. 그러나 옛 수도인 모스크바를 절대 사수하라는 알렉산드르 1세의 명령도 있었고 "한 번도 싸워보지 않고 모스크바를 내줄 순 없다."라는 말을 황제 앞에서 뱉어놨기 때문에 모스크바 근방에서 한 번쯤은 맞짱을 뜰 생각은 하고 있었다. 더구나 바그라티온 같은 주전파들의 반발이 심한 데다가 군의 사기로 보아서도 계속 싸우지 않고 도망만 가면 지휘도 어려워지리라는 것을 너무나 잘 알고 있었다. 그래서 벌어진 전투가 모스크바 인근에 위치한 보로디노 전투였다.

보로디노 전투Battle of Borodino

보로디노에서 양군의 병력은 대포의 화력까지 대충 비슷했다. 새벽부터 프랑스군의 포격으로 전투가 시작되어 나폴레옹의 의붓아들 외젠 드 보아르네Eugène de Beauharnais[7]가 러시아 우익에 유도 공격을 하는 척했다. 그리고 러시아군의 좌익 바그라티온을 프랑스군 우익 유제프 포니아토프스키Józef Poniatowski가 기병을 이끌어 우회하고, 중앙의 루이 다부Louis Davout[8]가 바그라티온을 협공하면서 전투가 시작되었다. 포니아토프스키는 러시아 보병대에 저지당했고 바그라티온의 러시아군 좌익은 프랑스군의 집중 공격을 받으며 버텨냈다. 하지만 작가 톨스토이에 따르면 러시아군의 병력 배치가 잘못되어 좌익에 병력이 적었고 집중 공격을 받자 우익의 드 톨리가 구원을 하러 왔고, 이에 따라 개활지에서 프랑스군 좌익을 담당한 외젠 드 보아르네에게 측면을 노출당했다. 이 때문에 시작도 전에 배치 실수로 진 전투라고 평가하기도 했다. 어쨌든 격렬한 전투는 오후까지 계속되었고 양군은 너 나 할 것 없이 탈진해 버렸다. 중요한 전투 국면에서 나폴레옹은 근위대 투입을 거부했고 전투는 시간이 흐를수록 진흙탕 싸움이 되어갔다. 나폴레옹이 이때 근위대를 내보냈다면 완벽한 승리를 거두었을 것이다. 그러나 나폴레옹은 원수들의 간곡한 요청을 완강히 거부했다.

"징세관이 모르는 곳에 마지막 남은 금을 숨겨놓은 코르시카Corsica 농부(프랭크 매클린, 『나폴레옹』, p835)"처럼 코르시카 출신인 나폴레옹은 전쟁 때마다 항상 근위대 투입을 꺼려하곤 했는데 보로디노 전투의 경우도 예외가 아니었다. 러시아군을 격멸할 수 있는 천재일우의 기회를 놓쳐버린 것이다. 양군은 엄청난 사상자를 남긴 채 러시아군이 후퇴함으로써 프랑스군의 근소한 승리로 끝났다. 러시아군의 완강한 저항에 대해 나폴레옹은 훗날 유배지 세인트헬레나Saint Helena에서의 회고에서 러시아군을 높이 평가했다.

모스크바 입성, 불 불 불

나폴레옹은 보로디노 전투 7일 후인 9월 15일, 유유히 모스크바에 입성했다. 나폴레옹은 모스크바에 머무르면서 이집트 원정 때처럼 한껏 정복자 행세를 했다. 시리아의 아크레Acre 전투 당시 페스트 환자 병원에 찾아간 것처럼 모스크바에서 고아원, 양로원을 방문해 기부를 했고 정교회 사제들에겐 평소처럼 교회를 열어 예배를 볼 수 있도록 배려했다. 포고문으로 약탈을 금지하고 모스크바에서 흩어진 상공인들에게 공정한 통상과 안전을 보장하며 평소처럼 경제활동에 종사할 것을 주문했다.

나폴레옹과 참모들의 계산으로는 모스크바에는 대군을 먹여 살릴 반년치 정도의 식량이 확보되어 있었다. 이 정도면 모스크바에서 월동하며 항복 사절을 기다려도 된다고 판단한 것이다. 그러나 9월 14일에서 18일 사이에 모스크바에서 의문의 화재가 연속해 발생했다. 발생 원인으로 프랑스 측에선 러시아인들의 야만적인 애국심 때문이라고 주장했다. 나폴레옹은 알렉산드르 1세가 있는 페테르부르크에 보낸 편지에서 이렇게 비난했다. "이 방화는 당시 알렉산드르 1세가 임명한 모스크바 총독 표도르 로스토프친Fyodor Rostopchin 백작의 소행이며, 이는 프랑스가 방화범 400명을 체포해 모두에게 자백을 받은 사실이다."

그런데 방화범을 몽땅 처형하고 나서도 아직 방화범이 남았는지, 화재 진압을 제대로 못 했는지 다음 날 또 큰 화재가 발생해 모스크바의 4분의 3을 태워 먹었다. 그리고 그 불은 한때 나폴레옹이 머문 크레믈린 근방에까지 번져 잠시 성

불타는 모스크바와 나폴레옹

밖으로 몸을 피해야 할 정도였다. 불은 사흘간 계속되었고 모스크바는 잿더미 가득한 유령의 도시로 변했다. 나폴레옹의 관대한 정복자 코스프레cospre[9]도 별로 씨가 안 먹혔다. 모스크바 인구는 점점 줄어들었고 도시 안 병력들은 위대한 군대에서 폭도떼로 변화되어 가고 있었다. 독일, 폴란드, 이탈리아 출신 너 나 할 것 없이 여기까지 이렇게 힘들게 왔으니 본전 생각이 들었다. 뭔가 하나라도 챙겨 가려고 뿔뿔이 사방에 흩어졌다.

그들은 고관대작들의 집을 서로 차지하고는 술 퍼먹고 멱살 잡고 싸웠으며 총질은 기본이었다. 유서 깊은 교회들도 약탈당했기 때문에 점령군은 사제들에게 사탄 취급을 받았다. 나폴레옹이 예전처럼 극장에서 연극과 오페라를 상영할 것을 지시했지만 지켜지지 않았다. 왜냐하면 여배우들도 통째로 약탈당했기 때문이다. 나폴레옹 말도 안 먹히는데 장교 말을 들을 리가 없었고, 약탈 금지령 역시 아무 소용이 없었다.

장교들은 물론이고 헌병대까지 약탈병들에게 공공연히 살해당했다. 이런 풍조는 정예병인 근위대 병사들에게까지 번져 근무 서는 것도 거부하고 약탈에 나서기가 일쑤였다. 크레믈린궁 나폴레옹 침실 앞 복도까지 약탈이 행해질 정도였다. 이 때문에 훗날 나폴레옹은 모스크바에 너무 오래 머물면서 병사들을 타락시킨 것을 뼈저리게 후회했다. 나폴레옹은 모스크바를 점령하면 알렉산드르 1세와 강화를 맺을 것이라 판단했다. 그래서 세 번이나 항복을 권했지만 알렉산드르 1세는 일체 대꾸를 안 했다. 알렉산드르는 전투에서는 미숙했으나 그래도 정치면에선 능숙했다. 오히려 쿠투조프 진영을 찾은 나폴레옹 사절을 그 자리에서 쫓아내지 않았다고 쿠투조프에게 직접 신하를 보내 질책까지 했다.

약탈은 끝이 보이지 않았고 식량도 바닥이 나기 시작했다. 사실 나폴레옹도 장군들도 모두 철수해야 한다는 것을 알았지만 체면 때문에 서로 말을 못하고 있었을 뿐이다. 어느 날 나폴레옹이 순찰 중에 어느 병사와의 대화에서 그 병사가 "지금이라도 신속히 모스크바를 떠나야 합니다. 황제 폐하."라는 말을 듣고 이틀 후에 전군 철수 명령을 내렸다는 일화가 전해진다.

나폴레옹은 일언반구 대꾸도 안 하는 알렉산드르의 답변을 속절없이 기다리면서 모스크바에서 굼벵이처럼 꿈지럭거렸다. "이제 모스크바를 점령하고 엉덩이로 깔고 앉았으니 알렉산드르가 머리를 조아리고 강화 요청을 해오겠지."하고 세월아 네월아 하며 마냥 죽치고 기다리기만 했다. 떡 줄 놈은 꿈도 안 꾸고 있었는데 김칫국부터 먼저 마시고 있었던 것이다. 모스크바까지 불태우고 프랑스군을 말려 죽이려는 알렉산드르의 속셈을 몇 세기에 한 번 나올까 말까 하다는 천재 나폴레옹이 왜 그렇게 감을 못 잡았었는지 도무지 알다가도 모를 일이다.

위대한 군대의 처참한 몰락

나폴레옹은 후퇴 날에 깜짝 놀랐다. 자기 군대의 어마어마한 짐 때문이었다. 모스크바의 모든 짐마차를 동원해 (물론 나폴레옹조차도 많이 챙기긴 했지만) 일개 졸병까지 금붙이, 골동품, 미술품들을 산더미처럼 들고 나왔으니 이것은 행군 대열이 아니라 이삿짐 행렬이었다. 이렇게 병사들 군기가 빠질 대로 빠져 있었지만 나폴레옹은 "마차가 많으니 부상병들에게 도움이 될 것"이라며 애써 자위했다. 4주간의 모스크바 생활 동안 병사들은 저희끼리 죽이고 이탈하고 약탈하러 나갔다가 죽고 해서 9만으로 팍 줄어버렸다.

후퇴 도중인 10월 24일 첫 번째 전투인 말로야로슬라베츠Maloyaro-slavets에서 나폴레옹군은 간신히 승리를 거두었다. 사실 쿠투조프는 공격에 매우 소극적이었는데 이나마 주전파와 젊은 장교들의 압박에 못이겨 마지못해 공격한 것이다. 쿠투조프는 내심으로 같은 편인 영국을 싫어해 자기 병사들의 희생을 가급적 꺼려했다. 그리고 어차피 프랑스군은 러시아 평원에서 서서히 소멸되어 갈 것으로 내다보았다.

나폴레옹군은 신속하게 후퇴했어야 하는데 챙겨온 짐들 때문에 어기적거렸고 러시아군은 바짝 추격하고 있었다. 이를 견제해야 할 프랑스군의 기병대는 혹독한 배고픔으로 말들을 대부분 잡아먹는 바람에 사실상 붕괴된 상태였다. 이렇게 말이 없게 되자 다량의 대포와 수송차들이 길바닥에 내팽개쳐졌다. 나폴레옹군의 주력이라 할 수 있는 포병대의 붕괴로 이어졌고 이는 나중에 나폴레옹 몰락의 원인 중의 하나로 작용한다. 미셸 네Michel Ney[10] 원수의 3군단 기병 병력은 사실상 전멸했고 조아킴 뮈라Joachim Murat[11]의 병력도 겨우 수천으로 감소했다.

코사크Cossacks 기병대에게 붙잡힌 프랑스 병사들에게는 이루 말할 수 없는 끔찍한 종말이 기다리고 있었다. 이들은 포로들을 악에 받친 러시아 농민들에게 넘겨주었다. 러시아 농민들은 활활 타오르는 분노를 포로들에게 표출했다. 말뚝에 찔러 넣고 두 눈을 뽑아냈고, 항문에 뾰족하게 깎은 장대를 박아 수직으로 세웠다. 장대는 몸을 관통해서 꼬치처럼 턱에 박혔다. 끓는 물에 산 채로 집어넣어 통째로 삶아 버리기도 했다. 팔 다리를 잘라 피범벅이 된 토르소torso(몸통 조각품)를 만들었다. 이 밖에 물에 젖은 부대를 뒤집어 씌운 뒤 몽둥이와 삽, 곡괭이 자루로 개 패듯 두들겨 팼다.

프랑스군의 병력은 갈수록 줄어들어 11월 8일 스몰렌스크에 겨우 도착했을 때는 생존자가 6만까지 줄어들었고 무장한 병력은 4만에 불과했다. 쿠투조프의 판단대로 공격하지 않아도 프랑스군은 스스로 무너지고 있었다. 말고기에 화약을 뿌려 먹다가 병에 걸리거나, 굶어 죽든가, 농가를 약탈하려다가 잡혀서 앞에서와 같이 혹독하게 죽임을 당하든가 하는 선택만이 있을 뿐이었다. 식량은 언제나 부족했다. 많은 병사들은 모스크바에서 노획한 금은보화를 몸에 지고 허둥거리다가 눈밭에 쓰러져 죽었다. 좀비Zombie처럼 휘청대며 걷는 병사들에게는 언덕 위에서 코사크 기병들이 총알 세례를 퍼부었고 칼로 난도질을 했다. 쇠약해진 병사들은 각종 질병에 퍽퍽 쓰러져 갔다.

눈으로 뒤덮인 광활한 혹한의 대

고난의 후퇴길

평원을 병사들은 발을 질질 끌며 겨우 한 걸음씩 내딛으며 나아갔다. 얼굴에는 절망과 체념이 가득했고 땟국물과 연기로 시커멓게 푹 절어 있었다. 거지발싸개처럼 신발 없는 발에 천 조각을 감싸고 머리는 모자 대신 째진 누더기로 칭칭 싸맸다. 몸에는 여자 치마나 다 떨어진 담요와 짐승 가죽 등으로 덕지덕지 둘러쌌다. 이런 몽골의 병사들이 간신히 눈 속을 헤쳐 나가다가 쓰러질라치면 미처 죽기도 전에 동료들이 득달같이 달려들어 넝마 쪼가리들을 뺏으려고 아귀다툼을 벌였다.

끔찍했던 베레지나강 도하

나폴레옹은 간신히 드네프르Dnepr강을 건너 마지막 장애물인 베레지나Berezina강을 향해 도망 길을 재촉하고 있었다. 이제는 클로드 빅토르Claude Victor와 니콜라 우디노Nicolas Oudinot가 남은 3만여 정규군을 포함한 약 5만 명의 체계 잡힌 병력과 그 절반가량의 낙오병, 비전투원들을 이끌었다. 북쪽에서는 러시아의 표트르 비트겐슈타인Pyotr Wittgenstein 군대가 프랑스군의 빅토르와 우디노의 군대를 뒤쫓아 남하하면서 압박해 왔고 남쪽에서는 파벨 치차코프Pavel Tchichagov가 이끄는 러시아군이 접근해 왔다. 만약 치차코프와 비트겐슈타인이 이끄는 두 군대가 합류한 후 쿠투조프의 본대가 공격해 오면 나폴레옹군은 꼼짝없이 포위당할 위기에 처해 있었다.

패주 중의 나폴레옹과 병사들

나폴레옹은 휘하 군대를 독려해 최대한 빨리 서쪽으로 가서 바리사우Barysau에서 베레지나강을 건너려고 했다. 이즈음에는 기온이 올라가

나폴레옹군의 러시아 침공로와 퇴각길

드네프르강도, 베레지나강도 얼어 있지는 않았다.

11월 28일, 바리사우에 있는 베레지나강에 도착한 나폴레옹은 강 좌안에 교두보를 확보할 때까지 어떻게든 치차코프의 주력을 도강 지점에서 떼어놓을 필요가 있었다. 이를 위해 여기저기에서 도강 준비 작업을 하고 있는 것처럼 위장했다. 치차코프는 원정군이 바리사우보다 하류에 위치한 지점을 골라 도강할 것이라고 오판해 주력을 이끌고 남쪽으로 내려갔다. 이 덕분에 나폴레옹군 공병대는 바리사우의 약간 상류에 있는 스투디안카Studianka 마을에서 방해받지 않고 다리 건설에 착수할 수 있었다. 공병들은 가슴까지 차는 끔찍하게 차디찬 얼음 같은 물속에 들어가 가까스로 간신히 두 개의 부교를 완성했다.

이렇게 해서 근위대를 포함한 나폴레옹군은 하루 이상의 시간을 벌면서 간신히 강 너머로 건너갈 수 있었다. 이틀째 되는 날 아침에 잘못 판단함을 깨닫고 군대를 되돌린 치차코프가 강 좌안을 방어하는 우디노와 네의 군대를 총공격했으나 완강한 저항 때문에 교두보를 쉽게 빼앗지 못했다. 허둥대다가 나폴레옹군의 도하를 막지 못한 치차코프는 나중에 엄한 질책을 받을 것이 걱정되자 프랑스로 줄행랑을 놓았다.

한편 북쪽에서 접근한 비트겐슈타인의 군대는 아직도 강 우안에 있던 나폴레옹군을 공격하고 임시 다리에 맹렬한 포격을 가했지만 빅토르가 이끄는 4,000여 명의 후위 부대는 다섯 배에 가까운 러시아군의 공격을 꿋꿋이 견뎌냈다.

마침내 다리가 완성되었지만 러시아군이 다시 공격해 왔다. 네 장군과 빅토르 장군이 후위를 맡아 영웅적인 전투를 벌이는 중에 도하는 성공했지만, 그 뒤로도 강추위와 산발적인 습격으로 병사들은 계속 죽어나갔다. 미처 강을 건너지 못한 병사들은 코사크 기병들의 칼날에 피를 뿌렸다. 사실 베레지나강 도하 직전인 11월 6일, 나폴레옹은 파리에서 클로드 말레Claude Malet 장군이 쿠데타를 일으켰다는 급보를 받았다. 나폴레옹은 다급해졌고 한시바삐 본국으로 가야만 했다.

강을 건넌 후 12월 5일, 나폴레옹은 매제인 뮈라에게 뒷일을 맡기고 썰매를 타고 본국으로 황망히 돌아갔다. 그러나 뮈라는 외젠 드 보아르네에게 남은 부대를 대충 남기고 자신의 영지인 나폴리왕국으로 허겁지겁 뺑소니를 쳤다. 12월 7일부터 영하 39도의 극심한 강추위가 찾아왔다. 들판에서 노숙하던 병력들은 상당수 얼어 죽었다. 보아르네는 간신히 남은 부대를 이끌고 12월 14일, 러시아 영내를 벗어났다.

러시아군의 끈질긴 추격, 폭설, 살인적인 추위, 시도 때도 없이 도처에서 출몰하는 코사크 기병들, 극심한 굶주림 등으로 세계에서 가장 강력한 군대가 폭삭 오그라들었다. 이제 대육군에는 누더기를 걸친 초라한 부상병만 남았다. 나폴레옹의 몰락이 시작되었다. 러시아 원정군

60만 명 중 25만이 전사하고 10만이 포로가 되고 15만 명이 부상 또는 실종되었다. 전대미문의 대규모를 자랑하던 대군은 흔적도 없이 사라지고 이제 어디에도 존재하지 않았다. 나폴레옹의 러시아 원정 실패소식에 지금까지 숨죽이고 지내던 독일 라인연방 국가들이 벌떼같이 들고 일어나 나폴레옹 타도의 기치를 높이 들었다. 나폴레옹의 러시아원정에 어쩔 수 없이 군대를 동원했던 프로이센과 오스트리아가 러시아와 동맹을 맺고 프랑스에 선전포고를 했다. 유럽 전역의 프랑스 점령지역에서 프랑스에 저항하는 모든 세력이 들고 일어났다. 이탈리아에서는 반프랑스 폭동이 발생했으며, 스페인에서는 아서 웰링턴Arthur Wellington이 영국군을 이끌고 피레네산맥을 향해 파죽지세로 진격하기 시작했다. 나폴레옹은 이렇게 말했다.

"1년 전에는 전 유럽이 우리와 함께 진격했다. 오늘은 전 유럽이 우리를 향해 진격하고 있다."

- 앙드레 모루아, 『프랑스사』, p534

1. 오드리 헵번

벨기에 브뤼셀에서 출생한 오드리 헵번은 2차 대전 후 런던에서 발레리나 수업 중 영화에 단역으로 출연했다. 이후 프랑스의 콜레트Colette 여사에게 인정받아 〈지지Gigi〉의 브로드웨이 공연에서 주연을 맡고, 그것을 계기로 윌리엄 와일러 감독의 〈로마의 휴일〉 주연으로 뽑혔다. 이 작품으로 아카데미 여우주연상을 받아 세계적인 스타가 되었으며, 이 밖에 〈티파니에서 아침을Breakfast At Tiffany's〉, 〈샤레이드Charade〉 등을 통해 현대의 요정이라는 평을 받았다. 그녀는 배우로서도 아름답고 화려했지만 장기간 유니세프 친선 대사로 활동하면서 인류애를 실천하는 등 자선 사업가로서 아름다운 삶을 산 끝에, 1993년 1월 20일 결장암으로 64세의 나이에 눈을 감았다.

2. 니노 로타

이탈리아 밀라노에서 태어나 어릴 때부터 음악에 대한 재능이 뛰어났다. 영화 〈길La Strada〉의 주제가 '젤소미나의 테마'로 세계적인 명성을 얻었다. 이어서 영화 〈전쟁과 평화〉에서 나오는 「나타샤 왈츠」, 〈태양은 가득히〉, 〈로미오와 줄리엣〉, 〈대부〉로 영화음악사에 독보적인 존재가 되었다. 1974년에는 〈대부 2〉로 아카데미 영화음악상을 수상했으며, 1960년대부터 1979년 사망할 때까지 영화음악가로 활동하면서 파리음악원의 교장을 맡았다.

3. 알렉산드르 1세

알렉산드르는 귀족들의 음모로 살해를 당한 부친 파벨Pavel 1세를 계승해 러시아 황제에 등극했다. 1801년 3월의 이 사건은 알렉산드르 1세의 전 생애에 영향을 주었으며, 그는 부친의 사망을 사주하고 용인했다는 죄의식으로 평생 괴로워했다. 이 때문에 그는 신경증 증세를 보였고 이는 주변 사람들을 괴롭히기도 했다. 틸지트조약 체결차 며칠 동안 그와 함께 지낸 나폴레옹도 그의 복잡한 성격 때문에 상당히 헷갈려 했다. 그는 키가 크고 푸른 눈을 가진 금발 곱슬머리의 미남이었다. 선친의 통치기에 축소되었던 귀족 특권을 확대하고 일련의 자유주의적 개혁을 시행했다. 대외적으로 나폴레옹과의 조국 전쟁을 승리로 이끌어 유럽의 강국으로서 러시아의 위상을 높였다.

4. 알렉상드르 콜랭쿠르

나폴레옹 치하에서 외무 장관을 지냈다. 1804년부터 황제의 시종장으로 있으면서 나폴레옹이 여러 차례 큰 전투를 벌이는 동안 항상 그의 곁에 있었다. 1807년 11월부터 1811년 2월까지 콜랭쿠르는 러시아 주재 대사로 있으면서 나폴레옹의 러시아 침공을 반대했고, 평화를 위해 부단히 노력했다. 나폴레옹은 1808년 그에게 공작 작위를 수여했다.

5. 표트르 바그라티온

나폴레옹 전쟁 동안 러시아군을 이끌었던 장군이자, 그루지아Georgia 바그라티온 왕가의 왕자였다. 나폴레옹의 러시아 원정 당시 러시아 2군을 이끌었다. 쿠투조프, 베니히센Bennigsen, 드 톨리 등과 함께 당대의 러시아군을 대표했던 이름난 장수였다. 바그라티온은 이들 세 장군들과는 성격이 조금 다른 용장에 가까웠던 장군이었다. 보로디노 전투에서 전사했다.

6. 미하일 쿠투조프

나폴레옹 전쟁 기간 동안 러시아군을 지휘했다. 여자를 유난히 밝혔고 인생을 즐기는 타입이었다. 보로디노 전투 당시에는 뚱뚱하고 외눈박이인 데다 예순일곱 살 난 늙은이가 되었다. 하지만 러시아에서는 가장 뛰어난 지휘관이라는 데 아무도 이의를 제기하지 않았다. 게으르고 늘 졸린 듯했으며 명령서를 읽거나 서명하는 것도 마지못해 하는 스타일이었다. 전체적으로 괴팍하고 완고했지만 직관력이 뛰어났고 날카로운 본능을 지닌 인물이기도 했다.

7. 외젠 드 보아르네

나폴레옹의 부인 조세핀의 아들로서 나폴레옹의 의붓아들이었지만, 나폴레옹에 대한 충성심과 능력은 나폴레옹 일족 그 누구보다도 뛰어났다. 끝까지 나폴레옹에게 의리를 지켰다. 이탈리아의 부왕副王으로 임명되었고 바이에른 왕 막시밀리안의 딸과 결혼했다. 장인으로부터 로이히텐베르크Leuchtenberg 공작이라는 작위를 받고 귀족으로 살다가 1824년 바이에른의 수도 뮌헨에서 사망했다.

8. 루이 다부

루이 니콜라 다부Louis Nicolas Davout는 귀족 출신으로 프랑스대혁명 때 혁명을 지지했다. 나폴레옹이 집권한 뒤 대부분의 전투에 참여했고 뛰어난 군사적 재능의 소유자였다. 나폴레옹 휘하의 원수元帥들 중에서 가장 청렴했고 정직했다. 1814년에 나폴레옹이 몰락하자 군에서 물러났으나 1815년 백일천하 때 다시 군대에 들어왔다. 워털루전투 시에는 육군 장관으로서 파리를 지켰다. 나폴레옹이 워털루전투에서 패배하자 결국 파리의 문을 열고 파리 협약에 서명했다. 나폴레옹이 워털루전투 당시 출중한 지휘관인 그를 기용하지 않은 것은 나폴레옹으로서는 참으로 뼈아픈 실책이었다.

9. 코스프레

코스프레는 '의상'을 뜻하는 'costume'과 '놀이'를 뜻하는 'play'의 일본식 합성어이다. 만화, 애니메이션, 영화 등에 나오는 인물들의 옷을 입고 노는 일종의 의상놀이를 말한다. 원뜻과는 달리 흉내, 위장이라는 의미로 부정적으로 사용되고 있다.

10. 미셸 네

프랑스혁명 전쟁에 종군하고, 1809년 라인 군단 사령관이 되었다. 1804년 나폴레옹 1세에 의해 원수에 임명되었다. 아일라우Eylau, 프리틀란트Friedland 전투에 참가하고, 에스파냐 원정군을 지휘했다. 이후 보로디노 전투에서 활약하고, 모스크바 퇴각 때는 중앙군을 지휘하며, 퇴각 작전에 공을 세워 모스크바공公이 되었다. 왕정복고 후 귀족이 되었으나 백일천하 시에는 나폴레옹을 지지해 워털루에서 싸웠다. 패배 후, 반역죄로 귀족원에서 사형선고를 받고 파리에서 총살당했다.

11. 조아킴 뮈라

기병대의 가장 우수한 지휘자로서 두각을 나타냈다. 프랑스혁명 전쟁, 나폴레옹 전쟁, 이탈리아 전쟁, 이집트 원정, 아우스터리츠 전투, 예나 전투, 러시아 원정 라이프치히Leipzig 전투 등 중요한 싸움에서 나폴레옹을 따라 활약했다. 나폴레옹의 누이동생 카롤린Caroline과 결혼했으며, 1808년 나폴리 왕이 되었다. 나폴레옹이 몰락했을 때는 왕위를 유지하기 위해 오스트리아와 교섭을 벌였으나 결국 체포되어 처형되었다.

〈진링의 13소녀〉

일본군의 만행, 난징대학살

I. 영화 〈진링의 13소녀〉

원제: The Flowers of War
감독: 장이머우
원작: 옌거링
각본: 헝 류
음악: 치강 첸
출연: 크리스천 베일, 니니, 지니 장, 탄 유안 황, 시팅 한
제작 연도: 2011년
상영 시간: 146분

이 영화의 원제목은 〈금릉金陵의 13소녀〉로 2011년 중국에서 개봉했다. 금릉은 중국어 발음으로 '진링'이다. 영화는 일본 제국 침략기 시절 일어난 난징대학살을 배경으로 한다. 춘추전국시대의 난징 이름이 진링이었다. 난징대학살 당시 제네바조약에 의해 보호를 받는 윈체스터 Winchester 대성당에는 수녀원 학교의 소녀들, 홍등가의 창녀들, 잉글먼

296   명작 영화로 역사와 인물을 읽다 I

주임 신부 장례를 치르러 온 미국인 장의사 존(크리스천 베일Christian Bale 분), 잉글먼 신부에게 입양된 중국인 고아 소년 조지, 부상당한 소년병이 모여든다. 영화 〈진링의 13소녀〉는 이들을 중심으로 이야

미국인 장의사, 존

기가 펼쳐진다. 상하이上海 출신 유명 여성 작가 옌거링嚴歌笭이 2005년 발표한 동명 소설을 원작으로 했다.

우선, 여전히 난징대학살이 날조됐다고 주장하는 일본에 대해 세계적으로 유명한 중국의 장이머우張藝謀[1] 감독이 나섰다는 것이 동병상련의 피해국민 입장에서 우리에게는 남다른 감흥을 불러일으킨다. 한국을 비롯하여 점령지 여성들을 위안부로 강제 동원한 사실을 악착같이 부정하는 일본 우익은 중일전쟁(1937~1945년) 당시, 수도인 난징에서 어른 아이 가리지 않고 민간인을 학살하며 집단 강간한 것을 아직도 부인한다. 서방 선교사들과 언론인들의 증언, 아랫도리가 벗겨진 부녀자들의 시체가 산더미처럼 쌓여 있는 흑백사진과 일본군의 잔혹한 행위를 담은 필름이 엄연히 존재하지만, 1937년 12월 난징 침공 후 6주간이라는 기간에 30~40만 명을 죽이는 것이 도대체 가

일본군을 피해 성당으로 달려가고 있는 소녀들

능하냐는 것이 일본 우익이 부리는 억지다.

영어로 난징대학살을 알린 『난징의 강간Rape of Nanking』(국내 번역본 『역사는 힘 있는 자가 쓰는가』)을 쓴 중국계 미국인 아이리스 장Iris Chang² 은 일본 우익들의 끊임없는 협박과 괴롭힘에 못 이겨 결국 자살했다. 그 당시 중국 영화 중 역대 최고인 1,000억여 원의 제작비를 들인 〈진 링의 13소녀〉는 2011년 12월 16일 난징대학살 74주기를 맞이해 중국에 서 개봉했고 단숨에 박스오피스 1위에 오르며 중국인들의 찬사를 이 끌어냈다.

장이머우 감독은 "서양인들은 난징대학살 사건에 대해 잘 모르고 있 다. 영화라는 예술 방식으로 세계의 많은 사람들에게 일본군들의 끔찍 한 대만행을 알리고 싶다."라며 세계를 향해 목소리를 높였다. 한편으 로는 지금은 월드 스타로 성장한 크리스천 베일의 데뷔작 〈태양의 제 국Empire Of The Sun〉을 상기시키는 역할을 그에게 다시금 맡기며 팬들 의 향수를 불러일으켰다. 베일은 1987년 세계적인 대감독 스티븐 스필 버그의 〈태양의 제국〉에서 상하이에 거주하다가 제2차 세계대전으로 비화되는 중일전쟁 당시 일본군의 침략으로 외국인 수용소에 갇힌 영 국인 꼬마 역을 맡으며 국제적 명성을 얻었다.

이런 인연으로 스필버그는 장이머우에게 크리스천 베일을 추천했다. 장이머우는 《할리우드 리포트Hollywood Report》와의 인터뷰에서 "친구 인 스필버그에게 영어 시나리오를 주고 마땅한 배우를 추천해 달라고 부탁했고, 스필버그가 베일에게 영화 출연을 독려했다."라고 밝혔다.

니니倪妮라는 여배우의 발견도 빼놓을 수 없는 이야깃거리다. 난징 태생의 니니는 〈진링의 13소녀〉의 여주인공인 홍등가의 여인 모 역으로 데뷔한 생짜 신인이다. 2007년부터 이 배역을 맡을 여배우를 찾아다니던 장이머우 감독에게 발견되어 2년간 영어를 비롯해 각종 연기 수업을 비밀리에 받아왔다. 그녀는 장이머우의 뮤즈Muse로 발탁됐던 궁리巩俐, 장쯔이章子怡처럼 세계적인 스타 자리를 예약했고, 그 기대를 저버리지 않았다. 모 역으로 아시안 필름 어워드 신인 연기자상, 상하이 영화 평론가회가 주는 최고 여우상 등을 받으며 단숨에 주목을 받았다. 청순함과 요염함을 두루 지닌 니니는 〈진링의 13소녀〉에서 상대역인 세계적 배우 크리스천 베일에게 밀리지 않는 연기로 뚜렷한 존재감을 각인시켰다. 니니는 "영어가 내 모국어가 아닌 것을 배려해 잘 이끌어 줬다."라며 베일에게 감사를 표하기도 했다.

Ⅱ. 일본군의 만행, 난징대학살

1937년 12월 13일 일본군이 국민정부 수도였던 난징을 점령한 뒤 이듬해 2월까지 대량 학살과 강간, 방화 등을 저지른 천인공노할 사건을 가리킨다. 중국에서는 '난징대도살', 일본에서는 그냥 '난징사건'이라고 한다. 정확한 피해자 수는 확인할 수 없지만, 약 6주 동안 일본군에게 30~40만 명가량의 중국인이 잔인하게 학살되었다. 강간 피해를 입은 여성의 수도 2~8만 명에 이르는 것으로 알려졌다.

난징대학살의 개요

중일 전쟁은 1937년 7월 베이징의 루거우차오蘆溝橋에서 일본군의 도발로 시작되면서 북쪽에서는 베이징으로부터 일본군이 파죽지세로 밀려 내려왔고, 남동쪽에서는 11월 상하이에서 치열한 공방전을 벌였다. 상하이가 일본군에 점령당한 후 장제스 정부는 난징을 버리고 수도를 충칭으로 옮겼다. 난징의 방어사령관은 탕성즈唐生智 장군이었다. 그는 쓰나미처럼 밀려오는 일본군에 필사적으로 저항해보았으나 도저히 역부족이었다. 12월 12일 밤, 탕성즈와 그의 부대는 도주했고 다음날 일본군은 난징에 입성했다.

탕성즈 사령관이 후퇴하면서 난징성이 허무하게 일본군 수중에 들어오자, 난징에 남아 있던 시민들과 병사들에게는 미증유의 재앙이 들이닥쳤다. 난징을 점령한 일본군의 만행이 시작되면서 대로에서, 골목길에서, 대피호에서, 건물에서, 가옥에서, 광장에서 학살당한 양민들의 피가 강물이 되어 흘렀다. 먼저 일본군은 중국군 포로들뿐만 아니라 젊은 남자들을 색출하여 닥치는 대로 끌고 갔다. 그리고 성 외곽이나 양쯔강 변에서 무차별 학살을 자행했다. 그리고 모조리 양쯔강에 쓸어 넣었다. 이어서 적게는 수십 명에서 많게는 만여 명 단위로, 중국

일본군이 살육한 양쯔강의 중국인 시체들

인들을 사로잡아 일본군의 총검술 훈련용이 되거나 목 베기 시합 희생물로 삼았다. 적지 않은 중국인들은 총알을 아끼려는 일본군에 의해 산 채로 파묻혀서 생매장당하거나 칼로 난도질당했다. 어떤 경우에는 목까지만 파묻고 밖으로 드러난 머리 부분을 칼로 자르거나 탱크가 그 위를 지나가기도 했다. 목불인견이 시작되었다.

일본군은 학살뿐만 아니라 배를 가르거나 목을 베고 손발을 자르는 등의 눈뜨고 볼 수 없는 만행을 저질렀다. 수백 명이 넘는 사람들의 눈을 파내고 코와 귀를 자른 후 불에 태워 죽였고 전봇대에 사람을 산채로 못 박은 다음에 총검술 훈련 대상으로 삼았다. 또한 수많은 중국인을 한 번에 처리하기 위해 구덩이에 쓸어 넣고 휘발유를 뿌리고 불을 질러 소각시켜버렸다. 사람을 허리까지 파묻은 다음에 사나운 개를 풀어놓아 물어뜯게 하고 나중에는 내장을 물고 다니게 하는 일도 있었다. 이는 중국인들에 대한 잔인한 처사 중 극히 일부에 지나지 않았다.

꽁꽁 얼어붙은 겨울의 연못에 밀어 넣어 얼어 죽게 만들고 길거리를 지나다니는 사람들에게 재미삼아 총질을 했고, 어린아이의 목을 전깃줄에 매달기도 했다. 장작더미 위에 사람을 묶어 올려놓고 완전히 익을 정도까지 천천히 불로 태웠으며 임산부의 배를 갈라 태아를 끄집어내어 가지고 놀았고, 무더기로 사람을 묶고 코와 귀를 잘라내기도 했다. 난징 안팎에 있는 연못은 피로 시뻘겋게 물들었다. 또한 사람들을 염산이나 황산에 담그기도 하고 혀를 뽑아 벽에 매달아 놓기도 했다. 일부 시체는 고환이 잘려 있었다. 이는 일본군들이 고환을 먹으면 남자

다워진다고 행한 엽기적인 짓이었다.

　각종 강간행위도 필설로 다 할 수 없는 끔찍한 행태를 보였다. 일본 군은 농촌의 아낙, 학생, 근로자, 선생, 수녀, 여승에 이르기까지 눈에 보이면 닥치는 대로 강간했고, 일부는 집단 윤간을 행했다. 시간과 장 소를 불문했다. 강간의 1/3은 백주 대낮에 이루어졌고, 어떤 경우에는 많은 사람들이 보는 앞에서도 이루어졌다. 절, 수녀원, 교회, 신학교 등 장소도 가리지 않았다. 나이도 문제되지 않았다. 어린아이서부터 할머 니까지 치마만 걸쳤다 하면 모조리 강간했고, 임신부도 예외가 될 수 없었다. 난징의 거리마다 다리를 벌린 채 죽어있는 여자들의 시체가 산 을 이루었다. 일본군은 강간 후 여자들의 생식기에 나무막대나 병을 꽂 아놓기가 다반사였다. 이 장면은 영화 〈진링의 13소녀〉에서도 잠깐 보 여준다.

난징안전지대

　일본군이 난징에 들어오자 독일 나치 당원이자 지멘스Siemens의 직 원으로 난징에 근무하던 욘 라베John Rabe[3]는 외교관, 사업가 등 난징에 있던 20여 명의 외국인들과 힘을 합쳐 '국제위원회'를 조직해서 '난징 안전지대'를 설치했다. 이는 난징 전투에 앞서 있었던 상하이 전투에서 자퀴노 드 베사즈Jacquinot de Gessage라는 프랑스 선교사가 만든 '상하 이 안전구'를 본 딴 것이었다. 그는 자신의 자택과 대사관 부지 등을 중 심으로 일본군이 들어올 수 없도록 안전지대를 설정했다. 이곳에서 쫓겨 들어온 수많은 중국인들에게 숙식을 제공했다. 안전지대 구역은 난징 주재 외국 대사관과 난징대학교 주변에 설치되었다. 이 안전지대의 설치를 주도한 욘 라베는 다른 어느 외국인들보다 일본의 만행으로부터 중국인들을 살려내기 위해 안간힘을 썼다. 그의 유일한 무기 가운데 하나는 아이러니하게도 갈고리 십자기인 '나치 깃발(하켄크로이츠)'이었다. 그는 이 깃발을 들고 일본군 고위 군

욘 라베

관들에게 독일과 일본이 동맹국 관계에 있음을 내세우면서 한 사람이라도 구출하려고 안간힘을 썼던 것이다. 그는 중국에서 30여 년간 살면서 벌어들인 사재를 탈탈 털어 난민들을 도왔다. 그의 마음속에는 중국에 살면서 혜택을 받게 해주던 중국인들에 대한 진정한 감사의 마음이 깃들어 있었다. 그가 주동이 된 국제안전위원회의 활약으로 목숨을 구한 중국인의 수는 약 20만 명으로 헤아려진다. 그러나 일본군은 처음에 이 안전지대를 단호히 거부했다. 일본군은 이들 외국인에게 즉시 떠나라고 압박하여 일부는 떠났으나 몇몇은 끝까지 버티면서 안전지대의 난민들을 보호하려고 애썼다. 이 몇몇 중에는 윌헬미나 보트린 Wihelmina Vautrin 이라는 미국 여성이 있었다. 그녀도 욘 라베처럼 수많은 여성을 보호하기 위하여 무진장 애를 썼고 안네 프랑크(나치 점령 당시 암스테르담에서 일기를 남긴 소녀)처럼 당시의 상황을 기록한 일기로 사

람들에게 기억되고 있다. 그녀는 1940년 미국으로 돌아갔으나 당시에 겪었던 참혹한 장면들의 기억과 스스로 좀 더 도와주지 못했다는 자책감으로 괴로워하다가 1941년 자살했다. 이 영화의 원작인 엔거링의 책도 보트린의 일기에서 영감을 받아 썼다고 한다. 그녀는 '난징의 여신'으로 불렸다.

한편 안전지대라고 해도 일본군은 안중에 없었다. 이들은 안전지대에 거침없이 들어와 패잔병을 골라내서 끌어냈다. 손가락에 굳은살이 박혀 있거나 이마에 자국이 있거나 발에 물집이 생긴 사람들을 골라 무자비하게 처형했다. 이들 대부분은 군인의 신분이 아니라 전쟁이 나기 전 인력거꾼이나 육체노동자 혹은 경찰들이었다. 안전지대라고 안전한 게 아니었다. 안전지대에서도 살육과 강간이 여전히 일어나는 참상을 참을 수 없었던 요베는 나치 당원으로서 히틀러 총통에게 이 참상을 호소하며 이를 막아달라고 편지를 쓰기도 했다. 이 우직한 독일인은 결국 일본군에게 추방당했다. 그가 난징을 떠날 때 살아남은 난징 시민 수천 명은 그 앞에 무릎을 꿇고 울부짖었다. 그는 중국인들에게 그 야말로 살아 있는 부처였다.

독일로 돌아간 그는 나치 당원이었기에 전후 연합군에 체포되었고 이에 대해 자신은 나치와 같은 만행을 저지르지 않았다는 것을 증명하는 법정투쟁을 벌이다가 돈 한 푼 없이 병석에 누웠다. 그때 난징 시민들은 국공내전으로 어려운 처지에 있으면서도 돈을 모아 그에게 전달했다. 살날이 얼마 남지 않았던 욘 라베 역시 그 뜨거운 정성에 눈물을 흘렸다.

난징 전범 재판

일본 항복 이듬해인 1946년 8월부터 1947년 2월까지 난징에서 전범들에 대한 재판이 열렸다. 이 재판에서 수천 명의 중국인들이 수많은 살인, 강간, 방화, 약탈에 관해 증언했다. 재판이 계속되면서 감춰졌던 증거들이 속속 공개되었다. 이 재판에서 가장 주목을 끈 인물들은 노다 다케시野田毅 중위와 무카이 도시아키向井敏明 중위, 그리고 다니 히사오谷寿夫 중장이었다. 두 중위는 난징학살 당시 일본《아사히 신문》에 보도된 이른바 악질적인 '100인 참수 경쟁'에 등장하는 인물들이었다.

두 사람은 목 자르기 시합을 벌인 장본인이었다. 이들은 재판정에서 신문에 보도된 150명 이상을 죽였다는 사실을 일체 부인했다. 한 사람은 외국인 특파원이 멋대로 조작한 내용에 불과했다고 횡설수설했고, 다른 한 사람은 일본에 돌아갔을 때 아내를 놀래주려고 거짓말을 한 것이라는 귀신 씨나락 까먹는 소리를 늘어놓았다. 결국 이 둘은 전쟁이 끝난 후 처형당했다.

다니 히사오 중장은 1937년 난징에 주둔한 일본군 6사단 육군 중장이었다. 일본군 6사단은 난징 시내에서 살육, 방화, 화형, 강간, 약탈 등 악행이라는 악행은 빠짐없이 저질렀던 부대였다. 1946년 8월, 재판에 회부된 다니 히사오 중장은 난징으로 소환되었다. 그를 기소하기 위해 법의학 전문가들이 난징 시내 근처에 있는 매장지를 파헤쳐 수천 구의 유골을 발굴까지 했다. 1947년 3월 10일 다니 히사오는 전쟁 포로 대우에 관한 헤이그협정 위반과 자신의 군대가 난징에서 30만 명을 학살한 것에 동조한 혐의로 사형을 언도받았다.

난징 대학살은 중국인에 대한 멸시감, 누적된 전쟁피로와 전근대적인 군복무로 인한 사병들의 억압된 불만이 한꺼번에 결합하면서 폭발해서 일어났다고 후세인들은 해석하기도 하지만 역사적으로 일본의 잔인성은 정평이 나있던 터였다. 멀리 고려와 중국 명나라 시대 때 왜구들이 떼를 지어 몰려와 이들 양국가의 해안가를 약탈과 살육으로 농탕질을 하면서 시작된 일본인들의 잔인한 만행사는 근대에 이어 현대에까지 이어졌다. 임진왜란, 청일 전쟁, 러일 전쟁, 36년간의 일제 강점기, 중일 전쟁, 태평양 전쟁에서도 그들은 대대로 이어져 오는 잔인성을 유감없이 보여주었다. 이 중에서도 난징대학살이야말로 일본인들의 잔인한 만행 역사에서 그 절정을 보여주고 있다고 볼 수 있다.

"인간이 인간에게 저지른 악행을 연대기로 남긴다면 길고도 참혹한 이야기로 가득할 것이다. 하지만 그 끔찍함에도 차이가 있어, 제2차 세계대전 중에 벌어진 '난징의 학살'에 비견될 만한 끔찍함과 규모를 지닌 사건을 발견하기란 쉽지 않을 것이다."

- 아이리스 장, 『역사는 힘 있는 자가 쓰는가』, p21

1. 장이머우

장이머우는 1950년 11월 14일 고도古都인 시안西安에서 국민당군 군의관이었던 아버지 밑에서 태어났다. 국민당원인 아버지 때문에 문화대혁명 때 비판을 받고 가족이 모두 베이징에서 시골구석으로 쫓겨났다. 그는 그곳에서 자기 피를 팔아 카메라를 샀다. 그 정도로 그는 사진에 심취했었다. 1977년 우여곡절 끝에 베이징 영화학교에 간신히 입학했다. 졸업 후 1988년 〈붉은 수수밭紅高粱〉으로 베를린 국제영화제에서 대상을 받으며 세계의 주목을 받는 감독이 되었다.

사진과 영상에 관심이 많았던 만큼 색상과 화면 구도를 잡는 데 천재적인 소질이 있었다. 중국적인 특색을 완벽하게 나타내는 화면을 구사하면서 중국 영화를 세계적 수준으로 탈바꿈시켰다. 일본군에 대한 저항과 가부장제, 여성의 해방을 이야기한 〈붉은 수수밭〉은 전 세계에 중국 영화를 알리는 계기가 되었다. 잇따라 발표한 〈국두〉, 〈홍등大紅燈籠高高掛〉, 〈귀주 이야기秋菊打官司〉, 〈인생活着〉, 을 통해 세계적인 감독의 반열에 올라섰다. 〈인생〉에 등장하는 배우 공리巩俐와는 오랜 연인 사이를 유지했다. 공리는 장이머우의 〈붉은 수수밭〉으로 데뷔했고, 이후로도 장이머우의 여러 영화에 출연했다. 이 둘은 관계를 정리한 후에도 간간이 영화 작업을 함께 하고 있다.

2. 아이리스 장

아이리스 장은 중국계 미국인 역사가이자 작가다. 그녀는 난징대학살을 주제로 저술한 1997년 베스트셀러 『난징의 강간, 역사는 힘 있는 자가 쓰는가』로 유명하다. 이 책은 60만 부가 팔려나갔다. 아이리스 장은 일본 극우 세력들에게서 수차례 협박을 당하는 등 정신적으로 시달리다가 2004년 11월 9일 권총 자살로 생을 마감했다. 2007년에 출간된 그녀의 전기인 『아이리스 장을 찾아서』와 역시 같은 해에 발표된 다큐멘터리 필름인 〈난징의 강간〉에서도 일본의 만행을 주제로 다뤘다.

3. 욘 라베

1882년 독일의 함부르크에서 태어난 라베는 1908년에 난징에 있는 지멘스의 중국 법인에서 활동했다. 난징대학살 기간인 1937년 11월 22일 라베는 많은 중국인 난민들을 구제했다. 1938년 라베는 난징을 떠나 독일로 돌아가 베를린에서 일본군의 잔학한 학살 장면이 담긴 필름과 사진을 공개했다. 그는 히틀러에게 비인간적인 학살을 멈추도록 영향력을 행사해 줄 것을 요청했으나, 돌아온 것은 게슈타포Gestapo에 의한 감금과 심문이었다. 이후 그는 지멘스의 중재로 석방되었고 1945년까지 지멘스의 베를린 본부에서 근무했다.

종전 뒤에 라베는 나치당원 전력 때문에 연합군 측에 체포되었다. 그러나 조사를 통해 그의 무결함과 무죄가 입증되었으나 경제적으로는 곤궁한 삶에 처하게 되었다. 그러나 나중에 그의 선행을 알아본 중국 정부로부터 매달 음식과 돈이 담긴 꾸러미를 지급받는 등 정기적인 경제 지원을 받았다. 라베는 1950년에 심장마비로 죽었고 그의 비석은 난징학살 기념지 안의 '영예로운 곳'에 안장되었다.

〈인생〉

대약진운동, 문화 대혁명

I. 영화 〈인생〉

원제: 活着(Lifetimes)
감독: 장이머우
원작: 위화
제작: 거푸홍, 장깅추
음악: 후빙유, 자오지핑
출연: 거유, 궁리, 덩 페이, 뉴벤, 구오타오, 샤콩
제작년도: 1994년
상영시간: 125분

    영화 〈인생〉은 1994년 중국의 명장 장이머우張藝謀가 감독하고 궁리 鞏俐와 거유葛優가 주연을 맡은, 중국 현대사의 격변기를 살아가는 평범한 한 가족의 일대기를 그려낸 영화다. 장이머우 감독에 따르면 작가 위화余華가 이 소설을 완성하고 발표하기 전 그에게 한번 읽어보라고 건네주었고 그날 밤으로 그 책을 다 읽은 장 감독은 이 소설을 바로 영

화화하기로 결심했다고 한다.

장이머우는 이 소설을 읽으면서 평범한 인간들의 생각과 세상을 살아가는 덤덤한 태도가 무척 흥미로웠고 이를 영화에 담고 싶었다고 한다. 이 영화는 1994년 칸 영화제에서 심사위원 대상을 받았고, 남자 주인공 역을 맡은 거유는 최우수 남우주연상을 수상했다. 1995년에는 영국 아카데미 시상식에서 외국어 영화상을 수상했다.

묵묵히 견뎌내는 강인한 힘, 인내심, 그리고 숱한 고난 속에서도 원망하거나 투덜대지 않고 결국은 좋은 날이 올 것이라고 믿는 영화 속 주인공의 낙관적인 태도야말로 인생에 대한 전형적인 중국인의 태도라고 영화는 강조하고 있다. 대지주로 큰소리치면서 살았을 주인공 푸궤이의 삶은 도박으로 망가지기 시작했고, 평범한 사람으로 돌아온 이후에는 많은 사건, 사고를 통해 어린 자식들의 죽음을 바라보아야만 했다. 그는 모든 불행의 이유를 시대나 사회에 돌리지 않았다.

몰락한 지주로서 빠듯한 현실이, 그를 도박에 빠지게 한 암울한 사회가, 어머님의 임종을 지키지 못하게 한 국공 내전國共 內戰이, 피곤해하는 아들을 깨워서 억지로 학교로 보냈다가 죽게 만들었던 숨 막히는 현실이, 딸아이를 죽음으로 내몰게 한 문화대혁명이라는 잔인한 역사의 소용돌이가 그를 불행으로 이끌었다고 그는 생각하지 않는다. 그냥 "모든 게 다 내 탓이오."라는

도박에 빠져 재산을 홀랑 날리는 푸궤이(왼편)

그의 처절한 울부짖음이 역설적으로 그렇게 살아가야만 했던 시대의
아픔을 더 담담하게 표현해 주고 있다.

이 영화는 1940년대부터 문화대
혁명이 끝나는 1970년대까지 격동
의 중국 현대사 속의 주인공 푸궤
이의 인생을 조망한다. 영화의 원
작은 위화의 중편소설인 『인생活
着』이다. 살아간다는 것은 단절이 아닌 지속을 의미한다. 장이머우의
메시지는 그동안 그가 항상 보여줬던 역사에 대한 흔들리지 않는 믿음
과 따스한 희망일 것이다. 거칠고 험난한 현대사의 질곡 속에서 장이머
우는 그래도 역사는 진보한다고, 그리고 그 역사 속에서 우리는 어떻
게든 살아간다고 말하고 있다.

아내 지아전

비교적 희망차게 끝나는 영화와 달리 원작은 우울하다. 푸궤이의 아
내 지아전은 곧 병으로 세상을 떠나고, 사위는 작업 중 시멘트에 깔려
죽고, 혼자 남은 혈육인 손자 만터우는 콩을 정신없이 먹다가 급체로
죽는다. 이 영화는 개봉 이후 꽤 오랜 시간 동안 중국에서 상영이 금지
되어 있었다. '대약진 운동', '문화대혁명' 같은 마오쩌둥의 중국 공산당
의 흑역사가 고스란히 나오기 때문이었다.

II. 대약진운동

1949년 중국 통일 후 1950년대 중반까지 100~300만 명을 처형해 가며 사상 개조를 끝낸 마오쩌둥은 근대적인 공산주의 사회를 만들기 위해 담당 조직으로 인민공사를 설립하고 빠른 성과를 내기 위해 대약 진운동을 전개했다. 1957년 11월 6일 소련의 서기장 니키타 흐루쇼프 Nikita Khrushchyov는 소련이 공업과 농업 생산에서 15년 이내에 미국을 추월할 것이라고 선언했다. 이 얘기를 들은 마오도 질세라 1958년에 "우리 중국 경제도 15년 안에 영국을 추월할 것이다."라고 호기롭게 대 내외에 천명했다.

이와 함께 1958년 8월 29일, 중국 공산당은 인민공사 설립을 결정했 고, 결과적으로 또 하나의 비극이 보태지게 된다. 인민공사는 농업을 기본으로 공장, 상점, 병원 등을 경영하고 교육기관과 자체 민병대까지 갖춘 종합 조직이었다. 토지, 농기구, 가축은 인민공사가 소유하고 생산 은 집단으로 진행되었다. 이미 사상 개조까지 마친 터라 농민들의 초반 호응은 열광적이었다. 3개월 후 전국에 2만 6,000여 개의 인민공사가

마오쩌둥

생겨나고 전 농가의 99퍼센트가 인 민공사로 조직될 만큼 전국의 인민 공사화는 빠르게 진행되었다. 마오 는 중국의 엄청난 농촌인구를 인민 공사 체제 속으로 집어넣었다. 인민

공사 체제는 마오가 설계한 일종의 병영 공산주의 체제였다. 농민들은 사유재산을 포기했다. 그들은 공동식당에서 음식을 먹었으며 집에서 밥을 짓지 못하게 해서 솥도 처분했다. 숟가락만 들고 다니면 됐다. 인민공사의 공짜 음식으로 잔뜩 배를 채웠다. 자식들도 두들겨 패면서까지 먹이고 또 먹였다. 농사일을 더 많이 한다고 더 많이 먹을 수 있는 것도 아니어서 모두들 대충 일했다. 그들은 돼지와 소도 인민공사에 넘기느니 팔아치우거나 다 잡아 먹었다. 마오는 인민들을 행복하게 해주겠다고 인민공사를 만들었으나 인민공사는 그저 놀고먹는 공사가 되어갔다. 농촌은 활력을 점점 더 잃어갔고 생산은 바닥을 향해 곤두박질치기 시작했다. 인민공사를 시작으로 한 마오의 대약진운동은 점점 더 점입가경으로 질주했다.

토법고로土法高爐

인민공사를 성공적(?)으로 출범시킨 다음 흐뭇해진 마오는 이렇게 말했다. "철은 산업의 쌀이다. 고로 산업화를 하려면 철이 필요한데 문제는 중국에 철을 만들 제철소가 없다는 것이다. 그럼 당장 제철소를 만들어야 되지 않겠나." 그러나 제철소 건설에는 엄청난 자본과 고도의 기술력, 그리고 시간이 필요했고 중국은 이 모두가 다 부족했다. 그러자 과학과 공학에 대해서는 일자무식이던 마오는 놀라운 아이디어로 철강 생산 증대 계획을 세웠다. "큰 제철소를 세울 수 없다면 마을마다 소규모의 재래식 용광로를 만들어라. 그리고 그 용광로로 철을 생산하라." 이른바 '토법고로'를 만들라는 지시였다.

말도 안 되는 말이었지만 어쨌든 마오의 지시에 따라 마을마다, 자신의 집 뒤뜰에 용광로를 만들면서 전국적으로 100만 개가 넘는 토법고로가 만들어졌다. 물론 시골에서 용광로에 불을 지필 석탄이 있을 리 만무하니 연료는 나무밖에 없었다. 마을 어귀의 아람드리 나무들, 식용 과일나무들, 마을 한 복판에 있는 그늘을 지어주는 나무들까지 인정사정없이 베어버렸다. 산에서도 무진장한 나무가 벌목되면서 산이란 산은 모두 민둥산이 되어버렸다. 이듬해부터 홍수와 산사태가 발생하자 농사에 극심한 타격을 입게 되었다. 농민들은 용광로에 넣을 원광석이나 선철이 없었다. 그래서 쇳조각 비슷하게 생긴 건 눈에 보이는 대로 깡그리 수집해 용광로에 때려 넣었다. 곡괭이, 삽, 망치, 도끼, 손수레 바퀴, 물통 등 농사지을 때 쓰이는 모든 연장들이 용광로 속으로 들어갔다. 부엌용 식칼, 솥, 양철지붕, 못, 나사, 철망, 자물쇠, 심지어 소형 트랙터까지 몽땅 쓸어 넣었다. 그 결과 불순물이 잔뜩 들어간, 어디에도 쓰지 못하는 쓰레기 철이 잔뜩 만들어졌다. 용광로에 불을 때어 좋은 강철을 만드는 일은 상당히 까다로워서 숙련된 대장장이가 해야 하는데 대장간에서 하는 일이 뭔지도 모르는 일반 사람들이 달려들어 똥철을 산더미처럼 만들어 쌓아놓았다.

어느 날 지방의 토법고로 시찰을

동네마다 설치되는 토법고로

나선 마오가 산처럼 쌓인 똥철을 보고 "이처럼 작은 용광로에서 이렇게 많은 철을 생산할 수 있는데 외국인들은 왜 거대한 제철소를 짓는 거지? 거참, 한심한 사람들이구면!"이라고 수행원들에게 말했다. 농민들은 철을 생산하느라 바빠서 추수할 시간도 곡식을 쌓아둘 시간도 없었다. 곡식은 들판에서 그대로 썩어가고 있었다. 엄청난 양의 철강이 생산되고 있다는 보고가 마오에게 연신 올라가고 있었다. 마오는 뿌듯해졌다. 영국이나 미국을 따라잡을 날이 멀지 않았다고 생각했다. 이제는 극심한 홍수와 가뭄과 기아가 닥쳐올 일만 남았다.

제사해운동除四害運動

어느 날 농촌을 시찰하던 마오가 참새를 가리키면서 "저 놈은 인민의 양식을 먹는 해로운 새"라고 깡그리 박멸하라는 지시를 내렸다. 아울러 들쥐, 파리, 모기도 모두 없애버리라는 명령도 함께 내렸다. 이른바 '제사해운동'이었다. 그런데 이 중 들쥐, 파리, 모기는 아무리 잡아도 한도 끝도 없었다. 그래서 인민들은 전부 참새 잡는 데만 집중했다. 애꿎은 참새들만 된통 수난을 당했다. 1958년 중국 정부는 '참새 섬멸 총지휘부'라는 듣도 보도 못한 기상천외의 기관을 베이징에 설치하고 참새와의 전쟁을 시작했다. 1958년 4월 19일부터 전국적으로 새벽부터 모든 인민이 참새 박멸 작전에 동원되었다. 빗자루, 장대, 몽둥이, 새총, 독극물이 든 과자를 준비했다. 모든 건물의 옥상과 성곽은 사람들로 북새통을 이루었다. 붉은 깃발을 치켜들고 세수 대야, 양동이, 꽹과

리들을 온 힘을 다해 두들겨댔다. 놀란 참새들은 여기저기 흩어졌지만 어디에도 앉을 데가 없었다. 혹시 나뭇가지에라도 앉을라치면 사방에서 돌멩이와 총알이 날아왔다. 공중을 헤매다가 지쳐서 떨어지는 참새들은 부지기수였다. 그리고 매일 저녁마다 깃발을 들고 나팔을 불고 징을 쳐대며 죽은 참새 보따리들을 메고 참새 박멸의 성과를 축하하는 대대적인 퍼레이드를 벌였다.

운동 결과 2억 1,000만 마리의 참새를 박멸하는 미증유의 대성과를 거두었다. 참새는 중국에서 거의 멸종 직전에 이르렀다. 이렇게 참새 박멸 운동이 성과를 거두었으니 이제 벼농사는 잘 될 거라고 모두가 수근거렸다. 그러나 참새가 사라지자 이듬해부터 해충들이 들끓기 시작했다. 그리고 1960년에는 메뚜기 떼의 대습격이 일어나 전체 쌀 생산 추정량의 절반 이상이 사라졌다. 이후 참새를 복권시켜야한다는 상소문을 마오에게 올리자 참새는 겨우 사해에서 복권되었다. 극동 러시아에서 부랴부랴 참새를 공수해 오기도 했다. 당시의 여파가 얼마나 심했는지, 지금도 중국에는 참새의 개체 수가 부족한 편이라고 한다.

밀집형密集型 벼 심기

농민들이 논에다가 벼를 아주 빽빽하게 심게 했는데, 이는 미국에서 항공공학과 수학으로 박사학위를 받고 현지에서 교수를 역임한 첸쉐썬 錢學森 박사[1]의 아이디어였다. 첸 박사는 생산량 증분을 수학적으로 증명해 마오에게 보고서를 냈고 이를 본 마오가 박수를 치며 "참으로 신묘한 계책"이라고 하면서 쌍수를 들고 환영했다. 그리고 실험도 안 해 보고 전국적으로 실시하도록 했다. 문제는 농업 분야에서는 문외한인 첸쉐썬 박사가 내놓은 계산은 전혀 농학에 근거한 것이 아니었다는 것이다. 간격을 좁혀 심으면 벼와 벼끼리 생장을 방해하면서 병충해가 발생하기 쉬운 조건이 된다. 결과는 벼들은 제대로 자라지 못하고 일부는 말라죽기까지 했다. 선무당이 사람 잡는다고 농민들도 다 아는 이런 사실을 무시하고 마오와 첸만이 밀어붙였던 것이다.

비참한 결말

결국 1960~1961년에 극심한 홍수와 가뭄이라는 자연재해가 발생했다. 이는 토법고로용 나무를 잘라 산이란 산을 모두 민둥산으로 만들어 생겨난 결과였다. 결국 이런저런 문제들이 한꺼번에 폭발하면서 대기근이 일어나고 제2차 세계대전 사망자와 비슷한 3,000~5,000만 명의 사람들이 순식간에 죽어나가는 사태가 발생했다. 워낙 인구가 많은 중국이었으니까 망정이지 다른 나라 같았으면 그냥 국가가 절단 나고도 남았을 것이다. 이런 마오에게 연일 중국 각지에서 수천만 명의 국민들이 굶어 죽는다는 보고가 올라왔다. 하지만 그는 대인배大人輩답게 이렇게 대꾸했다. "먹을 것이 없으면 끼니를 줄이면 되잖나! 굶어 죽는 것은 옛날에도 흔히 있었던 일인데 그게 뭐가 큰일이라고 이런 걸 나한테까지 보고하나?"

결국 사람들은 굶어 죽지 않기 위해 초근목피草根木皮로 연명하거나 인육을 먹거나 아니면 그냥 굶주림 속에서 죽어나갔다. '대약진운동'이란 경제와 산업에서 깡통인 마오가 단숨에 중국을 지상낙원으로 만든다고 이런저런 엉뚱한 뻘짓을 벌이다가 생지옥으로 빠트려버린 일대 참극이었다. 당시 마오의 라이벌이었던 소련의 흐루쇼프는 "마오가 방귀 한 번 시원하게 뀌려다가 바지에 똥을 싸버렸다."라고 마오의 삽질을 놀려댔다. 마오는 수정주의修正主義[2]의 원흉이라고 틀입다 씹어대던 흐루쇼프에게 놀림을 당한 것이다. 완전히 스타일을 구긴 셈이 되었다.

III. 문화대혁명

문화대혁명은 한마디로 대약진운동의 실패로 신망을 잃고 권력에서 밀려난 마오가 어린 청소년들을 홍위병으로 무장시켜 10년간 중국을 난장판으로 만들면서 권력을 쟁취하는, 또 하나의 어처구니없는 짓에 다름 아니었다. 대약진운동의 결과로 3,000~5,000만에 달하는 인민이 아사하고 경제가 나락으로 추락하는 파멸적인 결과가 초래되자 이를 주도한 마오의 권위는 추락하기 시작했다. 결국 공식적으로 마오는 책임을 지는 차원에서 국가주석직을 사임했고 후

류사오치

임으로 류사오치劉少奇[3]가 선임되었다. 그래도 마오는 당 중앙위원회의 주석직主席職은 유지하고 있었다. 마오의 권위와 영향력이 쇠퇴하는 것과는 반대로 대약진운동의 여파가 차츰 잦아지고 류사오치와 덩샤오핑鄧小平[4]의 영향력이 증대되자, 마오는 점점 초조해지기 시작했다.

류사오치의 경제개혁이 실효를 거두기 시작하면서 일반 인민들은 물론, 중국 공산당에서도 류사오치의 명성이 높아져 갔다. 이렇게 되자 류사오치는 마오의 권력을 점점 줄이고 자신이 최고 권력자가 되려는 생각을 한다. 류사오치는 마오를 상징적인 존재로 남겨둘 계획을 세웠다. 입헌군주제 국가의 국왕처럼 마오를 실권은 없지만 국가통합의 상징으로 인민들에게 존경받는 명목상의 최고지도자로 만들려고 한 것이다.

그러나 마오가 류사오치와 덩샤오핑에게 권력을 넘겨준 것은 일시적인 것에 불과했다. 마오는 류사오치와 덩샤오핑이 국가경제를 운용하면서 자본주의 냄새를 모락모락 피우자 영 못마땅해하고 있었다. 마오는 사람들이 탐욕에 빠져 점차 자본주의의 단물에 빠지기 시작한 게 아닌가 하는 의심을 갖게 되었다. 한편으로는 "장제스 군대에게 쫓겨 폭삭 망해 가던 공산당을 간신히 살려 중국을 공산국가로 통일했고 그리고 너희들이 누구 덕에 이 자리까지 올라왔는데, 나를 뒷방 늙은이로 내쳐?"하는 괘씸한 심정을 안고 있었다. 마오는 호시탐탐 기회를 노리고 있었다. 대부분의 독재자들 습성이지만 마오는 한 번 앙심을 품으면 그냥 넘어가는 일이 없었다.

그런 가운데 상하이방上海]帮(장칭, 장춘차오, 야오원위안; 나중에 왕훙원王洪文이 참여해 4인방이 된다) 중의 한 사람인 야오원위안姚文元이 〈해서파관海瑞罷官〉이라는 역사 연극을 비방하면서 문화대혁명의 물꼬가 터지기 시작했다. 야오원위안은 '문단의 쓰레기'라는 소리를 들을 정도로 천방지축으로 남을 해코지하는 데 일가견이 있던 인물이었다. 그가 마오의 처인 장칭의 사주를 받아 〈해서파관〉에 대하여 씹어댄 것이다. 〈해서파관〉은 1959년 당시 베이징 부시장직에 있던, 명나라 시대 역사를 전공한 역사학자인 우한吳晗이 발표한 연극을 말한다. 이 연극은 해서海瑞라는 청백리淸白吏 관리가 직언을 하다가 폭군 황제에게 파직을 당한다는 내용이었다. 여기서 폭군 황제는 명나라 11대 황제인 가정제嘉靖帝를 말한다.

연극을 발표하기 전부터 마오쩌둥은 역사상의 인물인 해서를 높이 평가하며 "당원들은 해서를 본받아야 한다."라고까지 말하기도 했다. 그러나 표독스럽기 짝이 없는 마오의 부인 장칭江靑과 야오원위안姚文元

주자파를 괴롭히고 있는 홍위병

이 1965년, 《문회보文匯報》라는 신문에 칼럼을 발표하면서 문제가 생기기 시작했다. 장칭에 따르면 해서는 펑더화이彭德懷[5]를 의미하며 황제는 마오를 의미한다는 것이었다. 한마디로 1959년, 여산 회의에서 대약진운동과 관련해 마오에게 직언을 하면서 대들다가 실각한 펑더화이를 빗대서 쓴 연극이라는 것이다.

베이징 시장 펑전彭眞은 이 문제를 단지 학술적인 분야라고 우한을 옹호했다. 그러자 상하이 3인방은 펑전과 우한을 싸잡아 비난했다. 권력투쟁의 달인인 마오는 이번 기회에 그동안 벼르고 있던 류사오치 일파를 때려잡을 수 있는 절호의 기회가 왔다고 판단했다. 그는 중국 공산당 중앙위원회에 보내는 통지를 통해 펑전을 비판했다. 여기에 마오의 복심腹心인 린뱌오林彪⁶가 "우리 마오 주석님은 천재 중의 천재이십니다! 마오님 말씀은 무조건 다 옳아요."라고 연신 알랑방귀를 뀌어대면서 완전히 마오의 알랑쇠로 변신했다. 이때 베이징의 칭화대학교 부속중학교 학생들이 마오의 사회주의 국가를 보위한다는 의미인 홍위병紅衛兵이라는 이름으로 세상에 등장했다. 곧이어 홍위병 대표단들이 "사회와 정치를 뒤집어 엎자!"라는 편지를 마오에게 보냈다. 이를 '조반유리造反有理'라고 하는데 이는 "모든 반란에는 이유가 있다."라는 뜻이었다. 마오는 "이 젊은이들이 참 잘하고 있다."라고 격려했다. 이어서 8월 8일, 마오는 《인민일보人民日報》에 "사령부를 폭격하라炮打司令部."라는 제목의 짧은 논평을 발표하면서 드디어 칼을 빼들었다. 공산당 안의 우파를 척결하자는 내용인데 이는 사실상 류사오치와 덩샤오핑을 겨냥한 것이었다. 이를 시작으로 마오는 세상 물정 모르는 청소년들을 홍위병으로 둔갑시켜 중국을 벌집 쑤셔놓듯이 광란의 소동으로 몰고 갔다. 난리도 그런 난리가 없었다. 재수 없이 영문도 모르게 문혁의 발단이 된 우한은 문화대혁명 때 감옥에 갇혔다가 1969년 옥사했다. 그는 문화대혁명이 끝나고 4인방이 실각한 뒤 복권되었다. 펑전은 1966년 실각했다가 1979년 복권되었다.

1966년 8월 8일, 마오의 논평에 맞춰 중국 공산당 중앙위원회는 소위 16개 항을 발표했다. 그 내용은 홍위병들이 기존의 낡은 것들을 자유로이 비판하고 타도할 수 있다는 의미였다. 홍위병들에게 자유를 부여하자, 이 철딱서니 없는 꼬맹이들은 신이 날 대로 났다. 학교 다니는 것보다 여기저기 마음대로 쏘다니면서 마구 부수고 평소 미워하던 스승까지 때리고, 패악질을 해도 아주 잘한다고 하늘 같은 마오 주석님이 뒤에서 엄호사격을 해주니 이렇게 신바람이 날 수가 없었다. 그들은 대륙의 기상을 보여준다면서 각지에서 소위 낡은 것들을 마구 때려 부수면서 날뛰기 시작했다. 전국에 있는 사찰과 사당들은 모조리 부서지고 약탈당했다. 그리고 대도시에서는 낡아 빠진 생각을 가졌다고 찍힌 많은 사람들이 무차별로 홍위병들에게 붙들려 가서 죽사발이 되도록 얻

저우 언라이

어터졌다. 심지어는 죽임까지 당했다.

그러나 막상 이렇게 날뛰는 이들을 제지할 공안들은 멀뚱멀뚱 바라보기만 할 뿐이었다. 마오가 뒤를 봐주고 있다는데 이들을 함부로 이래라저래라 할 수는 없는 노릇이었다. 마오는 한술 더 떠 "히틀러에 비하면 이 정도는 일도 아니다. 모름지기 사람을 더 많

이 죽일수록 진정한 혁명가가 되는 법이다."라고 지껄였다. 사람 목숨을 벌레보다도 못한 하찮은 존재로 여기기는 히틀러나 마오나 오십보백보였다. 류사오치는 결국 국가주석직에서 물러나고 가택 연금 상태가 되었다. 그리고 덩샤오핑도 먼 남쪽 장시성江西省의 촌구석으로 쫓겨나서 아주 조그만 트랙터 엔진 공장에서 일하게 되었다. 이후 그는 나중(1973년)에 마오의 허락이 있어야 했지만 저우언라이周恩來[7]가 복귀시켜 줄 때까지 그곳에서 얌전히 있어야만 했다. 8월 22일, 마오는 아예 "홍위병이 하는 일은 그냥 놔두라."라는 교시를 하달했다. 이제 홍위병이 하는 일을 막으려는 자는 누구라도 반혁명 분자로 몰릴 처지가 되었다. 9월 5일에는 구름 떼 같은 어마어마한 숫자의 홍위병들이 베이징 천안문 광장에 운집했다. 마오는 이들을 모두 먹여주고 재워주었다. 10월 10일에는 린뱌오가 류사오치와 덩샤오핑을 주자파(자본주의 노선을 추종하는 세력)라고 맹비난했다. 베이징에서는 4인방과 박자가 잘 맞는 마오의 일등 하수인이자 악당 중의 악당인 캉성康生[8]이 부총리 타오주陶鑄를 반혁명 분자로 몰아 숙청시켜 버렸다. 캉성은 중국판 베리야Beriya[9]였다.

그는 과거 중국공산당이 장제스에게 쫓겨 옌안延安에서 웅크리고 있을 때 마오의 심복 노릇을 톡톡히 했다. 마오의 지시를 받고 이른바 '옌안 정풍운동'을 주도한 그는 참으로 못된 짓을 많이 했다. 그는 상하이의 여배우 장칭이 옌안에 왔을 때 마오가 군침을 흘리는 것을 보고 그녀를 마오의 침대로 밀어 넣으면서 마오의 눈에 들었던 천하의 모사꾼이었다. 그는 옌안에서 정풍운동을 주도하면서 한국의 독립투사 김산(본명: 장지락)도 간첩으로 몰아 죽였다. 김산은 살해당하기 전에 당시 그곳에 취재차 와 있던 미국 여기자 헬렌 포스터 스노Helen Foster Snow(옌안의 마오를 취재한 『중국의 붉은 별』을 쓴 에드거 스노의 부인)를 만났는데 그녀는 그를 소재로 하여 'Song of Ariran(한국어 제목: 아리랑)'을 님 웨일즈Nym Wales라는 필명으로 훌륭한 전기를 남기기도 했다.

　한편 장칭은 문혁 사상을 이제 군대에까지 퍼뜨리기로 결심한다. 그러나 국공 내전과 중국 건국에 공헌이 큰 여러 주요 장군들이 문화대혁명에 우려를 표하자, 4인방은 언론을 총동원하여 나발을 불어대면서 문혁을 비판한 이들을 맹비난했다. 그들은 마침내 홍위병들에 의해 조리돌림[10]을 당하고 실각하고 말았다. 이 과정에서 스탈린 시대의 소련의 대숙청처럼 개국 원수로 임명된 최고위장성들도 여러 명 숙청되었다. 대약진운동과 관련해서 마오에게 밉보였던 펑더화이는 어린 홍위병들에게 온갖 폭행과 수모를 당하며 베이징 근교의 감호소에 있다가 비참한 최후를 맞았다. 펑은 1978년, 덩샤오핑에 의해 복권되었다. 대원수 허룽賀龍[11]은 린뱌오와 장칭에 의해 집에 강금당했다. 죽지 않을 만큼의 음식물만 공급되면서 생지옥과 같은 나날을 보냈다. 이후 비밀리에 감옥으로 이송되어 엄청난 탄압을 받고 깊은 한을 품고 눈을 감았다. 그는 이제나저제나 저우언라이의 도움의 손길을 기다렸으나 그가 손을 쓰기에는 너무 늦어버렸다. 허룽은 죽은 지 4년 후 린뱌오가 죽고 난 다음에 명예회복이 이루어졌다. 천이陳毅[12]도 공장 노동자로 좌천당했다. 좌천까지는 아니었지만 주더朱德[13]와 녜룽전聶榮臻[14]도 실각당한 뒤 몇 년 동안 찬밥 신세가 되었고, 그나마 피해를 입지 않은 고참 개국공신들은 문혁 이전에 사망했던 뤄룽환羅榮桓, 장님이 되어 있었던 류보청劉伯承[15], 고도의 처세술을 발휘해 버티고 있던 쉬샹첸徐向前, 예젠잉葉劍英 정도였다.

결국 인민해방군은 완전히 무력화되었고 홍위병이 인민해방군보다 더 우위에 있다고 마오가 두둔하기에 이르렀다. 심지어는 군부대가 홍위병에게 약탈당하고 홍위병들이 고급 장교들을 끌어내 중태에 빠질 정도로 두들겨 패는 사태까지 발생했다. 중국의 안보를 책임지는 인민해방군이 어린 홍위병들에게 이렇게 당한 것은 얼마나 나라의 기본 틀이 망가졌는가를 여실히 보

린뱌오

여주고 있다. 한편 홍위병들은 고위관료 출신 자녀들로 이루어진 '보수파'와 노동자, 농민 자녀들로 구성된 '조반파'로 나뉘어 있었다. 이들은 원래부터 통일된 조직의 지휘를 받는 것이 아니라 각 지역에서 자생적으로 생긴 조직이어서 한 지방이나 학교에도 여러 홍위병 분파가 존재했다. 홍위병의 각 단위 조직들은 자신들이 더 혁명적으로 옳다면서 서로 패악질을 하고 다녔으며 급기야 트럭에다 철판을 댄 장갑차까지 만들어 서로 피 터지는 싸움을 벌였다.

결국 1968년이 되자 이제 더 이상 마오가 겁낼 것은 하나도 없었다. 마오는 신의 경지에까지 이르렀다. 자신이 완전히 끝났다는 것을 직감한 류사오치는 마오에게 시골에 내려가 조용히 살게 해달라고 간청했지만 마오는 결코 그를 용서하지 않았다. 중병에 걸린 그는 심신이 완전히 망가진 채로 카이펑開封 감호시설에 수감되었다. 의사와 간호사들은 너도나도 모른 체하면서 끝내 별다른 치료도 못 받고 고통 속에 눈을 감았다. 류는 마오를 몰라도 너무 몰랐다. 이제 최대의 적이었던 류사오치를 제거하고 나자 마오는 다시금 질서를 잡을 필요성이 대두되었다. 더 이상 이 철모르는 홍위병들이 날뛰는 것을 그냥 놔두면, 자신의 위치도 흔들릴 우려가 있었기 때문이었다. 결국 마오는 인민해방군이 홍위병보다 위에 있다고 선언을 하고 어린 홍위병들의 미친 망아지 떼처럼 좌충우돌하는 기세를 휘어잡기 시작했다. 그리고 홍위병질을 하던 젊은이들을 소위 상산하향운동上山下鄕運動의 일환으로 농촌에 내려 보내 홍위병을 사실상 해체했다. 내건 구호는 마오이즘의 핵심인 "농촌에 내려가서 일하라."라는 것이었다.

류사오치와 덩샤오핑이 사라진 뒤, 오늘내일하는 고령의 마오에게 후계 문제가 화두로 떠올랐다. 마오는 자신의 최측근이자 문혁의 일등공신인 린뱌오를 사실상 후계자로 내정했다. 마오는 린뱌오를 크게 믿었다. 이들은 모든 공식 행사에서 '마오 주석과 린 부주석'이라고 불리었다. 사실 그럴 만한 이유가 없지는 않았다. 린은 국공 내전 당시에는 '전쟁귀신'이라는 말을 들을 정도로 혁혁한 전공을 세웠고, 1962년 중국-인도 국경분쟁 때에는 인도군을 단숨에 때려 부쉈다. 그리고 문화혁명이 시작되자 마오의 충실한 개가 되어 마오가 가장 미워하는 류사오치와 펑더화이를 사정없이 물어뜯었기 때문이었다. 린뱌오의 위상은 1969년 제9차 중국 공산당 중앙위원회에서 그대로 드러났다. 새로 구성된 정치국 상무위원에서 린뱌오는 마오에 이어 제2인자 자리에 등극했다. 저우언라이는 4위로 밀려나 더 이상 린뱌오의 적수가 되지 못했다. 정치국 상무위원의 서열은 마오쩌둥, 린뱌오, 천보다[16], 저우언라이, 캉성 순서로 바뀌었다. 이제 저우언라이는 천보다보다도 서열이 밀리는 위치가 되었다. 바야흐로 2인자 린뱌오의 시대가 되었다. 하지만 린뱌오는 좀 더 확실한 미래권력을 쥐고 싶어 했다. 그래서 류사오치가 실각한 뒤 없어진 국가주석직의 복원을 추진했다. 마오를 국가주석에 앉히고 자기가 국가부주석에 앉으면, 마오가 죽으면 바로 국가주석이 될 수 있었기 때문이었다.

1970년 8월 23일, 제9차 중국 공산당 중앙위원회 회의에서 린뱌오와 짝짜꿍이 된 천보다가 총대를 메고 국가주석직의 복원을 제안했다. 그러나 마오는 천보다의 발언을 비난하면서 그를 정치국 상무위원직에서 쫓아내 버렸다. 눈치가 100단인 마오는 국가주석직 복원을 린뱌오가 자신의 권력을 찬탈하려는 것으로 바로 알아차렸다. 사실 이런 의심에는 린뱌오의 삽질도 한몫했다. 마오에게 천보다의 발언이 비난받았는데도 린뱌오는 마오에게 승진시켜달라고 기회만 되면 졸라댔기 때문이다. 결국 국가주석직을 복원하려는 기도가 실패로 끝나자 린뱌오는 힘이 쭉 빠졌다. 이런 저런 일을 통해 린뱌오를 의심하기 시작한 마오는 린뱌오의 권력을 점점 줄여 나가기 시작했다. 이렇게 되자 초조감을 느끼기 시작한 린뱌오와 가족, 그리고 측근들은 결국 아직 그들의 손에 남아 있는 군대의 힘을 빌어 마오를 없애기로 결정했다. 린뱌오의 아들인 린리궈林立果가 린뱌오를 지지하는 공군 세력들과 함께 소위 '571 공정工程'이라는 음모를 꾸미게 된다. 이들은 공군기의 폭격과 병력을 동원해 마오를 척살하고 권력을 움켜쥔다는 발칙한 발상을 하게 된다. 이 음모는 1971년 9월 8일부터 9월 10일 사이에 계획되었다. 이때 마오는 중국 남부를 열차로 순시 중이었다. 이때 마오의 열차가 상하이로 진입하기 직전 바로 비행기로 폭격을 할 예정이었는데 마오가 눈치를 채고 상하이를 살짝 비껴가면서 베이징을 향해 전속력으로 내빼버렸다. 이렇게 일이 틀어지자 린뱌오는 아들 린리궈와 가족들, 측근들과 함께 비행기를 타고 소련으로 망명하려 했다. 그러나 린뱌오 일행이 탄 비행기는 소련까지 가지 못하고 몽골 상공에서 추락했다. 추락 원인은 연료 부족이나 조종사의 실수로 추정하고 있다.

린뱌오가 없어진 뒤 마오의 후계자 자리가 텅 비게 되면서 마오는 자기가 죽은 뒤에 대해 근심이 부쩍 커지기 시작했다. 그러는 와중에 마오는 4인방 중의 하나인 상하이의 당 간부 왕흥원王洪文을 눈여겨보기 시작했다. 1972년 중앙 정계로 진출한 왕흥원은 마오가 팍팍 밀어주면서 1973년에는 공산당 부주석 자리에까지 오르면서 마오의 후계자로 급부상했다. 그런데 1973년 저우가 마오에게 건의해 덩샤오핑이 다시 정계로 돌아왔다. 그동안 장시성 벽촌의 트랙터 엔진공장에서 은인자중하던 덩이 마오에게 끊임없이 충성편지를 보낸 것도 마오의 마음을 얻는 데 도움이 되었을 것이다. 덩샤오핑은 부총리직에 앉아 행정 부문을 장악해 나아갔다.

이렇게 되자 4인방은 큰일났다싶어 더욱 똘똘 뭉쳐서 저우언라이와 덩샤오핑에게 거세게 저항을 하기 시작했다. 이들은 먼저 언론을 총동원해서 저우언라이와 덩샤오핑의 경제정책을 비난해대기 시작했다. 1973년 말, 4인방은 엉뚱하게 '비림비공批林批孔 운동'을 일으켰다. 비림비공은 중국에서 공자가 그 시조인 유교 문화를 타파하고 린뱌오의 반역 행위를 규탄하자는 내용이었으나 결국 이들의 타겟은 저우언라이였다. 마오가 후계자를 세우지 않고 덜컥 황천길로 떠나면 저우언라이가 그 뒤를 물려받을 것이고, 암 투병 중인 저우언라이는 곧바로 덩샤오핑에게 권력을 넘길 것이 불 보듯 뻔했다. 이들은 똥끝이 타기 시작했다. 그러나 이들의 저우언라이에 대한 발악적인 반대 움직임은 실효를 거두지 못했다. 인민들은 4인방의 패악질에 질려 있었고 이들의 행동에 관심조차 가지지 않았다. 게다가 대중들의 저우언라이에 대한 인기가 워낙 높았다. 그러자 이번에는 목표를 바꿔 덩샤오핑을 공격했다. 실사구시를 앞세운 덩샤오핑은 효과적인 경제정책의 추진으로 점점 영향력을 확대하고 있었다. 그러나 4인방이 덩샤오핑을 수정주의자라고 집요하게 공격한 것이 효과를 거두었다. 덩샤오핑에게 일말의 호의를 갖고 있던 마오도 깜짝 놀라면서 덩샤오핑의 정책을

덩샤오핑과 손주들

'우파의 복권 정책'으로 판단했고, 덩샤오핑에게 자아비판을 하도록 지시했다.

1976년 1월 8일, 저우언라이가 방광암으로 사망했다. 그는 대중들에게 엄청난 지지를 받고 있었기 때문에 그에 대한 추모 열기는 뜨거웠다. 4인방은 자칫 저우언라이 추모 열기가 정치적인 태풍으로 번질까 조마조마하면서 추모 열기를 끌어내리려고 안간힘을 썼다. 다음 달이 되자 4인방은 최후로 남은 덩샤오핑을 끌어내리기 위해 발버둥을 쳤다. 그러나 4인방의 기대와는 달리 말년에 정신이 살짝 돌아왔던지, 마오는 4인방에게 권력을 주지 않고 그때까지 전혀 알려지지 않았던 자기 고향 마을인 후난성湖南省 당서기인, 자기와 비슷하게 생긴 투실투실하고 덩치가 산 만한 촌장 스타일의 화궈펑華國鋒을 총리로 임명했다. 3월 말이 되자 중국 인민들은 톈안먼天安門 광장에 모여 저우언라이를 추모하기 시작했다. 4월 5일은 청명절이었다.

저우언라이 추모에 이어 4월 5일이 되자 수십만의 군중들이 천안문 광장에 모여 4인방을 비난하는 집회를 열었다. 화들짝 놀란 4인방은 공안을 동원해 이들을 강제 해산시키고 언론을 동원해 이 집회를 우파 반동분자들의 책동이라고 나발을 불어대면서 그 배후는 덩샤오핑이라고 뒤집어 씌웠다. 결국 4월 6일, 중앙위원회에서 4인방은 덩샤오핑을 실각시켰고 덩은 다시 한 번 가택에 연금되었다. 이제 4인방이 세상을 장악하는 것처럼 보였다. 그러나 4인방의 천하는 오래가지 못했다. 1976년 9월 9일, 마오가 사망했다. 전 중국은 추모 열기에 휩싸였고 공공기관은 일주일 넘게 문을 닫았다. 사망 직전에 마오는 화궈펑에게 "당신이 맡는다면 안심이다."라는 메모를 남겼다. 이는 사실상 마오가 화궈펑을 후계자로 지명했다는 뜻이었다. 하지만 4인방은 촌닭 같은 화궈펑이 정치적 야심이 없고 일단 자기네 편이라고 생각하고 아예 신경도 쓰지 않았다. 그들은 화궈펑을 너무 말랑말랑하게 본 것이다. 이들이 어물어물하는 사이에 실각했지만 아직 영향력이 있던 덩샤오핑과 인민해방군의 지지를 받고 있는 예젠잉 원수가 화궈펑과 손잡고 10월 10일, 4인방을 전원 체포했다. 이로써 마오가 주도해 중국을 극도의 혼란 속으로 몰아넣으면서 야기했던 끔찍했던 10년간에 걸친 문화대혁명은 그 막을 내리게 되었다.

대약진운동에 이은 문화대혁명은 중국을 극도의 혼란에 빠트렸다. 사람과 사람 사이의 불신은 극단으로 치달았고 심지어 가족끼리도 서로를 믿을 수 없었다. 개인의 인권 같은 것은 눈에 불을 켜고 찾아볼래야 찾아 볼 수가 없었다. 아버지가 마오에 대한 불만을 살짝 혼잣말로 중얼거리기라도 하면 아들은 곧바로 홍위병 본부에 쪼르르 달려가 이를 일러바치기가 일쑤였다. 그러면 바로 홍위병들이 몰려와 아버지를 조리돌림시키고 두들겨 패는 지경에까지 이르렀다. 그냥 두들겨 패는 것이 아니라 고깔모자에 '더러운 자본주의의 개' 따위의 글을 적어 씌우고 사람들이 모여 있는 광장에 결박해 놓았다. 그리고 '제트기 태우기(비판대상자의 상반신을 앞으로 구부리고 두 사람이 옆에서 목덜미를 콱 누르고 팔을 뒤로 꺾어 올리는 것)'를 행하고 고깔모자 안에는 압핀을 박아 밖에서 누르기만 해도 피가 나도록 했다. 그 고통이 이루 말할 수가 없었다.

피해자들 중 미쳐버리거나 자살하는 사람도 부지기수였다. 대표적인 예로, 소설 『낙타상자駱駝祥子』를 발표해 마오로부터 '인민 작가'라는 극찬을 받았던 소설가 라오서老舍[17]는 과거 런던대학교에서 강의했었다는 이유만으로 반동분자로 찍혀 고깔을 쓴 채로 비판대로 끌려갔다. 그는 베이징 제8중학에서 떼로 몰려나온 여학생 홍위병들에게 쇠붙이가 달린 가죽혁대와 몽둥이 등으로 무참하게 얻어맞고 '제트기 태우기'를 당하는 등 악질적인 학대를 받자 집근처 호수에 몸을 던져 자살했다. 문혁의 희생자들 대부분은 원래 고위 관료들이거나 권위 있는 지식인 등 중국 사회의 리더급들이었다. 이들 정신이 똑바로 박힌 엘리트들이 그렇게 미쳐나가고 죽어 나갔기 때문에 중국 사회의 수없이 많은 아까운 인재들이 사라져갔다. 더욱더 끔찍한 것은 마오는 "자살은 인민으로부터 자신을 분리하는 행위다."라고 김밥 옆구리 터지는 소리를 지껄이는 통에 자살했을 때에는 유족들은 장례식도 못하고 남들 몰래 외로이 화장해야 했다.

1981년 6월 중국공산당은 "문화대혁명은 당, 국가, 인민에게 씻을 수 없는 가장 심한 좌절과 고통, 그리고 손실을 가져온 마오쩌둥의 극좌적

오류이며 그 결과는 오로지 그의 책임이다."라고 규정했다.

1. 첸쉐썬

저장성 항저우에서 태어났다. 1935년에 미국의 MIT에서 유학했다. 1939년에는 캘리포니아 공과대학교에서 박사 학위를 취득했다. 1947년에는 MIT 교수가 되었고 1949년에는 캘리포니아공과대학교로 적을 옮겼다. 1950년에 미국 전역에 불어닥친 매카시즘 광풍의 일환으로 반미활동 조사위원회에 의해 공산주의자라는 혐의로 고발당했고, 결국 같은 혐의로 인해 경찰에 체포되어 연금되었다.

1955년에는 연금에서 풀려난 뒤, 중국 측에 인도됐다. 이후 중국 공산당에 의해 중용되어 1956년에 중국과학역학연구소의 소장이 되었고 1958년에는 중국과학기술대학교 창립에 참가했다. 1959년 8월에는 정식으로 중국 공산당에 입당했고 이후 중국의 우주개발을 이끌었다.

2. 수정주의

1956년 흐루쇼프가 소련 공산당 제20차 전당대회에서 스탈린 격하 운동을 벌이며 대미對美평화공존을 표방하면서 탈전체주의 지향의 경제개혁 등을 추구할 때 중국공산당으로부터 수정주의라는 비난을 받았다. 반대로 당시 마오는 공산당 이론을 수정하면 절대 안 된다고 했는데 이를 교조주의라 한다.

3. 류사오치

류사오치는 후난성에서 출생했다. 1954년부터 1959년까지 중화인민공화국의 국가부주석을 역임했다. 1959년 마오쩌둥이 대약진운동 실패의 책임을 지고 물러나자 제2대 국가주석 겸 당 군사위원회 주석이 되었다. 마오가 주도한 문화대혁명이 시작되자 권력 회복을 노리는 마오와 그를 맹목적으로 따르는 홍위병의 표적이 되어 '주자파(친자본주의적 인물)의 우두머리', '반혁명 분자'로 비판받았고 1966년 당 부주석에서 물러났다. 1968년 중앙정부에서 실각한 데다가 당에서 제명당하고, 베이징에서 가택 연금 상태에 있었다. 이후 홍위병들에게 온갖 시달림을 당했다.

이후 카이펑開封으로 옮겼으나 난방도 되지 않는 가택에서 별다른 의료 처치를 받지 못해 당뇨병, 폐렴 등의 지병이 악화되어 1969년 11월 12일 사망했다. 유해는 화장되었고 중국 정부는 그의 사인을 '병사'라고 발표했다. 1976년 마오쩌둥이 사망했으며 1980년 류의 명예 또한 회복되었고 모든 당직도 복권되었다. 1981년 전국인민대표대회에서 무죄로 인정되어 류사오치의 사후복권(死後復權)이 전격 선언되었다. 1987년의 발행된 중국의 인민화 지폐에는 마오, 저우언라이, 주더와 함께 4인의 '건국의 아버지'로서 초상이 실렸다.

4. 덩샤오핑

덩샤오핑은 1904년 쓰촨성四川省 광안廣安의 부유한 농가에서 태어났다. 덩샤오핑은 1918년(14세)에 프랑스로 유학해 1920년대 초 파리에서 공산주의 운동에 가담했고 모스크바의 중산中山대학교에서 공부하고 귀국해, 광시廣西에서 공산당의 지하운동을 이끌었다. 이후 마오쩌둥이 이끄는 대장정大長征에 참가하고 팔로군八路軍 정치위원으로서 장강 도하작전과 난징 점령을 지도해 중화인민공화국 수립에 공을 세운 그는 1952년 정무원 부총리를 시작으로 당의 요직을 맡으며 현대 중국의 건설을 주도했다.

국가주석 류샤오치와 함께 경제 발전을 위해 물질적 보상 제도를 채택하고 먼저 인민들을 잘 먹고 잘 살게 해주는 실사구시 정책을 폈던 그는 1966년 문화대혁명이 시작되자 홍위병으로부터 '반모反毛 주자파走資派의 수괴'라는 비판을 받고 실각했다. 1973년 3월 총리 저우언라이의 추천으로 복권돼 국무원 부총리가 됐지만 1976년 1월 저우언라이가 죽자 문화대혁명을 주도하던 이른바 4인방에 의해 다시 권력에서 밀려났다. 그해 9월 마오쩌둥이 죽고 화궈펑이 4인방을 제거한 뒤인 1977년에야 그는 다시 복권됐고, 1981년 이후에는 실질적인 최고 지도자로서 중국의 개혁 개방을 이끌었다. 덩샤오핑은 1997년 2월 지병으로 사망했다. 그는 마오에게 류사오치만큼 박해를 받지 않았다. 마오는 그에게 미련이 남아 있었으며 만약의 경우를 대비해 그를 보호한 것이다.

5. 펑더화이

국민혁명에 참가했고 중국공산당에 입당해 핑장 폭동을 일으켰고 대장정에 참가했다. 전후의 국내 전쟁 때 서북 인민해방군 사령관, 중공정부 수립 후에는 요직을 맡았고 인민지원군 총사령관으로서 한국 전쟁에 참가했다. 1955년에 군에 계급제도가 도입되자 중화인민공화국 원수 계급을 부여받았다. 마오쩌둥이 의욕적으로 추진하던 대약진운동이 대실패로 끝나자, 1959년 7월에서 8월에 걸쳐 열린 루산廬山회의에서 그의 운명이 결정되었다. 회의 기간 중에 마오에게 서신 형식으로 이 정책의 문제점을 전달했으나 마오는 이것을 자신에 대한 도전으로 받아들였다. 결국 펑더화이는 국방부장과 중앙군사위원회 부주석 지위에서 해임되었다. 문화혁명 기간 중에 비참하게 죽었다. 그는 나중에 복권되었다.

6. 린뱌오

후베이성湖北省 황강黃崗에서 출생했다. 1926년 황푸군관학교黃埔軍官學校를 졸업하고, 중국 공산당에 가입했다. 1927년 국공 분열 후 난창 폭동에 참가했다가 실패하고 주더, 마오쩌둥과 함께 게릴라 활동을 전개했다. 1934~1935년 팔로군 115사단장이 되었다. 국공내전 당시 만주를 장악했고 1958년 국방부장(장관)이 되었다. 1959년부터 군 내부에 '마오쩌둥 사상' 학습 운동을 전개했으며, 1965년부터 마오쩌둥, 장칭과 결합하고 군의 힘을 동원해 권력을 탈취하고, 1969년 마오쩌둥의 후계자가 되었다. 1971년 9월 돌연 실각했으며, 반마오쩌둥 쿠데타를 음모했다가 사전에 발각되어 가족과 함께 비행기로 탈출하다가 몽골 지방에서 비행기가 추락해 사망했다.

7. 저우언라이

장쑤성 화이안淮安에서 출생했다. 지주, 학자의 집안에서 태어나 1913년 톈진天津의 난카이南開 중학교에 입학했으며 졸업 후에는 일본으로 건너가 와세다 대학에서 수학했다. 1920년 프랑스로 건너가 파리대학교에서 정치학을 공부했다. 1922년 중국공산당 파리 지부를 창설했고, 런던, 베를린, 모스크바를 거쳐 귀국했다. 1924년 황푸군관학교 정치부 부장에 발탁되었다. 그 후 장제스에 쫓겨 우한으로 피신가서 난창폭동南昌暴動을 일으켰고 이어서 광저우廣州 코뮌Commune을 만들었다. 1936년 혁명군사위원회 부주석으로서 장정에 참가했다.

이후 1949년 10월 중화인민공화국 건국 후 문화대혁명을 거쳐 최후까지 공산당에서 지도적 위치를 유지하면서 27년간 총리(1958년까지 외교부장 겸임)직을 수행했다. 그는 현대 중국인들이 가장 존경하는 사람 중 하나로 꼽힌다. 마오의 카리스마가 달변과 유려한 필력에 근거를 두고 있었다면 저우는 조용하지만 따뜻한 포용력을 지니고 있었다. 헨리 키신저Henry Kissinger는 "세상을 살아오면서 저우만큼 강렬한 인상을 주었던 이는 처음이었다."라고 극찬했다.

8. 캉성

부유한 지주 집안 출신으로 본명은 장숙평張叔平이다. 1924년 상하이대학교에 들어가 사회학을 공부했고 1925년 중국공산당에 가입했다. 이후 상하이 지역에서 노동운동과 지하운동에 종사했다. 1933년 당에 의해 모스크바로 파견되어 소련의 보안과 정보에 관련된 기술을 공부했다. 1935년 이름을 캉성으로 바꾸고 중국공산당의 본부가 있던 옌안延安으로 돌아왔다. 마오의 심복이 되어 당의 보안을 책임진 사회부의 수장으로 활약했다. 그는 이 조직을 맡아 수많은 인사들을 일본이나 국민당의 첩자로 낙인찍어 처형했고, 그중에는 님 웨일즈Nym Wales의 저서 『아리랑』의 주인공인 조선인 독립투사 김산金山도 있었다.

1942년부터 마오와 캉은 당에 마오사상을 뿌리내리기 위한 정풍운동을 주도해 수많은 인사들이 스파이, 배신자의 명목으로 체포나 고문을 당하고 처형되었다. 캉이 옌안에서 이끈 정풍운동은 너무 지나친 바람에 캉은 공개적으로 사죄하고 한직으로 좌천되었다. 산둥 지역으로 좌천된 캉은 1959년 펑더화이의 실각과 관련된 '반우파투쟁'과 1960년 중소 공산당의 결렬로 인해 다시 마오의 신임을 받아 권력의 핵심에 재진입했다. 이후 공안 기관인 중국공산당 중앙조사부장을 맡아 장칭과 함께 문화대혁명을 주도했고, 수많은 인사들을 죽음으로 내몰았으며 류샤오치, 덩샤오핑, 펑더화이의 박해에도 관여했다.

린뱌오의 몰락 이후 1974년에는 당부주석에 취임하고, 당 서열 4위까지 오르기도 했다. 마지막에는 저우언라이와 덩샤오핑을 제거하기 위한 음모를 꾸미다가 1975년 암으로 사망했다.

9. 라브렌티 베리야

스탈린 시대, 소련의 비밀경찰 조직인 엔카베데NKVD의 수장으로 수많은 사람들을 말도 못할 정도로 끔찍하게 죽이고 숙청한, 악명이 자자했던 장본인이었다. 히틀러에게 힘러가 있었다면 스탈린에게는 베리야가 있었다. 스탈린 사후 1953년 7월 인민의 적이라는 죄명으로 해임된 뒤 그해 12월 총살되었다.

10. 조리돌림

조리돌림은 여러 사람 앞에서 죄인을 끌고 다니며 개망신을 주는 형벌이다. 중국에서는 회시回示라고 하는데, 돌려 보인다는 말이다. 조리돌림의 기원은 고대 중국의 기시형棄市刑에서 기인한다. 이는 저잣거리에서 집행하는 공개 처형을 뜻한다.

11. 허룽

후난성에서 출생했다. 1927년 8월 저우언라이, 주더 등과 함께 '난창폭동'을 일으켰고, 폭동 후 중국공산당에 가입했다. 1937년 제2차 국공합작으로 중공군이 국민혁명군 제8로군으로 개편되자 제120사단장 겸 산간닝 군구 사령관이 되었다. 1945년 제7기 중앙위원, 1949년 인민정부 위원, 시난 군구 사령관, 1954년 국무원 부총리, 국방위 부주석, 중앙정치국 위원을 역임하고 문화대혁명 때 비판·실각되었다가 1974년 명예회복되었다.

12. 천이

쓰촨성에서 출생했다. 상하이교통대학교와 베이징대학교를 졸업하고 1919년 근공검학단勤工儉學團의 일원으로 프랑스에 유학했다. 1923년 정식으로 중국공산당에 가입하고 1931년 중화소비에트 임시정부 중앙집행위원이 되었다. 공산당이 정권을 잡은 후 상하이 시장이 되어 중국 동북 지역의 주요 인물이 되었다. 1955년 원수元帥의 직함을 받았으며 1956년 정치국 위원, 1958년 외교부장에 임명되었다. 1965년 국무원 부총리, 외교부장 등으로 강력한 외교 활동을 했다. 문화대혁명 기간 중에는 일체의 직책을 박탈당하는 등 갖은 핍박을 받았다.

13. 주더

쓰촨성에서 출생했다. 1911년 윈난성雲南省 강무학당講武學堂을 졸업하고 1915년 베이양北洋 군벌 토벌에 공을 세우고, 호국군 제13혼성여단장이 되었다. 1934년 장정長征에 참가했고 1937년 국공합작 후 팔로군을 총지휘하고, 1947년 인민해방군 총사령이 되었다. 1949년 중국공산당 정권 수립 후에는 1954년 국가부주석 겸 국방위원회 부주석, 1956년 당 제8기 중앙위원, 중국공산당 중앙위 부주석 등을 역임했다. 문화대혁명 때 자리에서 쫓겨났다가 문화대혁명이 끝난 후 복권되었다.

14. 녜룽전

쓰촨성 장진현江津縣에서 출생했다. 1924년 모스크바 동방노동대학교에서 수학한 후 1925년 귀국해 황푸군관학교 정치부비서를 지내고, 1927년 상하이에서 노동자 조직을 결성했다. 1931년 장시 소비에트구區에서 지냈으며 얼마 후 제1군 정치위원이 되어 산시 지구의 항일전抗日戰에서 활약했다. 제2차 세계대전 후 화베이華北 인민정부위원을 거쳐 1949년 제5야전군 사령, 중국공산당 중앙위원이 된 후 중국군 부참모장 겸 베이징 시장, 전국인민대표대회 대표, 국무원 부총리를 역임했다.

15. 류보청

류보청은 '군신軍神'이라는 별명을 들을 정도로 특출한 군사 지도자였다. 쓰촨성 충칭의 빈농 집안에서 태어나 쑨원의 영향을 받아 1912년 충칭군사학교에 입학했다. 1916년 전선에서 오른쪽 눈을 부상당해 애꾸눈이 되었다. 1926년 중국공산당에 가입했고 1927년 저우언라이, 주더 등과 난창 봉기에 가담했다. 1928년에는 소련에 유학가서 군사 아카데미를 수료했고 이후 홍군의 총참모장을 지냈으며 항일전 당시에는 게릴라전을 이끌었다.

16. 천보다

푸젠성福建省 후이안惠安에서 출생했으며, 상하이노동대학교를 졸업했다. 1927년 중국공산당에 가입하고 모스크바 중산대학교에서 4년간 수학한 후 1937년부터는 옌안에서 당원들을 상대로 공산주의 강의를 했다. 중국문제연구실 주임, 마오쩌둥의 정치 비서를 지냈다. 1966년 문화대혁명을 추진해 중국공산당 중앙문화혁명 소조장으로 마오쩌둥과 린뱌오 지휘 아래 일대 숙청작업을 전개했다. 1969년 당 제9기 중앙위원, 정치국 상임위원으로 5인의 핵심 지도 인물이 되었으나 1970년에 숙청되었다. 1973년 당직을 박탈당했고, 문화대혁명이 끝난 후에는 재판에 회부되어 18년간의 징역살이를 했다.

17. 라오서

중국의 현대 문단의 대표적인 소설가이자 극작가로서 만주에서 태어났다. 1924년에 영국으로 건너가 중국어를 가르치다가 1931년에 귀국했다. 칭다오靑島 등에서 교편을 잡다가 전업 작가의 길을 걷기 시작해 1936년에는 그의 대표적 소설로 평가받는 「낙타 샹쯔駱駝祥子」를 발표해 이름을 알렸다. 「장씨의 철학老張的哲學」, 「조자왈趙子曰」, 「이마二馬」 등 유학 중의 작품을 《소설월보小說月報》에 실어 호평을 받았고, 1930년 귀국 후에는 「묘성기猫城記」, 「소파탄생일小坡誕生日」, 「이혼離婚」, 「우천사전牛天賜傳」 등을 계속 발표했다. 특히

1936년 작품 「낙타 샹쯔」는 베이징 인력거꾼 샹쯔의 불쌍한 생애를 그려 그의 대표 작품의 하나로 꼽히고 있다.

또한 1957년에는 「찻집茶館」을 발표하면서 그의 대표작이자 중국 현대 희곡의 대표작으로 평가받아 작가적 역량을 인정받았다. 이 작품은 중국 현대 희곡이 처음으로 외국에 소개되면서 찬사를 받았다. 그러나 문화대혁명 당시 영국에서 체류했었다는 이유로 홍위병들에 의해 구타당하고 귀가한 뒤 이튿날 사체로 발견되었다. 자살한 것으로 추정된다. 문화대혁명이 종식된 뒤 그는 복권되었다.

〈천일의 앤〉

헨리 8세와 그의 여인들

I. 영화 〈천일의 앤〉

원제: Anne of the thousand days
감독: 찰스 재롯
제작: 핼 월리스
원작: 맥스웰 앤더슨
각본: 브리짓 볼랜드, 존 해일
출연: 리처드 버튼, 쥬느비에브 뷔졸드, 아이린 파파스, 앤서니 퀘일, 존 콜리포스
음악: 조르주 들르류
제작 연도: 1969년
상영 시간: 145분
유사한 소재의 영화: 〈천일의 스캔들〉(2008)

영화 〈천일의 앤〉은 헨리 8세Henry Ⅷ의 아내가 되었다가, 이후에 영국의 위대한 여왕이 되는 딸 엘리자베스 1세Elizabeth I를 낳지만 끝내 비운의 죽음을 당한 앤 불린Anne Boleyn 왕비의 이야기를 그린 대형 역사물이다. 여러 명작 사극들을 남긴 극작가 맥스웰 앤더슨Maxwell

Anderson의 1948년도 무대극을 영화화한 것이다. 이 영화는 찰스 재럿 Charles Jarrott 감독의 치밀한 연출과 함께 대배우 리처드 버튼Richard Burton[1], 상대 여배우인 신성 주느비에브 뷔졸드Genevieve Bujold의 빛나는 명연기로 영화사에 족적을 남긴 명작이 되었다.

관록의 대배우 리처드 버튼의 상대역으로 나온 무명의 캐나다출신 여배우 주느비에브 뷔졸드는 버튼에게 전혀 꿀리지 않는 열연을 펼쳐 화제를 불러 모았다. 음악을 담당한 조르주 들르뤼Georges Delerue의 주제곡 'Farewell My Love'는 지금도 많은 사람들이 애청하는 영화음악 중 하나다. 이 영화 제목 〈천일의 앤〉은 앤 불린이 왕비가 되었다가 처형되기까지의 기간을 말한다. 영화는 영국의 왕 헨리 8세(리처드 버튼 분)와 비운의 두 번째 부인 앤 불린(쥬느비에브 뷔졸드분)의 밀고 당기는 로맨스에 초점을 맞추고 있다. 역사를 사실 그대로 재현한 드라마라기 보다는 역사라는 소재를 가지고 러브 스토리를 꾸려나가는 영화라고 할 수 있다.

영화는 사나이 중의 사나이라는 명성을 떨쳤던 당대의 헨리 8세라는 왕을 쥐고 흔들려는 당차고 영리하며 야심만만한 앤 불린과 왕권을 지속하기 위해 몹시도 아들을 원하는 호색한 헨리 8세가 벌이는 애증이 뒤섞인 얘기를 흥미롭고도 극적으로 묘사하고 있다. 한편으로 이 작품은 야망을 좇는 다양한 인물들의 음모와 암투 그리고 권력을

헨리 8세와 앤

둘러싼 정치적 책략 등이 난무하는 궁중의 모습을 다채롭게 그리고 있다. 헨리 역을 맡은 리차드 버튼은 이 영화 촬영 당시 엘리자베스 테일러Elizabeth Taylor와 여러 차례에 걸친 결혼과 이혼을 밥 먹듯이 하고 한편으로는 알코올중독으로 망가져 가는 등 할리우드에서는 이제는 한물갔다는 평가를 받고 있었다. 그러나 그는 이 작품으로 멋지게 대배우의 자리에 컴백했다. 버튼도 그렇지만 작품에서 단연 눈에 띄는 또 한 사람의 배우는 비운의 왕비 앤 불린 역을 맡은 주느비에브 뷔졸드였다. 그녀는 깜찍하면서도 야무진 하지만 끝까지 자존심을 잃지 않는 당찬 여인의 모습을 멋지게 연기해냈다. 그 밖에도 아들을 생산하지 못해 왕에게 버림받은 비운의 첫 번째 왕비 캐서린 역의 아이린 파파스Irene Papas, 헨리의 정치적인 책략가인 추기경 울지 역의 앤서니 퀘일Anthony Quayle 등도 비극으로 끝나는 헨리와 앤과의 이 사랑 이야기의 완성도를 높여주었다.

앤은 특유의 재치와 당돌함으로 헨리 8세의 마음을 사로잡았으나 헨리 8세의 후계자인 아들을 낳아야 한다는 정치적 욕망을 충족시켜주지 못하고 결국은 형장의 이슬로 사라진다. 그녀는 외교관인 아버지를 따라 여기저기 다니면서 5개 국어를 익힌 재원이기도 했다. 비록 헨리의 애간장을 살살 녹이면서 왕비 자리를 약속받았지만 왕비가 되는 날까지 결코 몸을 내주지 않던 똘 망똘망한 여자였다. 앤의 야생화

형장으로 향하는 앤

같은 질기고 억센 생명력과 야망은 그녀가 형장에서 흘린 피에 녹아들었다. 그리고 이 피는 유럽 대륙의 변방 섬나라인 영국을 후에 대영제국으로 발돋움을 하게 한 엘리자베스 1세 치세의 토양이 되었다. 이 영화는 다소 역사를 각색하기는 했지만, 역사적 사실의 흐름에 거스르지 않는 명작으로 영화사에 한 획을 그은 작품이다.

영화 마지막 부분, 앤은 처형장으로 향하면서 이렇게 독백한다.

> 내 딸 엘리자베스는 당신네 가문(튜더Tudor 왕가)의 어느 왕보다 더 위대한 왕이 될 거예요. 그 아이는 당신(헨리 8세)이 앞으로 이룰 수 있는 것보다 더 위대한 영국을 통치할 거예요. 나의 엘리자베스는 여왕이 될 거예요. 그래서 나의 피는 뜻 있게 쓰일 거예요.

II. 헨리 8세와 그의 여인들

인간 헨리 8세와 그의 여성 편력

헨리 8세는 영국에서 귀족과 왕족들 간의 권력 다툼이었던 장미 전쟁이 끝나고 6년이 지난 1485년 헨리 7세Henry VII[2]와 엘리자베스의 둘째 아들로 태어났다. 그는 유럽 대륙의 여러 나라를 방문하는 부왕 헨리 7세나 형인 아서Arthu 왕자를 따라다녔다. 그는 겨우 10살에 형수를 맞이하러 형을 대신해 에스파냐에 다녀왔으나 형 아서 왕자는 결혼 후

6개월 만에 덜커덕 죽고 말았다. 부왕인 헨리 7세는 살아남은 차남을 철저히 보호하기 시작했다. 헨리 왕자에게 통치에 관한 모든 것을 직접 전수하고자 했다. 헨리 7세는 눈을 감으면서 헨리에게 왕위를 평화적으로 양위했다.

헨리는 형인 아서 왕자가 스페인의 캐서린과 결혼할 당시 10살 소년이었다. 당시 헨리 7세는 강력히 부상하던 스페인 왕국과 국교

헨리 8세

를 공고히 할 필요성을 느끼고 장남인 아서 왕자를 스페인 왕녀 캐서린과 혼인시키기로 마음먹었다. 그러나 결혼한 이듬해에 아서 왕자는 몇 달 만에 사망했다. 캐서린은 양쪽 부왕의 뜻에 따라 이전 혼인을 무효화하고 다시 미성년인 헨리 왕자와 약혼했다. 헨리 7세의 사망 후 왕위에 오른 헨리 8세는 즉시 캐서린과 결혼했다.

결혼 후 몇 년간 이들 부부는 좋은 금슬을 유지하며 다양한 연회를 함께 즐기는 등 서로가 좋은 감정을 가지고 있었다. 즉위 당시 18살의 헨리 8세는 스포츠, 문학, 음악, 시 등 다양한 인문적 취향이 있었다. 그는 『유토피아Utopia』를 쓴 대학자 토머스 모어Thomas More[3]를 가까이 해 그의 얘기를 즐겨 들었고, 나중에는 그를 대법관에 임명하기도 했다. 당시 유럽에서 최고의 인문학자로 소문났던 에라스무스Erasmus를 케임브리지대학교에 초빙해 그의 강연을 듣기도 했다. 헨리 8세는 활쏘

기 부문에서는 전문가를 뺨칠 수준이었으며 말타기에도 일가견이 있었다. 또한 문학적인 소양까지 갖추고 있어 직접 책을 쓰기도 했고, 각종 악기를 수십 개씩 소유할 정도로 음악과 춤을 좋아했던, 못하는 것이 없었던 참으로 다재다능한 군주였다. 또한 특유의 카리스마와 매력을 이용해 백성들의 호의를 이끌어냈다.

또한 캐서린과의 이혼, 그리고 앤과의 결혼 과정을 통해 로마교황에게서 과감하게 독립하면서 영국 국교를 창시했다. 파괴된 수도원의 폐허 위에 새로운 국교회를 세우고 교회의 부패를 뿌리 뽑으면서 백성들의 환영을 받았다. 그러나 두 사람의 왕비와 세 사람의 총신을 죽이는 등 수틀리면 도끼로 목을 치는 헨리 8세의 치세는 항상 공포감이 어른거리고 있었던 시대이기도 했다. 런던탑의 단두대와 스미스필드Smithfield의 화형장은 그의 통치 기간 동안 항상 쉴 틈이 없었다. 한편에서는 그를 변호하기 위해 이러한 소름 끼치는 처벌이 제한된 소수에게만 내려졌다고 하지만 그의 권력에 대든 것도 아닌데 도대체 왜 이런 잔인함을 필요로 했는지 의아스럽게 생각하는 이들도 많다.

헨리 8세의 여성 편력은 그의 정력만큼이나 참으로 화려했다. 1536년 한 해 동안에만 헨리의 첫 왕비인 아라곤Aragon의 캐서린이 사망했고 두 번째 왕비인 앤 불린은 목이 잘렸으며, 제인 시모어Jane Seymour가 세 번째 왕비가 되었다. 1537년 제인이 유일하게 아들을 남기고 죽자 무척 상심한 헨리는 그 후 3년간은 새로운 왕비를 맞아들이지 않았다. 그러나 1540년 총신 토머스 크롬웰Thomas Cromwell⁴의 중재로 또다시 독일 클레베Cleves의 왕녀인 앤Anne을 맞아들였지만 앤이 박색인 데다가 촌닭 같다고 이혼하고는 역시 같은 해에 다섯 번째로 당시 19살의 젊은 캐서린 하워드Catherine Howard와 결혼했다. 그러나 결혼한 지 2년 뒤인 1542년에 캐서린도 간통죄로 참수되었고, 이듬해인 1543년 헨리는 마지막 왕비인 캐서린 파Katherine Parr와 결혼해 비교적 안정을 찾았다. 이처럼 헨리가 여러 명의 왕비를 맞아들이고 갈아치운 것은 무엇보다도 아들을 낳아 튜더왕가를 굳건하게 이어가고자 하는 강한 의지 때문으로 볼 수 있다.

첫 번째 왕비, 아라곤의 캐서린

캐서린은 스페인 왕가의 막내딸로 태어나 헨리 8세의 왕비가 되었으나 아들을 생산 못해 내쳐졌다. 그녀는 뼛속 깊이 뿌리박힌 가톨릭주의자로, 매사에 헌신적이었으나 원칙주의자이며 고래 심줄 같은 황소고집의 소유자이기도 했다. 스페인의 왕 페르디난도 2세Fernando II와 여왕 이사벨 1세 Isabel I의 딸이었던 캐서린은 훗날 '피의 메리 Bloody Mary'라고 불리는 메리 1세Mary I의 어머니이기도 하다.

헨리 8세와 결혼한 캐서린은 3남 3녀를 낳았지만 모두 죽고 외동딸 메리만 남았다. 그

캐서린

리고 나이가 많아 더 이상 임신이 불가능해졌다. 헨리는 꼭 후계자를 낳고 싶었다. 그러는 와중에 왕비의 시녀였던 앤 볼린에 눈이 꽂혔다. 헨리는 앤과 결혼하기 위해 별의별 수단을 다 동원했다.

먼저 헨리는 캐서린과의 결혼 무효를 선언했다. 형수와 결혼한다는 것은 인륜에 어긋난다는 것이었다. 그러나 왕실의 결혼이 무효가 되려면 교황의 허가가 있어야 했다. 당시 교황 클레멘스 7세는 유럽에서 가장 막강했던 스페인의 왕 카를 5세와의 관계를 고려하여 절대 허가해 줄 수 없는 처지였다. 왜냐하면 캐서린은 카를5세의 이모였기 때문이었다. 그러자 헨리는 수장령을 발표하면서 로마카톨릭을 벗어나 독자적인 영국국교회를 설립하고 본인이 스스로 교회의 수장이 되면서 앤과의 결혼을 강행했다.

캐서린은 이혼을 끝까지 거부하다가 왕궁에서 쫓겨났다. 이혼을 못하겠다고 하도 앙탈을 부리자 마음이 돌아선 헨리는 연금까지도 끊어버렸다. 그녀는 딸 메리와도 떨어져 외롭고 쓸쓸한 말년을 보내다가 결국 암으로 사망했다. 죽을 때까지도 캐서린은 자신만이 영국의 정통 왕비라는 생각을 끝끝내 버리지 않았다. 캐서린의 딸 메리는 공주의 신분을 박탈당하면서 졸지에 사생아가 되었다. 물론 왕위계승 서열에서도 제외되었지만 나중에 복권이 되면서 메리 1세가 된다.

두 번째 왕비, 앤 볼린

똑똑하고 야심만만했던 그녀는 아들 출산에 실패해 목이 잘렸다. 용모는 눈에 확 띌 정도는 아니었으나 재기가 발랄하고 활달한 성격에 매혹적인 검은 눈의 앤 불린은 1522년 왕실에 들어갔다. 그리고 캐서린 왕비의 시중을 들다가 허리가 잘록하고 교태가 좔좔 흐르는 그녀의 모습을 본 헨리의 눈을 사로잡았다. 앤은 헨리의 마음을 얻게 되자, 맹랑하게도 왕비와 이혼하

앤 불린

고 자신과 결혼하기 전에는 절대로 잠자리를 같이 할 수 없다고 선언했다. 이러한 태도는 헨리 8세의 애간장을 더욱 태웠다. 밀당의 고수였다. 왕은 대신들과 의회를 달달 볶으면서 마침내 캐서린과 이혼에 성공했다. 캐서린과 이혼하기 직전인 1532년, 앤은 결국 임신했으며 1533년에 결혼식을 올렸다.

그러나 그해에 태어난 아이는 공주인 엘리자베스였으며 이는 헨리를 무척 실망시켰다. 이후 앤은 여러 번 유산을 하면서 아들을 낳는 데 실패했다. 비록 아들은 낳지 못했지만 앤은 고분고분한 성격도 아니었고 자존심도 강했다. 그러나 너무 나대다 인심도 잃어가고 있었고 점차 왕의 눈 밖에 나기 시작했다. 뭐니 뭐니 해도 아들 출산의 실패가 결정타였다. 헨리의 눈 밖에 나면서 동시에 그녀를 좋게 생각하지 않는 세력들이 움직이기 시작했다. 그 배후에는 전 왕비 캐서린을 내쫓은 앤을 괘씸하게 생각한 스페인이 있었다.

기어코 헨리는 터무니없는 죄를 뒤집어 씌어 앤을 잡아넣었다. 남동

생 조지와 근친상간을 범했다는 것이다. 그리고 조지의 친구 세 명과 밀통을 했다는 것이었다. 결국 앤은 런던탑에 갇혔고 결국 목이 잘렸다. 결국 헨리와 앤의 관계는 불타는 열정으로 시작해 앤의 잔혹한 죽음으로 끝났다. 그녀가 낳은 딸 엘리자베스는 남동생 에드워드와 언니 메리의 뒤를 이어 여왕이 되었다. 그녀는 스페인의 무적함대를 격파하고 식민지를 개척하는 등 대영제국의 초석을 놓는 영국의 전설이 된다.

세 번째 왕비, 제인 시모어

의지력이 강하고 아들 출산에 성공했던 제인 시모어, 그러나 그녀의 인생은 너무나 짧았다. 매사에 하나도 지지 않고 대드는 앤 불린과의 결혼생활에 지쳐가던 헨리는 차분하고 마음이 따뜻한 앤의 시녀인 제인에게 호감을 갖게 된다. 제인은 처음에 캐서린 왕비의 시녀로 일했

다. 캐서린은 궁정에서 쫓겨나고 제인도 캐서린 왕비를 따라 유배지까지 따라갔다. 하지만 제인은 궁정으로 다시 돌아와서 앤의 시녀가 된 것이다.

제인 시모어

허약한 체질이었던 제인은 출산 때 무려 사흘이나 걸려 간신히 아들 에드워드Edward를 낳았다. 헨리는 몽매에도 기다리던 아들의 탄생에 무척이나 기뻐했다. 그러나 제인

이 산욕열로 급히 사망하자 헨리는 깊은 슬픔에 잠겼다. 당시 산욕열이 잦았던 이유는 아기를 받을 때 손 소독이나 집기들에 대한 소독의 중요성을 몰랐기 때문이었다. 그는 그렇게 바라던 왕자를 낳아준 제인 시모어를 특별하게 여겼고 죽으면 제인 곁에 묻어달라고까지 했다. 제인은 헨리가 가장 사랑했던 여인이자 아내였다.

여하튼 헨리는 애타게 바라던 아들에게 왕위를 물려주고 세상을 떠났기 때문이 여한은 없었을 것이다. 그러나 그가 낳은 에드워드 6세는 머리가 명민했고 책을 가까이했던 지적인 인물이었지만 병약해서 10살에 즉위해서 15살의 나이에 요절했다.

네 번째 왕비, 클레베의 앤

못생겼다고 소박맞았던 촌닭, 그러나 수더분한 성격 때문에 무난한 삶을 살아갔다. 독일의 뒤셀도르프Düsseldorf에서 클레베 공작인 요한Johan 3세의 딸로 태어난 앤은 헨리의 네 번째 왕비가 되었다. 당시 앤과의 결혼을 추진하던 사람은 총신 토머스 크롬웰이었다. 크롬웰은 당시 신교 국가인 클레베 공국의 앤과의 결혼을 통해 영국이 독일의 신교 국가와 동맹 관계를 맺을 것을 주장했다. 헨리는 궁정화가가 그려 보내온 앤의 초상화에 흡족해 했고, 결혼을 즉각 추진하도록 지시했다. 초상화는 크롬웰의 지시에 따

클레베의 앤

라 실제와 달리 예쁘게 그려졌는데 나중에 왕을 속였다는 이유로 뚱쟁이 크롬웰은 목이 잘린다.

잔뜩 기대에 부풀어 오른 헨리는 독일에서 오는 신부를 맞으러 달려갔다. 그러나 앤은 초상화와는 전혀 달랐다. 박색에 독일어만 할 줄 알고, 문학과 예술적 취향도 전혀 없었다. 이렇게 헨리의 취향과는 너무나 거리가 멀었던 앤은 왕을 크게 실망시켰다. 헨리는 앤에게 손끝하나 건드리려고 하지 않았다. 그리고 앤을 '플랑드르의 암말Flanders mare'이라고 공공연히 조롱하다가 불과 6개월 뒤에 바로 이혼 수속을 밟았다.

촌닭처럼 순박하기 짝이 없던 앤은 첫째 왕비 캐서린과 달리 앙탈하지 않고 이혼을 순순히 받아들였다. 왕비가 아닌 '왕의 사랑받는 여동생the King's Beloved Sister'이라는 이상한 호칭을 대신 얻은 것에 만족하며 살았다. 이후 앤은 왕의 재혼을 열렬히 찬성하여 두 왕비와 친하게 지내고 왕실 행사에 가족으로 존중받으며 참석하며, 헨리의 자녀들과도 좋은 관계를 유지했다.

헨리가 마지막 왕비인 캐서린 파를 간택했을 때는 모두들 동의했다. 하지만 앤은 캐서린 파의 용모가 자신보다 못하다고 유일하게 반대표를 던졌다는 웃기는 얘기가 전해진다. 앤은 재혼을 하지도 않고, 친정인 클레베 공국으로 돌아가지도 않고, 헨리가 하사한 자신의 영지를 다스리며 느긋하게 전원생활을 즐기다가 마흔 두 살의 나이로 눈을 감았다.

다섯 번째 왕비, 캐서린 하워드

왕비가 된 이후에도 혼전婚前에 있었던 남자관계가 지속되면서 발각되어 목이 잘렸다. 그녀는 춤과 옷에만 관심을 쏟는 경박함이 있었지만 앤 불린처럼 행실이 방자放恣하지는 않았다. 네 번째 앤 왕비의 시중을 들다가 헨리의 간택을 받은 캐서린 하워드는 명문가인 하워드가 출신으로 앤 불린과는 외사촌 간이었다.

결혼 당시 47살이었던 헨리는 19살의 젊은 캐서린 하워드의 활기차고 발랄한 모습에 홀딱 빠졌다. 반면에 젊음을 주체 못하는 캐서린 하워드는 아버지뻘의 늙어가는 헨리가 눈에 들어올 리가 없었다. 더구나 그녀는 바람기가 다분했다. 캐서린은 정부였던 프랜시스를 시종으로 삼는가 하면 이전의 구혼자였던 토머스 컬페퍼Thomas Culpeper에게는 절절히 사랑이 담긴 연서를 써 보내는 등 왕비로서의 정숙한 행실과는 거리가 먼 천방지축이었다. 결국 그녀는 추문에 휩싸였고, 어린 신부를 '궁중의 나의 보석'으로 부르며 어여뻐했던 헨리는 처음에는 귀를 틀어막고 이 스캔들을 믿지 않으려고 했다. 헨리는 신중을 기하기 위해 청문회를 갖도록 했다.

왕비에 대한 불리한 증거들이 계속 나왔다. 이런 상황에서 캐서린은 용서를 구하지 않았다. 오히려 과거 헨리의 여성편력을 들먹거리면서 거꾸로 공격했다. 헨리는 충격을 받았다. 캐서린은 너무 나갔고 결국 간통죄

캐서린 하워드

로 유죄 판결을 받았다. 헨리는 분노했지만 한편으로는 애증이 뒤섞인 복잡한 심경에서 펑펑 울었다고 한다. 런던탑에 갇힌 캐서린은 왕비가 된 지 두 해 만에 참수되었다.

여섯 번째 왕비, 캐서린 파

후덕하고 지혜로웠던 캐서린 파는 노쇠하고 힘이 빠진 말년의 헨리를 끝까지 보살폈다. 헨리 8세의 왕비들 중 가장 유식하고 지적인 여인이었다. 미인이라기보다는 따스한 마음과 솔직 담백한 기질의 소유자였다. 그녀는 이미 두 번의 결혼을 했었는데 모두 사별했다.

캐서린 파는 헨리의 교육을 담당하기 위해 런던에 왔다. 당시 그녀는 두 번째 왕비였던 제인 시모어의 친정 오빠인 토머스 시모어Thomas Seymour에게 연정을 품고 있었다. 1542년 캐서린 하워드를 참수하고 새로운 짝을 찾아 방황하던 헨리는 캐서린 파에게 늘상 하던 방식대로 선물 공세를 퍼부었다. 왕의 청혼은 거절할 수가 없었다. 결국 헨리의 마지막 왕비가 되었다.

캐서린 파

캐서린 파는 높은 교육을 받은 온후한 성격의 여성으로서 왕비의 임무를 잘 수행해 나갔다. 그녀는 아픈 무릎 때문에 신경질이 점점 늘어가는 왕을 차분히 토닥거려주고 두 딸과 왕의 관계를 중재했으며 왕의 아픈 다리를 주물러주면서 극진히 간호할 정도로 자상스러웠다. 늙은 헨리의 간병인 노릇을 톡톡히 했다. 실제 헨리는 중년 나이 때 낙마하면서 무릎을 크게 다쳐 죽을 때까지 수시로 재발하는 염증 때문에 무지하게 고생했다.

결국 헨리는 1547년 1월 에드워드에게 양위한 뒤 사망했다. 캐서린 파는 헨리가 사망하자마자 바로 그해에 천하의 바람둥이였던 토머스 시모어와 기어코 결혼했다. 그녀는 35살이라는 적지 않은 나이에 첫 임신을 했지만 역시 산욕열로 사망했다.

1. 리처드 버튼

리처드 버튼은 1925년 영국 웨일스 폰트리디펜Pontrhydyfen에서 광부의 아들로 태어났고 옥스퍼드대학교에서 수학했다. 이후 할리우드로 건너가 〈내 사촌 레이첼My Cousin Rachel〉에 주인공으로 출연하면서 주목을 받기 시작했다. 이후 엘리자베스 테일러와 〈클레오파트라 Cleopatra〉, 〈누가 버지니아 울프를 두려워하랴Who's Afraid Of Virginia Woolf〉 등 10편의 영화에 함께 주인공으로 출연했다. 그의 다섯 번의 결혼 중 두 번이 엘리자베스와의 결혼이었다. 이 밖에도 〈성의The Robe〉, 〈베킷Becket〉, 〈추운 곳에서 온 스파이The Spy Who Came In From The Cold〉, 〈천일의 앤〉, 〈에쿠우스Equus〉의 영화들로 아카데미 남우주연상에 일곱 번이나 후보로 지명되었으나 한 번도 수상하지는 못했다. 이 점에서는 배우 피터 오툴과 쌍벽을 이룬다. 이후 알코올중독으로 연기 경력에 오점을 남기기도 하면서 1984년 8월 5일 스위스 제네바의 자택에서 58세의 나이에 사망했다.

2. 헨리 7세

헨리 7세는 헨리 8세와 엘리자베스 여왕으로 상징되는 튜더 왕조Tudor Dynasty를 열었다. 장미 전쟁에서 승리해 왕위에 오른 그는 중앙집권 체제를 확립해 정치적 안정을 도모했다. 또한 잉글랜드의 미래가 해양으로의 진출과 식민지 개척에 달려 있다고 보고 그 기초를 마련했다. 그의 치세 때 나중에 세계를 주름잡는 영국 해군의 초기 모습을 구축했고, 아울러 해양 제국으로 가는 훌륭한 정책들을 펼쳐나갔다.

3. 토머스 모어

토머스 모어는 소설 『유토피아』로 유명한 인문주의자였다. 그의 식견에 매료된 헨리 8세는 그를 대법관으로 임명하며 친구처럼 신임했다. 그러나 양심적인 모어는 정치가라기보다는 대학자이자 문필가였다. 그는 헨리 8세의 뜻을 정치적으로 받들어 그냥 충실히 이행하는 집행자가 아니었다. 일종의 학술 고문과 비슷한 역할에 머물렀던 것이다. 모어는 냉소적이고 위트가 넘쳤으며, 강직했고 유명한 법조인이자 독서광이기도 했다. 헨리 8세가 아라곤의 캐서린과 이혼하는 데 반대한 모어는 교황청에 보낼 이혼 청구서에 서명하는 것을 거절했다. 그는 가톨릭 신앙을 부인하기를 거부했던 것이다. 결국 그는 반역죄로 1535년 7월 목이 잘렸다. 모어는 단두대서 "나는 국왕의 충실한 종복, 그러나 그보다도 신에게 충실한 종복"이라고 외치며 죽어갔다. 이 위대한 사람의 머리는 런던교에 효수되었다. 토머스 모어는 1935년에 교황청에 의해 가톨릭 성인聖人이 되었다.

4. 토머스 크롬웰

모어의 뒤를 이어 헨리 8세의 신임을 받은 인물이 울지의 측근이었던 토머스 크롬웰이었다. 그는 고리대금업을 하다가 울지 추기경의 심복이 되었다. 크롬웰은 짜리몽땅하고 심성이 고약했다. 그러나 한편으로는 박식했으며 호방한 면도 있었다. 윗사람에 대한 눈치를 살피는 데는 귀신이었으며 머리가 팽팽 돌아가는 꾀주머니였다.

헨리 8세는 크롬웰을 늘 "양털이나 깎을 놈"이라고 부르면서 멸시했다. 그러나 헨리는 그의 능숙한 일솜씨와 하인배 근성, 그리고 추진력을 높이 샀다. 몇 해 안 되어 이 '양털이나 깎을 놈'이 국새상서, 시종장관, 에섹스 백작으로 승승장구했다. 크롬웰은 왕의 총신이 되자 헨리의 입맛대로 수도원을 해산시키고 그 재산을 몰수하는 등 교회 권력을 약화시키고 왕권을 강화하는 일에 종횡무진 활약했다. 수장령* 제정과 이의 의회 통과에서도 그의 역할이 매우 컸다.

크롬웰은 헨리 8세의 이혼 문제에서도 중요한 해결사 역할을 하기도 했다. "정치가란 모름지기 아무도 눈치 못 채도록 왕의 입맛을 쏙 만족시키는 사람이어야 한다."라는 그의 말은 그가 얼마나 헨리 8세의 충복이었는지를 나타내 준다. 그러나 크롬웰의 운명은 한때 자신이 모셨던 울지와 똑같았다. 그는 일련의 개혁 조치를 추진하면서 많은 정적을 만들었다. 결국 사실상 자신이 주선한 못생긴 클레베의 앤과 헨리 8세의 결혼이 파경을 맞으면서 그의 입지는 순식간에 추락했다.

왕이 사랑하는 제인 시모어와 상처喪妻한 후 이 기회에 왕의 총애를 굳히려고 독일 제후의 누이동생인 클레베의 앤을 실물보다 훨씬 예쁘게 초상화를 그려 왕에게 소개했지만 실

망을 안겨주었다. 속았다고 생각해 잔뜩 화가 난 왕에게 버림을 당하자 그의 뚜쟁이 노릇은

완전히 실패로 돌아갔다. 결국은 괘씸죄로 단두대로 보내졌다.

* 1534년 영국 의회에서 국왕은 영국국교회의 '유일 최고의 수장'이라고 규정했다. 이 법령을 수장령이라고 한다. 헨
리 8세의 이혼 문제를 계기로 불거진 종교개혁은 1533년의 수장령을 제정함으로써 일단락되었다. 또한 영국국교회
는 로마가톨릭교회로부터의 독립과 국가 종속이 확정되었다.

★ 20장 ★

〈킹덤 오브 헤븐〉

십자군 전쟁(1차, 3차, 4차)

I. 영화 〈킹덤 오브 헤븐〉

원제: Kingdom of Heaven
감독: 리들리 스콧
제작: 리들리 스콧
각본: 윌리엄 모나한
음악: 해리 그렉슨 윌리엄스
출연: 올랜도 블룸, 에바 그린, 리암 니슨, 데비드 드월스, 제레미 아이언스, 에드워드 노튼, 가샨 마수드
상영 시간: 144분
제작 연도: 2005년
제작비: 1억 3,000만 달러
수익: 2억 1,200만 달러

"창조적이고 경이로운 두뇌들이 모여 거대한 역사의 현장인 중세 예루살렘을 부활시켰고, 당시 십자군 전쟁의 정수精髓를 탁월하게 묘사하다!" 개봉 당시 이 영화에 대한 극찬이었다. 영화 〈킹덤 오브 헤븐 Kingdom of Heaven〉은 감히 리들리 스콧Ridley Scott 감독의 역량이 집대성된 영화사상 가장 위대한 서사 액션 대작 중 하나다. 그동안 수많은

영화인들이 십자군 전쟁을 영화화하기를 꿈꾸어 왔다. 하지만 그 방대한 스케일을 감내하기가 어려웠는지 누구도 감히 도전장을 내밀지 못했던 금단의 소재였다. 그러나 거장 리들리 스콧 감독은 해냈다.

개인의 휴먼 드라마에 이 방대한 역사적 사건들을 버무려넣으면서 중세에 일어났던 이슬람과 기독교도들 간의 치고받던 전쟁을 생생하게 담아냈다. 이뿐만 아니라 영화사상 가장 웅장하고도 완성도 높은 작품 중의 하나로 만들어 역사를 신화로 변모시켰다는 평을 들었다.

상상을 뛰어넘는 압도적인 스케일과 세부 묘사까지 리얼하게 그려낸 대규모 전투 장면, 여기에다 화면을 압도하는 폭풍우가 휘몰아치는 지중해와 거친 사막 위에서 벌어지는 십자군과 이슬람군의 장쾌한 격돌, 피 터지는 예루살렘 공성전, 가슴 시린 사랑, 그리고 현대인들에게 과연 진정한 종교가 무엇인가를 묻는 묵직한 주제까지 어느 것 하나 놓칠 수 없다.

이 영화에서 전투 장면은 주로 모로코 와르자자트Ouarzazate에서 촬영했는데 스콧 감독은 이곳에서 〈글래디에이터Gladiator〉, 〈블랙 호크 다운Black Hawk Down〉을 촬영한 적이 있었다. 그래서 그런지 스콧 감독과 모로코 왕 모하메드 6세는 절친한 관계로 알려져 있다. 모하메드 6세는 영화 촬영을 위해 자국 병사 1,500명을 지원했는데, 이들은 의복과 장비만 바꾸면서 십자

발리안(왼편)과 아버지 고프리

군과 이슬람군으로 겹치기 출연했다. 이 영화의 주인공으로 등장하는 이벨린의 발리안 Balian of Ibelin(올랜드 블룸Orlando Bloom 분)은 영화에서 묘사된

하틴의 전투 당시 포위당한 십자군

것처럼 프랑스에서 태어나지도 않았고 대장장이도 아니었다. 그는 순수한 예루살렘 왕국 태생의 귀족 출신이었다. 이 영화는 미국에서의 흥행은 별로였으나 아랍세계에서는 흥행돌풍을 일으켰고 특히 이집트에서는 대박을 터뜨렸다. 이는 영화에서 십자군이 이슬람국가들을 도발하고 약탈하는 모습을 여러 번 묘사하는 장면이 나오는 데다가 그들의 우상인 살라딘이 근사하게 나오니 아랍인들이 열광했을 것이다. 종교 문제라는 민감한 뇌관을 다룬 이 영화를 관통하는 키워드가 있다면 그것은 '종교의 허망함'이라고 할 수 있다.

영화의 주 무대는 지금까지도 수많은 사람들의 피를 부르는 예루살렘이다. 영화 내내 수많은 사람들이 예루살렘이라는 한 뼘의 땅덩어리를 위해 목숨을 바쳐가며 피터지게 싸운다. 영화는 예루살렘이라는 돌무더기는 종교가 남기고 간 빈껍데기에 불과한 곳이라는 것을, 지금 자신이 살아 있고 살고자 하는 의지야말로 진짜 천국으로 가는 지름길이 아니냐고 관객들에게 묻고 있는 것이다.

십자군을 이끄는 주인공 발리안과 아랍군을 이끄는 살라딘Saladin(가샨 마수드Ghassan Massaud 분)이 영화의 종말부에 협상을 끝내고 헤어지기

전에 주고받는 문답에는 영화가 전달하려는 메시지가 그대로 녹아있다.

발리안: 예루살렘이 무슨 가치가 있소What is Jerusalem worth?

살라딘: 아무 가치가 없소Nothing.

살라딘 역시 발리안과 같이 '성지 예루살렘'에 대해서는 일말의 가치
도 두지 않는 합리주의자였다. 이 말을 마치고 뒤돌아 걸어가던 살라
딘이 되돌아서서 또다시 말한다.

살라딘: 모든 것이오Everything.

하지만 아랍 세력을 이끄는 수장으로서, 예루살렘이 그에게는
'Everything'인 것이다. 살라딘은 발리안을 향해 씩 웃고 다시 뒤돌
아선다.

살라딘

이 영화의 극장판은 무려 40분
이나 잘라 먹어서 이야기의 진행을
따라가는 데 상당히 애를 먹는다.
가급적이면 감독판(무삭제판)을 보
아야 전체적인 맥락을 이해하는
데 도움이 될 것이다.

II. 주요 십자군 전쟁(1차, 3차, 4차)

십자군 전쟁

인류 역사상 200년(서기1096~1291년)이라는 가장 오랜 기간 동안 치러진 전쟁이자 세계 2대 종교가 격돌한 십자군 전쟁은 인류 역사상 대사건이었다. "신이 그것을 바라신다." 교황 우르바누스Urbanus 2세의 이 위력적인 한마디로 촉발된 십자군 전쟁은, 그 무엇보다도 기독교인들 자신이 일으킨 전쟁이었다. 십자군 전쟁은 신이 아니라 인간들의 이야기인 것이다.

십자군 전쟁은 200년에 걸쳐 총 아홉 차례 치러졌다. 이 중에서 제1차 십자군 전쟁(예루살렘 함락), 제3차 십자군 전쟁(사자심왕 리처드 1세 Richard I the Lionheart와 이슬람의 전설인 살라딘Saladin과의 격돌), 제4차 십자군 전쟁(십자군의 콘스탄티노플 함락)이 눈여겨볼 만한 전쟁이다.

십자군 전쟁의 배경, 만지케르트 전투[1]와 카노사의 굴욕[2]

1071년의 '만지케르트 전투Battle of Manzikert'와 1077년의 '카노사의 굴욕Humiliation at Canossa'. 이 두 가지 사건이 없었다면 십자군 전쟁은 일어나지 않았을지도 모른다. 비잔틴제국Byzantine Empire(동로마제국)은 11세기 초까지는 동유럽과 중동에서 막강한 위력을 떨쳤다. 그러나 1025년에 바실리우스Basilius 2세가 죽은 후 약 반세기 동안 13명의 황제가 죽고 죽이고 쫓겨나는 등 지지고 볶고 하면서 혼란과 쇠퇴를 가져왔다. 한편 동쪽에서 셀주크튀르크Seljuq Türk가 노도와 같이 밀려오면서 제국은 위기에 몰렸다. 마침내 만지케르트 전투에서 셀주크군에 대패하면서 튀르키예 반도(소아시아반도, 혹은 아나톨리아Anatolia반도라고도 함) 대부분이 셀주크의 손에 들어갔다. 이후 셀주크튀르크는 이집트를 제외한 대부분의 중동을 장악한다.

6년 뒤에는 서유럽에서 '카노사의 굴욕'이라는 사건이 일어났다. 이 사건은 로마교황과 독일 황제 사이의 극한 대립에서 비롯되었다. 독일 지역 사제들의 서임권을 두고 하인리히 4세Heinrich IV 황제와 그레고리오 7세Gregorius VII 교황이 서로 티격태격하다가 벌어진 충돌이었다. 처음에는 교황이 황제에게 파문을 선언했다. 당시 제후들의 지원을 못 받았던 황제는 할 수 없이 교황이 머물던 북이탈리아 카놋사 성으로 찾아왔다. 황제는 칼바람이 부는 엄동설한의 차디찬 땅에서 3일간 맨발로 서서 빌었다. 드디어 교황이 사면을 내리자 황제는 이를 갈면서 독일로 돌아갔다. 와신상담하면서 복수의 기회를 노렸다. 마침내 그는 1082년에는 로마를 공격해 그레고리오 교황을 내쫓아 버렸다. 원한 속에 숨진 그레고리오를 이어 1088년에 선출된 우르바누스 2세도 교황권의 부활을 외친다. 이처럼 동서의 로마(동로마제국과 로마교황)가 모두 위기에 처한 가운데, 양측에서 서로 힘을 합쳐보면 어떨까 하는 생각이 슬그머니 고개를 들기 시작한다.

그 뒤 비잔틴에서는 1081년에 알렉시우스Alexius가 황제에 즉위했다. 그는 제국의 위기에 때맞춰 나타난 영명한 군주였다. 그는 나중에는 자력으로 셀주크를 물리치고 튀르키예 반도를 대부분 수복하지만 당시는 콘스탄티노플까지 위협받아 똥줄이 타던 다급한 처지여서 서유럽으로부터 지원을 받아보자는 생각을 한다. 알렉시우스가 보낸 사절이 1095년, 피아첸차Piacenza 공의회에 참석해 "이교도와의 전쟁에 힘을 보태주기 바란다."라는 뜻을 전하자, 우르바누스 2세 교황은 이를 황제와의 싸움에서 주도권을 잡을 수 있는 천재일우의 호기라고 보고 무릎을 쳤다.

자신이 치켜든 깃발 아래 전 유럽의 봉건영주와 기사들이 모여든다면, 로마교황으로서는 단숨에 자신의 입지를 끌어올릴 수 있는 절호의 기회라고 본 것이다. 차근차근 준비하던 그는 8개월 뒤, 프랑스 남부의 클레르몽Clermont 공의회에서 마침내 다음과 같이 외치며 역사적인 '십자군 운동'을 제창한다.

> "이슬람교도들이 성지를 빼앗고 그곳을 찾는 순례자들을 박해하고 있다. 이슬람교도들과 싸워 예루살렘을 되찾길 원하는 사람들은 모두 순례자의 맹세를 하라. 그리고 1096년 8월 15일 성모마리아의 승천 축제일을 기해 콘스탄티노플에 집결해 그곳에서 성지로 출발하라. 그 보답으로 누구든지 모든 죄를 사면해 주는 면죄부를 받을 것이다."

교황이 굳이 프랑스 땅인 클레르몽에서 십자군을 부르짖고, 프랑스인들이 앞장설 것을 촉구한 것은 독일과 이탈리아에서는 황제의 영향력이 너무 막강했기 때문이었다.

십자군 전쟁의 시작, 민중 십자군(거지 십자군)

"신이 그것을 바라신다Deuls Lo vult."

교황 우르바누스의 이 한 마디의 위력은 굉장했다. 중세 유럽인들은 매일매일의 소소한 죄가 쌓여 죽은 다음에 혹시 지옥불에 떨어지지 않을까 하는 전전긍긍을 하며 나날을 보냈다. 그런데 '은자隱者 피에르 Pierre'[3]라는 수도사를 따라 십자군에 참여해 성지 탈환을 떠나는 것만으로도 모든 죄가 사해진다고 교황이 약속한 것이다. 십자군에 참가하면 지옥은커녕 죽으면 천당으로 곧바로 직행한다는 것이었다. 귀가 번쩍 뜨일 만한 굉장한 뉴스였다. 이때부터 십자군 광풍은 프랑스, 독일, 영국 등 유럽 전역을 휩쓸었다. 각처에서 가족을 남겨두고 너도나도 먼 동방으로 떠나려는 사람들로 인산인해를 이루었다.

은자 피에르의 열변에 감동해 동쪽으로 향하는 십자군에는 농민, 부랑자, 떠돌이 기사, 유랑민, 여자와 애들까지 무려 10만 명이 넘었다. 그러나 그들은 장비도 없었고, 식량도 준비가 안 된 어중이떠중이들로 이루어진 완전 오합지졸이었다. 누덕누덕해진 옷에 쪼록쪼록하는 배를 움켜잡고 길을 나서는 이들은 그냥 거지떼와 다름없었다. 이들은 변변한 무기도 식량도 없이 출발했기에 현지에서 보급받아야 했다. 형

가리에서 이 문제로 현지인들과 충돌을 일으켜 '십자군 사상 첫 싸움'을 같은 유럽 기독교도들과 치르기도 했다. 어찌어찌해 비잔틴제국의 경계로 들어가서부터는 그런대로 제대로 된 보급을 받았다. 그러나 멋진 갑옷으로 치장한 위풍당당한 지원병을 기대했던 알렉시우스 황제는 이런 거지발싸개 같은 군대를 보고 기겁했다.

더구나 이들의 전쟁 목표조차 알렉시우스가 바라는 '셀주크 침략의 격퇴'라기보다는 '성지 예루살렘 탈환'이었다. 그래도 알렉시우스는 약속한 것도 있고 해서 이 거지 십자군을 먹여주고 재워주었다. 이렇게 한 것은 서유럽인들을 이슬람과 싸우게 하면서 그동안 자신은 천천히 힘을 기를 수 있다고 생각했기 때문이다. 이는 단기적으로는 옳은 전략이었으나, 장기적으로는 비잔틴제국에 재앙이 되었다.

아무튼 이 거지떼 민중 십자군은 간신히 소아시아 반도로 진입했으나 셀주크튀르크군에게 1096년에 당연히 박살이 났다. 일부는 여기저기 흩어져 떠돌아다니다가 제1차 십자군에 합류한다. 이 패배는 이슬람 쪽에서 십자군을 가볍게 보게 만듦으로써 이후 전개되는 십자군과의 전쟁에 큰 영향을 미친다. 이 십자군을 정식 십자군으로 치지는 않는다.

제1차 십자군(1095~1099년), 예루살렘 점령

1096년 말, 벨기에 남부 부용Bouillon의 고드프루아Godefroy, 그의 동생인 볼로뉴Bologne의 보두앵Baudouin, 툴루즈Toulouse의 레이몽Raymond, 블루아Blois의 스테판Stefan, 타란토Taranto의 보에몽Bohemund 등 주로 프랑스 출신의 영주들이 이끄는 군대가 보스포루스Bosphorus 해협으로 모여들었다. 이를 제1차 십자군이라 한다. 그리고 1097년에 소아시아반도 초입의 니케아를 점령한다. 허를 찔린 투르크군은 도릴라이움Dorylaeum에 약 3만의 병력을 집결시켜 습격을 시도했으나 격퇴당했다. 십자군은 소아시아 반도를 거침없이 가로질러 진격할 수 있었다. 1098년에는 보두앵이 시리아 지역의 에데사Edessa를, 보에몽이 안티오크Antioch를 점령했다. 마침내 1099년 6월, 성도 예루살렘의 성벽을 놓고 치열한 공방전이 벌어졌다. 당시 예루살렘은 셀주크가 아니라 이집트의 파티마Fātima 왕조⁴가 다스리고 있었다. 파티마는 십자군에게 "이제까지 점령한 영토는 모두 줄 테니 예루살렘만은 건드리지 말아 달라."라는 타협안을 제시했으나 일언지하에 퇴짜당했다.

한 달 정도 계속된 공성전에서 보급이 절대적으로 부족했던 십자군은 고전했다. 하지만 성서의 '여리고 공성전'을 흉내 내어 맨발로 예루살렘 성벽 주변을 돌며 찬송가를 부르는 퍼포먼스를 하는 등 사기를

십자군 병사

북돋웠다. 마침 제노바Genova의 보급선이 도착하자 한숨 돌릴 수 있었다. 예루살렘의 이슬람수비대는 일종의 화약인 '그리스의 불'까지 동원하며 악착같이 버텨보았지만, 7월 15일에 십자군의 공성기에서

처음으로 두 명의 기사가 성벽 안쪽으로 뛰어내렸다. 그리고 홍수가 범람하듯이 성스러운 도시는 십자군 병사들에게 함락되었다.

이어서 대규모 학살이 자행되었다. 노인도, 여자도, 어린애도 전혀 아랑곳하지 않았다. 무슬림은 물론 유대인들도 십자군의 칼부림에 쓰러졌다. 이슬람 최초의 사원인 알 아크사 모스크Al-Aqsa Mosque에도, 유대인들의 예배당인 시냐고그synagogue에도, 1,000년 전쯤 예수가 십자가를 지고 갔다는 길에도, 예외 없이 많은 무고한 사람들의 피가 흘러넘쳤다. 기록에 따르면 피가 무릎까지 차고 넘쳤다고 한다. 낯선 땅에서 오랫동안 고된 싸움을 하며 쌓인 울분과 이교도에 대한 극단적인 적개심은 정복자들의 이성을 마비시켰다. 이러한 광란의 학살극은 불과 몇 백 명만 살려둔 채 일주일 만에 가까스로 멈추었는데, 살아남은 자들도 도시를 뒤덮은 수많은 시체들을 눈물로 치우고는 이들 역시 시체 더미 위에 쓰러졌다. "주님의 심판은 공정하며, 참으로 위대하시도다!" 현장의 어느 성직자는 이렇게 외쳤다.

이렇게 제1차 십자군 전쟁에서 십자군은 본래의 목적대로 예루살렘을 점령했다. 그리고 팔레스타인에 새로운 기독교 왕국도 세웠다. 네 개의 지역(에데사, 트리폴리, 안티오크, 예루살렘)으로 분리해 사이좋게 통치했다. 12세기 중반이 되자 아랍의 지도자들은 프랑크놈(당시 아랍인들은 십자군을 프랑크군이라 불렀다)

예루살렘의 정복

들이 우리 땅에 와서 이렇게 설치는 것을 그냥 두고만 볼 수 없다고 일어섰다. 그들 중 가장 세력을 떨친 이가 이마드 앗 딘 장기Imad ad-Din Zengi였다. 그는 십자군 나라들 중 가장 북쪽에 위치한 에데사를 함락 후 그곳의 기독교인들을 몰살시켰다. 이 소식은 유럽을 경악케 했고 이는 제2차 십자군 전쟁을 불러왔다. 프랑스의 루이 7세Louis Ⅶ와 신성로마제국 황제 콘래드 3세Conrad Ⅲ가 2차 십자군을 일으켜 팔레스타인으로 왔으나 다마스쿠스Damascus를 공략하다가 참패를 당했다. 이후 장기의 아들 누르 알딘Nur al-Din은 십자군을 전방위로 압박하기 시작했다. 전쟁은 몇 년 동안 아랍군의 우세로 흘러갔다. 이때부터 십자군 병사들은 아랍인들을 '사라센Saracen'[5]인이라고도 불렀다. 누루 알 딘이 죽고 이어서 살라흐 앗 딘 아이유브 Salah̄ad-Din Ayyub의 뒤를 이어 마침내 아랍인들에게 전설의 영웅으로 칭송받는 살라딘이 등장한다.

전설적인 지도자 살라딘의 등장

쿠르드Kurd족[6] 출신의 살라딘은 14살 때부터 누르 알 딘의 군대에서 복무했다. 1169년에 삼촌인 시르쿠Shirkuh를 따라 카이로를 점령했다가 두 달 만에 시르쿠가 죽자 그를 대신해 파티마 왕조의 재상이 되어 이집트의 실권을 쥐었다. 2년 뒤에는 파티마 왕조를 폐하고 아이유브 Ayyūb왕조를 세웠으며, 다시 3년 뒤인 1174년에 누르 알 딘이 죽자 1186년까지 시리아와 이라크를 병합해 중동을 석권했다. 살라딘이 중동을 통합하는 동안 십자군의 사정은 점차 나빠졌다. 1176년에는 비잔틴의 마누엘Manuel이 미리오케팔론Myriocephalon 전투에서 투르크군에 대패하면서 당분간 십자군을 도울 여력이 없었다. 예루살렘에서는 문둥병 환자였던 보두앵 4세와 5세가 잇달아 죽고 보두앵 4세의 매제인 기 드 뤼지냥Guy de Lusignan이 왕위를 계승하는 과정에서 지도부 내에 혼란이 있었다. 살라딘은 1175년에 예루살렘과 휴전협정을 맺었으나, 본격적인 전쟁만 자제했을 뿐 서로가 적대 행위를 지속하던 중 1187년 초에 자신의 누이까지 포함된 대상隊商이 약탈되자 마침내 그해 3월 지하드jihād[7]를 선언했다.

지하드를 내세운 살라딘은 1187년 7월, 갈릴리Galilee 호숫가의 티베리아스Tiberias를 함락했다. 이에 기 드 뤼지냥은 군사를 모아 원정에 나섰다. 그러나 이는 중대한 판단착오였다. 병력 집결지인 아크레Acre에서 티베리아스까지는 30킬로미터에 불과했지만 이 지역은 건조하고 황폐한 사막 지역이었다. 때는 7월이었다. 그야말로 뜨겁게 달궈진 염천炎天의 행군길이었다. 십자군은 살인적인 더위와 갈증 때문에 기진맥진했다. 병사들은 목이 타들어갔으나 물이라고는 눈을 씻고 찾아봐도 한 방울도 없었다. 이때 매복해 있던 살라딘군이 덤불에 불을 질러 연기를 피우고, 화살을 소낙비처럼 쏟아부었다. 불과 연기와 화살 때문에 병사들은 죽을 맛이었다. 탈진한 기사들은 갑옷을 벗어버리고 달아나다가 이슬람군의 칼에 쓰러졌다. 날이 밝자 십자군은 북쪽으로 길을 돌아 '하틴Hattin의 뿔'이라고 알려진 언덕으로 올라가서 일단 한숨을 돌리려 했다.

하지만 이를 낱낱이 지켜보고 있던 살라딘은 십자군들을 사방에서 에워싸고, 하늘을 새카맣게 덮을 만큼 엄청난 화살을 쏟아부었다. 전의를 완전히 상실한 기 드 뤼지냥의 군대는 사로잡히거나 죽음을 당했다. 그래도 살라딘은 포로들을 정중하게 대우했다. 이 하틴 전투는 십자군 역사상 최대의 패배였다. 이 전투로 예루살렘 왕국의 군대는 거의 사라져 버렸다. 로마 교황 우르바누스 3세는 이 패전 소식을 듣고 쇼크를 받고 급사했다.

살라딘은 이 기세를 타서 거침없이 진격, 9월에는 예루살렘을 에워쌌다. 궁지에 몰린 예루살렘 수비대 지휘관인 발리안 이벨린은 최후의 수단으로 살라딘에게 도시를 파괴하고 이슬람 주민들을 모두 죽이겠다고 위협했다. "너 죽고 나 죽자."라고 덤벼든 것이다. 이에 살라딘은 타협책을 제시하고 항복한 기독교인들에게는 자유롭게 도시를 떠날 수 있도록 했다. 이제 성도는 88년 만에 다시 이슬람의 손에 들어갔고, 살라딘의 관대한 처분은 제1차 십자군 점령 때의 지옥 같던 학살극과는 대조를 이루었다. 이 부분은 영화 〈킹덤 오브 헤븐〉에서도 그대로 재현되었다.

제3차 십자군(1189~1192년)

이슬람군의 예루살렘 점령 소식이 전해지자 유럽 각국은 발칵 뒤집혔다. 교황 그레고리오 8세와 그 후임자인 클레멘스 3세Clemens Ⅲ가

부랴부랴 새로운 십자군 파병을 호소하자
여러 군주가 적극적으로 호응했다. 독일에
서는 붉은 수염(바르바로사Barbarossa)이라고
불리는 신성로마제국 황제 프리드리히 1
세, 프랑스에서는 존엄왕 필리프, 영국에
서는 전투 시에 성난 사자같이 덤벼든다고
'사자심왕獅子心王'이라고 불리는 리처드 1

사자심왕 리처드 1세

세가 그들이었다. 그 결과물로 탄생한 제3차 십자군은 중세 역사상 최
대 규모의 군사 이동이었을 뿐만 아니라, 십자군 운동의 정점이기도
했다. 또한 살라딘과 리처드 1세[8]라는, 중세 이슬람과 유럽의 전설적인
두 영웅이 격돌했다는 점 때문에도 각별한 주목을 끌었다. '사자심왕'
이라는 별명으로 유명한 리처드 1세는 잉글랜드 왕 헨리 2세Henry II
의 아들로 당대 최고의 명성과 무훈을 자랑했다. 그는 훗날 로빈 후드
Robin Hood 전설이라든지 월터 스콧Walter Scott의 소설 『아이반호Ivan-
hoe』 등을 통해 중세 기사도를 상징하는 인물이다. 프리드리히 1세는
소아시아 반도를 가로질러 오다가 작은 개천에 빠져 익사했고 리처드
1세와 필리프는 배를 타고 지중해를 가로질러 팔레스타인으로 오고
있었다.

　이렇게 제3차 십자군이 오고 있는 동안, 팔레스타인에서는 기독교
국가의 잔존 세력이 다시 한 번 결집해 살라딘의 대군을 상대로 전투
를 재개했다. '하틴의 전투'에서 패배한 적이 있는 기 드 뤼지냥이 지

휘하는 십자군은 이슬람군이 장악하고 있는 항구 도시 아크레Acre를 탈환하려고 육지에서 포위 공격을 가하고 있었다. 그런 십자군의 배후를 살라딘의 군대가 또다시 포위 공격하고 있었다. 살라딘은 막강한 군사력에도 적을 쉽사리 굴복시키지 못하고 있는 와중에 잉글랜드의 리처드 1세와 프랑스의 필리프 2세Philippe II가 달려왔다. 전세는 기독교인 군대 쪽에 유리하게 돌아갔다. 갑옷으로 중무장한 신규 병력에 리처드 1세라는 탁월한 지휘관까지 보유했기 때문에 살라딘의 대군은 물러났다. 3차 십자군은 아크레를 함락했으며, 이후 서서히 진군해 이듬해 7월에는 예루살렘의 코앞에까지 다다랐다. 그러나 그때 마침 잉글랜드에서 국왕의 부재를 틈타 리차드의 망나니 동생 존John이 왕위를 노리고 있다는 소식이 들려왔다(훗날 형 리처드가 죽은 뒤 왕이 된 존은 폭정 끝에 귀족과 시민들에게 마그나 카르타Magna Carta⁹를 강요당하는 수모를 겪었다).

　게다가 절친이자 경쟁자였던 프랑스의 필리프 2세도 일찌감치 십자군에서 발을 빼고 고국으로 돌아갔다. 그리고 휴전 서약을 깨트리고 프랑스 내의 잉글랜드 영토를 야금야금 집어삼키고 있었다. 이래저래 리차드는 즉시 귀국해야 했다. 1192년 10월 9일, 살라딘과 평화조약을 서둘러 맺은 리처드는 팔레스타인을 떠나 고국으로 향함으로써 제3차 십자군 전쟁은 일단 막을 내렸다. 전쟁 내내 살라딘과 리처드 1세는 서로에게 칼끝을 겨누는 와중에도 상대방에 비상한 관심과 호의를 드러냈다. 가령 살라딘이 병상에 누운 잉글랜드 국왕에게 과일과 얼음을 선물로 보낸다든가, 전투 중에 땅에 서서 싸우는 리처드 왕의 모습을 보고 "체통에 어울리게 말에 올라 싸우시라."라며 명마 두 필을 선물한 것이 그것이다.

리처드 1세 역시 살라딘에게 깍듯이 예의를 갖췄으며, 심지어 (물론 어디까지나 립 서비스였겠지만) 자신의 여동생과 살라딘의 남동생을 결혼시키자고까지 제안하기도 했다. 팔레스타인을 떠나며 리처드 1세는 조만간 다시 돌아올 테니, 그때 가서 제대로 한 번 싸워보자고 자신만만하게 말했다. 그러자 살라딘이 만약 내가 이 땅을 결국 누군가에게 내준다면, 차라리 당신 같은 훌륭한 적에게 내주고 싶다고 재치 있게 응수했다는 얘기도 전해진다. 그러나 두 사람의 재대결은 결코 성사되지 않았다. 리처드 1세는 귀국길에 신성로마제국 황제에게 붙들려 1년 넘게 억류당했으며, 살라딘은 1193년 3월 4일에 갑작스럽게 사망했기 때문이다. 십자군 전쟁 와중에 피어난 낭만적인 에피소드이기도 하다.

시리아와 이집트의 아이유브왕조는 살라딘의 사후에도 반세기 넘게 지속되었으며, 이후로도 지속된 제5차(1217~1221년), 제6차(1228~1129년), 제7차(1248~1254년) 십자군의 공세를 성공적으로 막아냈다. 이 덕분에 팔레스타인은 제1차 세계대전 직후 영국이 점령하기 전까지 이슬람 세력의 영토로 남아 있을 수 있었다.

오늘날에도 이슬람 세계의 영웅으로 추앙받는 살라딘

살라딘은 이라크 서쪽 티크리트에서 지위가 높은 쿠르드족 가문에서 태어났다. 살라딘은 탁월한 군사 지도자이기도 했지만, 동시에 뛰어난 정치가이기도 했다. 또한 당시 아랍 세계와 기독교 세계의 모든 군주들에 비해서 보기 드물게 관대하고 합리적인 면모가 있었다. 전투에 임해서는 단호하면서도 교활한 작전을 펼치기도 했지만, 한편으로는 타협과 외교라는 무기를 활용하기도 했다. 살라딘은 금욕적인 생활을 유지했고, 신심이 깊었으며 정무도 결코 게을리 하는 법이 없었다. 그의 본명은 '살라 알-딘 유스프 이븐 아유브Salah al-Din Yusuf ibn Ayyub'라는 긴 쿠르드 이름이다.

의외의 사실이지만 과거 오랫동안 살라딘은 이슬람 세계보다 오히려 유럽의 역사가들이나 문학가들에 의해서 칭송을 받으면서 오래 기억되어 왔다. 월터 스콧Walter Scott의 소설을 비롯해서 십자군을 소재로 한 여러 낭만적 문학작품에서 살라딘은 종종 리처드 1세의 멋진 숙적이면서도 존경할 만한 인물로 묘사되었다.

이슬람 세계에서 살라딘을 성전(지하드)의 영웅, 즉 저항과 독립의 상징으로 드높이게 된 것은 비교적 최근의 일이다. 아마 근세에 접어들어 서양 제국주의자들의 횡포에 시달려 왔고 현대에 와서는 미국을 등에 업고 '중동의 깡패'로 불리면서 툭하면 아랍인들을 두들겨 패곤 하는 이스라엘 때문에 살라딘이 더욱 그리울 것이다. 한편 살라딘에 대한 미화는 아랍의 여러 독재자들이 대외적으로 이용하거나 테러를 정당화하려는 얄팍한 선전술이라는 비난도 따른다. 여하튼 과거 예루살렘 성지를 되찾았던 이슬람의 영웅 살라딘은 아랍인들의 마음에 영원히 살아있을 것이다.

제4차 십자군(1202~1204년), 엉뚱한 콘스탄티노플 함락

십자군 원정 중에서도 말도 많고 탈도 많고 악명도 높았던 것이 제4차 십자군 원정이었다. 1198년 교황에 오른 인노켄티우스 3세Innocentius III는 1202년 제4차 십자군 원정을 승인했다. 그러나 이 원정은 영국, 프랑스, 독일의 참여를 유도해 이집트 공략에 나서려는 교황의 의도와는 달리 고작 프랑스 북부의 기사들만이 참여했다. 그런데 이들은 놀라운 일을 계속 벌이는 바람에 교황을 당황스럽게 했다.

베네치아에 집결해 원정에 나서려던 이들은 예상보다 훨씬 적은 병력이었고 게다가 베네치아에 약속한 수송비도 찔끔 가져왔다. 원정이 지체되는 사이에 이들의 빚은 눈덩이처럼 불어났다. 이때 어찌할 바를 모르던 원정대에게 베네치아가 맹랑한 제안을 했다. 그 무렵 헝가리가 점유하고 있던 아드리아해Adriatic Sea에 면한 '자라Zara'라는 기

아랍의 전설 살라딘

독교 도시를 탈환해 주면 모든 빚을 탕감해 주겠다는 것이었다. 원래 종교적 열정은 눈곱만치도 없고 장삿속만은 천하제일인 베네치아의 이 제안을 원정대는 덥석 받아들였고, 1202년 1월 자라를 덜컥 점령했다. 이 사실을 전해들은 교황은 분기탱천했다. 기독교 신자들이 같은

기독교 국가를 잡아먹다니 더구나 헝가리 왕은 자신에게 충성을 맹세한 군주였다. 그는 즉시 십자군 전체를 몽땅 파문하는 전대미문의 결정을 내렸고, 이제 십자군이란 말 자체가 아예 우습게 되어버렸다.

그런데 더욱 놀라운 일이 또 벌어진다. 그 무렵 추방당한 비잔틴의 왕족인 이사악 2세Isaac II라는 자가 파문자들에게 발칙한 제안을 한 것이다. 바로 "콘스탄티노플을 공격해 자신을 황제에 오르게 해주면 이집트 원정에 필요한 재정 지원은 물론 베네치아에 진 빚도 갚아주고, 동로마 교회들마저 모조리 로마교황청에 바치겠다."라는 것이었다. 기왕에 파문당한 몸, 이들은 일말의 망설임 없이 바로 말머리를 콘스탄티노플로 돌려 또 다른 기독교 국가를 향해 칼을 빼들었다. 결국 이사악 2세를 황제 자리에 올리지는 못했지만 수개월에 걸친 격전 끝에 1204년 4월 12일, 콘스탄티노플을 함락하기에 이르렀다.

제4차 십자군, 콘스탄티노플 공략전

십자군들과 이들의 후원자인 베네치아 상인들은 승리의 전리품을 나누고 콘스탄티노플도 분할 통치하기로 했다. 이때 플랑드르 백작인 보드앵이 황제로 추대되면서 라틴제국Latin Empire(1204~1261년)이 세워졌다. 이로써 그리스정교는 가톨릭교와 합쳐지니, 이것이 제4차 십자군 원정이 거둔 유일한 성과라면 성과였다. 그러나 이들은 그 와중에도 자신들을 파문한 교황을 잊지 않고 그에게 성물과 보물을 바리바리 싸서 잔뜩 갖다 바쳤다. 그러자 교황은 마치 기다렸다는 듯이 얼씨구나 하고 이들에게 내렸던 파문을 즉각 취소했다. 이후 라틴 제국은 비잔틴인들의 지속적인 반발에 부딪혔다. 결국 1261년 비잔틴 성직자들의 지지를 바탕으로 부활한 니케아제국Empire of Nicaea과 투르크족의 습격을 받아 멸망하고 말았다. 4번째 십자군 원정 이후 5차에 걸쳐 십자군 원정이 더 이루어졌으나 모두 무위로 돌아갔다. 이로써 예루살렘 재탈환은 완전히 물 건너갔다.

십자군 전쟁 이후

이 전쟁을 통하여 이슬람문명을 비롯한 동방문명에 대한 서구인들의 이해가 깊어졌다. 무역과 국제교류에서 아시아와 유럽의 교류는 십자군 전쟁 이전과는 비교도 안 될 정도로 활발해졌으며, 십자군 지역이 멸망한 뒤에도 그런 흐름은 이어졌다. 동방의 문물이 유럽으로 퍼져 가면서 철학과 과학, 예술의 발달에 영향을 주었고, 교황의 권위와 기독교의 맹목적 신앙은 내리막길을 걸었다. 무역의 중심에 선 베네치아, 제노바 등 이탈리아 도시국가들이 부흥하고, 전쟁 중 생겨난 성전기사단이나 구호기사단 등은 근대 유럽의 상비군의 원형이 되었다. 이런 점에서 십자군은 서양이 중세에서 벗어나는 데 큰 도움을 주었다고도 할 수 있다. 한편 동과 서의 길고도 처참했던 이 전쟁을 놓고 18세기 최고의 지성인이었던 볼테르Voltaire나 루소Rousseau는 십자군의 의미를 평가 절하했다. 또한 『로마제국 쇠망사』를 쓴 에드워드 기번

Edward Gibbon은 십자군을 "광신에 따른 야만행위"에 불과했다고 잘라 말했다.

1. 만지케르트 전투

만지케르트 전투는 1071년 8월 26일에 비잔틴제국과 아르슬란Arslan이 지휘하는 셀주크 튀르키예 군대 사이에 튀르키예 동북부의 만지케르트 근교에서 벌어졌다. 이 전투는 비잔틴제국이 결정적인 패배를 당했고 황제 로마노스 4세Romanos IV는 적에게 포로로 잡혔다. 만지케르트 전투는 아나톨리아에서 투르크 부족에 대한 동로마제국의 저항을 완전히 궤멸시켰다. 이후 중앙아시아에 있던 튀르키예인들이 떼거지로 아나톨리아 지방으로 밀어닥치게 만들었다. 이들은 비잔틴제국의 영역을 산산조각 내면서 많은 영토를 점령했다. 오늘날의 튀르키예인들이 소아시아반도에 자리 잡게 하는 결정적인 사건이었다. 비잔틴제국은 이 전투의 패배로 힘을 잃었고 이후 4세기 동안 명맥은 유지했지만 전성기의 동력은 되찾지 못했다.

2. 카노사의 굴욕

카노사의 굴욕은 주교들의 서임권을 둘러싼 교황권과 황제권의 대립에서 발생했다. 교황 그레고리오 7세가 세속 군주의 성직 서임을 금지시키고, 세속 군주에게서 임명된 모든 성직자들을 해임하면서 양측의 갈등은 극에 달했다. 신성로마제국의 하인리히 4세는 초기에는 제국 내의 관련 성직자들을 소집하는 등 저항의 움직임을 보였으나, 오히려 이 때문에 파문당하고 말았다. 파문에 대해 제국 내의 반응은 하인리히에게 싸늘했다.

결국 그는 교황이 있는 카노사 성에 가서 엄동설한에 맨발로 서서 싹싹 빌면서 파문을 철회시킬 수 있었다. 황제는 철저히 굴욕을 당했으며, 교황은 황제에 대해 우위를 점할 수 있게 되었다. 그러나 하인리히 4세는 반대파 제후들을 누르고 로마로 진격해 그레고리오 7세를 쫓아냈다. 이후 교황과 황제의 성직 서임권을 둘러싼 분쟁은 보름스 협약이 체결되기 전까지 계속되었다.

3. 은자 피에르

은자란 수도원에서 공동생활을 하며 신앙에 정진하는 수도사와는 달리 인가로부터 멀리 떨어져 깊은 산속이나 사막 한가운데의 동굴에서 혼자 수행하는 사람을 말한다. 이 때문에 그들은 인간 사회에서 흔히 일어나는 사건에도 과도한 반응을 보이는 경향이 있다. 피에르는 9개월 동안 예루살렘에서 머무른 적이 있었다. 이때 기독교 순례자들에게 이슬람 측이 횡포를 부리는 모습을 가끔 보기도 했을 것이다. 은자로 살아 성격이 외골수로 변한 피에르는 이에 대해 과도하게 분개했다. 그리고 그는 유럽으로 돌아와 그 분노를 과대 포장해 토해내기 시작했다.

성지에서 이와 같은 기독교들에 대한 박해를 막기 위해서는 성지를 정복하는 수밖에 없다고 떠들고 다니기 시작한 것이다. 십자군 운동을 제창한 로마교회는 잘 됐다 싶었다. 광신적인 그를 십분 활용하기 시작했다. 실제로 이슬람교도들은 기독교도들의 성지순례를 금지한 적이 없고 방해한 적도 거의 없었다. 단지 약간의 돈만 지불하면 예루살렘을 방문해 성모 교회를 비롯한 기독교들의 성스러운 사적史蹟에 참배할 수 있었다.

4. 파티마 왕조

10세기부터 11세기까지 번성했던 이슬람 왕조를 말한다. 오늘날의 이집트와 레바논, 요르단, 팔레스타인, 이스라엘 지방을 다스렸다. 수도는 카이로였다.

5. 사라센인

사라센인은 대체로 이슬람교를 믿는 사람들을 말하는 용어다. 이 말은 아랍어의 '동쪽에 사는 사람들'이란 뜻의 '사라킨'이라는 말에서 기원했다. 중세 초기 비잔틴제국에서 사용하기 시작했는데 이후 십자군을 거치면서 서유럽에 전파되었다.

6. 쿠르드족

쿠르드족은 튀르키예, 이라크, 이란, 시리아에 걸친 지역인 쿠르디스탄에 거주하는 이란계 산악 민족이다. 쿠르디스탄이라는 표현은 쿠르드족이 사는 곳이라는 의미를 지닌다. 쿠르드족의 전체 규모는 약 3,640~4,560만 명으로 추산되며 이 중에 약 1,500~2,000만 명이 튀르키예 전역에 거주하고 있다.

7. 지하드

이슬람교도들의 성전을 말하며 이교도에 대해 벌이는 전쟁이다. 이슬람교도의 최대 의무로 지하드에서 죽은 자는 순교자가 되고 천국이 약속된다.

8. 사자심왕, 리처드 1세

'사자심왕'이라는 별명은 기독교도가 아니라 적군인 이슬람군이 붙였다고 한다. 사자심왕 리처드는 항상 병사들의 선두에 서서 칼을 휘둘렀다. 그의 용맹함은 적군도 감탄을 했다고 한다. 사자심왕 리처드 1세는 중세 유럽인들보다 당시 이슬람교도들에게 더 유명한 사람이 되었다.

리처드 1세는 기사도 문화의 전형이었다. 교양 있고 행동거지도 세련되었으며 심지어 시인이기도 했다. 또한 대담한 용기의 소유자였다. 한마디로 문무가 출중한 인물이었다. 그는 당당한 풍채를 지녔으며 큰 키에 금발 머리, 강한 체력을 갖추고 있었다. 또한 몸을 돌보지 않는 희생정신으로 부하들의 존경심과 강한 충성심을 얻었다고 전해진다. 십자군 전쟁을 하다 말고 동생 존이 본국에서 왕위를 노린다는 소식에 중간에 우여곡절이 있었지만 귀국해 왕권을 지켰다. 이후 신하인 리모주Limoges가 프랑스 서남부의 샬뤼 성 근처에서 황금 장식품을 발견했는데 이를 내놓으라고 다그치면서 성을 공략하다가 한 석궁이 쏜 화살을 맞고 부상이 악화되어 사망했다.

9. 마그나 카르타

'마그나 카르타'는 1215년 실지왕失地王(땅을 잃은 왕이라는 뜻)으로 불리는 존이 프랑스 내 영토 상실과 이어지는 전쟁 패배, 국가 재정 악화 등에 덧붙여 귀족에 대한 과세로 인한 반발이 겹쳐 귀족들과 런던시市가 존 왕의 권한을 제한하는 각서를 강요했고, 이에 존 왕이 서명한 것을 말한다. 영국 명예혁명의 시발점이 되었다. 비록 형인 사자심왕 리처드 1세가 십자군 원정 등에 몰두해 재정을 말아먹기는 했지만 그래도 충성스러운 가신들의 보필 때문에 어느 정도 용인되었다. 반면 존은 전쟁만 하면 지고 땅은 땅대로 뺏기는 칠칠치 못한 주제에 세금만 잔뜩 부과하니 귀족들이 들고 일어났던 것이다. 프랑스에 있던 대부분의 땅을 말아먹었다.

참고문헌

강준만. 2010. 『미국사 산책』. 인물과사상사.

권주혁. 2001. 『헨더슨 비행장』. 지식산업사.

그레고리 토지안. 2005. 『카스트로의 쿠바』. 홍민표 옮김. 황매.

김경묵. 2006. 『이야기 러시아사』. 청아출판사.

김준봉. 2002. 『이야기 남북 전쟁』. 동북아공동체연구소.

김학준. 1979. 『러시아 혁명사』. 문학과지성사.

김현종. 2002. 『유럽인물열전』. 마음산책.

남도현. 2009. 『히틀러의 장군들』. 플래닛미디어.

_____. 2015. 『전쟁사』. 네이버캐스트.

노무라 아쓰시. 2002. 『고흐가 되어 고흐의 길을 가다』. 김소운 옮김. 마주.

니콜라우스 슈뢰더. 2001. 『클라시커 50 영화』. 남완식 옮김. 해냄.

다다 쇼. 2014. 『유쾌한 우주 강의』. 조민정 옮김. 그린북.

데이비드 아이허. 2017. 『뉴 코스모스』. 최가영 옮김. 예문아카이브.

도리스 컨스 굿윈. 2007. 『권력의 조건』. 이수연 옮김. 21세기북스.

레지널드 존스턴. 2008. 『자금성의 황혼』. 김성배 옮김. 돌베개.

로버트 로젠스톤. 2002. 『영화, 역사』. 김지혜 옮김. 소나무.

로버트 크런든. 1996. 『미국문화의 이해』. 정상준·황혜성·전수용 옮김. 대한교과서.

리더스 다이제스트. 1977. 『20세기 대사건들』. 동아출판.

리처드 오버리. 2003. 『스탈린과 히틀러의 전쟁』. 류한수 옮김. 지식의 풍경.

린더 카니. 2012. 『잡스처럼 일한다는 것』. 안진환·박아람 옮김. 북섬.

마우리치 필립 레미. 2003. 『롬멜』. 박원영 옮김. 생각의 나무.

마이클 코다. 2014. 『영국 전투』. 이동훈 옮김. 열린책들.

마크 할리. 2008. 『미드웨이 1942』. 김홍래 옮김. 플래닛미디어.

맥스 부트. 2007. 『전쟁이 만든 신세계』. 송대범·한태영 옮김. 플래닛미디어.

바바라 터크먼. 2006. 『바보들의 행진』. 조석현 옮김. 추수밭.

바바라 터크먼. 2008. 『8월의 포성』. 이원근 옮김. 평민사.

박보균. 2005. 『살아 숨쉬는 미국역사』. 랜덤하우스중앙.

박정기. 2002. 『남북 전쟁』. 삶과꿈.

박홍규. 1999. 『내 친구 빈센트』. 소나무.

박홍진. 1993. 『시네마, 시네마의 세계』. 둥지.

배리 스트라우스. 2011. 『스파르타쿠스 전쟁』. 최파일 옮김. 글항아리.

배은숙. 2013. 『로마 검투사의 일생』. 글항아리

버나드 로 몽고메리. 1995. 『전쟁의 역사』. 승영조 옮김. 책세상.

브래들리, 제임스·파워스, 론. 2007. 『아버지의 깃발』. 이동훈 옮김. 황금가지.

브레이턴 해리스. 2012. 『니미츠』. 김홍래 옮김. 플래닛미디어.

빌 브라이슨. 2014. 『여름, 1927, 미국』. 오성환 옮김. 까치.

솔즈베리·해리슨 E. 1993. 『새로운 황제들』. 박월라·박병덕 옮김. 다섯수레.

스콧 앤더슨. 2017. 『아라비아의 로렌스』. 정태영 옮김. 글항아리.

스티븐 슈나이더. 2005. 『죽기 전에 꼭 봐야 할 영화 1001』. 정지인 옮김. 마로니에북스.

스티븐 잴로커. 2007. 『벌지 전투 1944』. 강경수 옮김. 플래닛 미디어.

시오노 나나미. 1995. 『로마인 이야기』. 김석희 옮김. 한길사.

_____. 2011. 『십자군 이야기』. 송태욱 옮김. 문학동네.

신문수. 2010. 『시간의 노상에서』. 솔.

심킨스, 피터·주크스, 제프리·히키, 마이클. 2008. 『모든 전쟁을 끝내기 위한 전쟁』.
    강민수 옮김. 플래닛미디어.

안토니 비버. 2004. 『스탈린그라드 전투』. 안종철 옮김. 서해출판.

_____. 2009. 『스페인 내전』. 김원중 옮김.

알리스테어 쿠크. 1995. 『도큐멘터리 미국사』. 윤종혁 옮김.

알베르트 슈페어. 2007. 『기억』. 김기영 옮김. 마티.

앙드레 모로아. 1988. 『영국사』. 신용석 옮김. 기린원.

_____. 1991. 『프랑스사』. 신용석 옮김. 기린원.

_____. 1994. 『미국사』. 신용석 옮김.

앙리 샤리에르. 2017. 『빠삐용』. 문신원 옮김. 황소자리.

앤터니 비버. 2017. 『제2차 세계대전』. 김규태·박리라 옮김. 글항아리.

앨리슨 위어. 2007. 『헨리 8세와 여인들』. 박미영 옮김. 1~2권. 루비박스.

_____. 2008. 『헨리 8세의 후예들』. 박미영 옮김. 루비박스.

양욱. 2012. 〈세계의 특수작전 I〉 플래닛 미디어.

어니스트 헤밍웨이. 2012. 『누구를 위하여 종은 울리나』. 안은주 옮김. 시공사.

어빙 스톤. 1981. 『빈센트 반 고흐』. 최승자 옮김. 까치.

에덤 호크실드. 2017. 『스페인 내전』. 이순호 옮김. 갈라파고스.

왕중추. 2012. 『중국사 재발견』. 김영진 옮김. 서교출판사.

월터 아이작슨. 2011. 『스티브 잡스』. 안진환 옮김. 민음사.

_____. 2013. 『이노베이터』. 정영목, 신지영 옮김.

윌리엄 위어. 2005. 『세상을 바꾼 전쟁』. 이덕열 옮김. 시아출판사.

유시민. 1988. 『거꾸로 읽는 세계사』. 푸른나무.

이강혁. 2003. 『스페인 역사 100장면』. 가람기획.

이길주·한종만·한남수. 2003. 『러시아』. 도서출판리수.

이병철. 1997. 『탐험사 100장면』. 가람 기획.

이언 커쇼. 2009. 『히틀러』 I, II. 이희재 옮김. 교양.

이일범. 2004. 『세계 명작 영화 100선』. 신아사.

이종호. 2013. 『미스터리와 진실』. 북카라반.

전리군. 2012. 『모택동시대와 포스트 모택동 시대 1949~2009』. 연광석 옮김.
　　　한울아카데미.

정종화. 2006. 『영화에 미친 남자』. 맑은소리.

제임스 레스턴. 2003. 『신의 전사들』. 이현주 옮김. 민음사.

조르주 보르도노브. 2008. 『나폴레옹 평전』. 나은주 옮김. 열대림.

조셉 커민스. 2008. 『만들어진 역사』. 김수진·송설희 옮김. 말글빛냄.

조재익. 2004. 『굿모닝 러시아』. 지호출판사.

존 키건. 2007. 『2차세계대전사』. 류한수 옮김. 청아람미디어.

진순신. 2011. 『이야기 중국사』. 박현석 옮김. 살림.

찰스 디킨스. 2014. 『영국사 산책』. 민청기·김희주 옮김. 옥당.

최웅·김봉중. 1992. 『미국의 역사』. 소나무.

칼 세이건. 2004. 『코스모스』. 홍승수 옮김. 사이언스북스.

칼 하인츠 프리저. 2007. 『전격전의 전설』. 진중근 옮김. 일조각.

크리스토프 갈파르. 2017. 『우주, 시간, 그 너머』. 김승욱 옮김. RHK.

킵 손. 2011. 『인터스텔라의 과학』. 전대호 옮김. 까치.

토머스 매튼. 2005. 『십자군』. 권영주 옮김. 루비박스.

토머스 크로웰. 2010. 『2차대전의 숨은 영웅들』. 플래닛미디어.

프란시스 휘트니. 2004. 〈미국의 역사〉. 이경식 옮김. 주미대사관 공보과.

프랭크 매클린. 2016. 『나폴레옹』. 조행복 옮김. 교양인.

프랭클린 데이비스. 1981. 『(라이프)제2차 세계대전』. 타임-라이프 북스 편집부옮김.
　　　한국일보 타임-라이프.

프리몬-반즈, 그레고리·피셔, 토드. 2009. 『나폴레옹 전쟁』. 박근형 옮김. 플래닛미디어.

필립 M.H.벨. 2012. 〈12 전환점으로 읽는 제2차 세계대전〉. 황의방 옮김. 까치.

휴 앰브로스. 2010. 『퍼시픽』. 김홍래·이영래 옮김. 플래닛 미디어.

Anderson, Scott. 2017. Lawrence in Arabia. Geulhangari Publishers.

Barnett, Correlli. 1989. Hitler's Generals. PhoenixGiants.

Boot, Max. 2006. War made new: Technology,Warfare. Penguin Books.

Churchill, Winston. 1959. Memories of the Second World War. Houghton Mifflin.

Cronin, Vincent. 1990. Napoleon. Harper Collins.

D'este, Carlo. 1996. A Genius for War, Patton. Harper Collins.

David J. Eicher, 2016. New Cosmos. Yeamoon Archive Co.,Ltd.

Fraser, David. 1993. Knight's Cross, Erwin Rommel. Harper Collins.

Gilbert, Martin. 1994. The First World War. Harry Holt & Company.

Hansen, Harry. 1961. The Civil War. Penguin Books.

Herold, Christopher. 1987. The Age of Napoleon. Houghton Mifflin.

Hickey, Michael. 1995. Gallipoli. John Murray Publishers.

Hodges, Andrew. 2014. Alan Turing: The Enigma. Vintage.

Isaacson, Walter. 2014. Innnovators. Openhouse for Publishers Co.,Ltd.

James Bradley and Ron Powers, 2000. Flags of our Fathers. Goldenbough.

Keegan, John. 1989. The Second World War. Penguin Books.

Korda, Michael. 2002. With Wings like Eagles. Happer Perennial.

Maurois, Andre. 1937. Hstoire de le Royaum-Uni. Maison Francaise Inc.

_____. 1943. Histoire de l'E'ats-Uni. Maison Francaise Inc.

_____. 1947. Histoire de la France. Maison Francaise Inc.

McLynn, Frank. 1997. Napoleon. Jonathan Cape.

Overy, Richard. 1997. Russia's War. Vista Books.

Sagan, Carl. 1980. Cosmos. Science Books.

Salisbury, Harrison. 1969. The 900 Days, The Siege of Leningrad. Salisbury: Da Capo Press.

_____. 1992. The New Emperors. Salisbury: Avon Books.

Schom, Alan. 1997. Napoleon Bonaparte. Harper Collins.

Shaara, Michael. 1975. The Killer Angels. The Random House Publishing Group.

Thorn, Kip. 2015. The Science of Interstellar. W.W. Norton & Company.